War das Wort *bei* Gott?

HANSJÜRGEN VERWEYEN

War das Wort BEI *Gott?*

ZUR SOTERIOLOGIE DES JOHANNESEVANGELIUMS

Verlag Friedrich Pustet
Regensburg

Bibliografische Information der Deutschen Nationalbibliothek

Die Deutsche Nationalbibliothek verzeichnet diese Publikation
in der Deutschen Nationalbibliografie; detaillierte bibliografische Daten
sind im Internet über http://dnb.dnb.de abrufbar.

ISBN 978-3-7917- 3060-8
© 2019 by Verlag Friedrich Pustet, Regensburg
Umschlaggestaltung: Martin Veicht, Regensburg
Umschlagbild: Jesus und Nikodemus (Ausschnitt)
 © Kristina Dittert (www.kunst-sucht-liebhaber.de)
Druck und Bindung: Friedrich Pustet, Regensburg
Printed in Germany 2019

eISBN 978-3-7917-7237-0 (pdf)

Weitere Publikationen aus unserem Programm finden Sie unter
www.verlag-pustet.de.
Informationen und Bestellungen unter verlag@pustet.de

Inhalt

Vorwort 9

0. Einführung 11
0.1. War das Wort *bei* Gott? 11
0.2. δόξα: Macht-Schein und Macht-Glanz 13
0.3. Die Gegner Jesu 15
0.4. Das Licht, das in die Welt kam 18
0.5. Die Sendung geht weiter 19

A. **Das Verhältnis des Logos zu Gott und der Welt im Prolog** .. 21
1. Das Verhältnis des Logos zu Gott 21
1.1. Zur Übersetzung von Joh 1,1f 21
1.1.1. Grammatikalische Probleme 21
1.1.2. Inhaltliche Probleme 25
1.1.2.1. Das Sein des Logos und sein Verhältnis zu Gott 26
1.1.1.2. Das „Monologion" Anselms von Canterbury als Verstehenshilfe 28

2. Der Logos als Schöpfer und Erlöser 31
2.1. Schöpfung *durch* den Logos 31
2.2. Johannes der Täufer als Zeuge des Lichts 33
2.3. „Die Juden" als Vertreter der Finsternis? Eine irreführende Interpretation 35

B. **Jesu öffentliches Wirken** 37
3. Eine Vorschau auf das gesamte Werk des Gesandten 37
3.1. Die Jünger Jesu bei den Synoptikern und bei Johannes 37
3.1.1. Berufung und Rolle der Jünger bei den Synoptikern 37
3.1.2. Das johanneische Jüngerverständnis 38
3.2. Die Hochzeit zu Kana und die Worte über den Tempel 41
3.2.1. Der Anfang der Zeichen der Herrlichkeit Jesu 41
3.2.2. „Der Tempel seines Leibes" 42

4. Voraussetzungen und Ziel der Sendung Jesu 46
4.1. Das Gespräch mit Nikodemus im Kontext 46
4.2. Die Bedingungen der Erlösung und das Wesen des Gerichts .. 48

Inhalt

5. Von der Sünde des Einzelnen zur Weltbeherrschung durch die Macht des Bösen 51
5.1. δόξα als zentraler Begriff der johanneischen Soteriologie 51
5.1.1. Zur Grundbedeutung von δόξα in der griechischen Sprache .. 51
5.1.2. Die Erweiterung des Begriffs δόξα in den biblischen Schriften . 52
5.1.3. Das vierte Gottesknechtlied als Hintergrund johanneischer Soteriologie 54
5.2. Menschliche Ruhmbezeugung als Weg zur Herrschaft der Lüge 55
5.3. Die Pharisäer als Wächter über die Herrschaft der Lüge 57
5.4. Die Rolle der Wundergeschichten im öffentlichen Wirken Jesu .60
5.4.1. Die Fernheilung des Sohns eines königlichen Beamten 60
5.4.2. Die Speisung der 5000 und der Gang auf den Wassern 61
5.4.3. Die Rede über das wahre Brot des Lebens 64
5.5. Die Heilung des Blindgeborenen als Sieg über die Verblendung der Welt 66
5.5.1. Wunder in Galiläa – Wunder in Jerusalem 66
5.5.2. Die Heilung des Gelähmten als Hintergrund für die Blindenheilung 66
5.5.3. Drei Verhöre durch die Pharisäer 68
5.5.4. Die Richter richten sich selbst 70

6. Vom menschlichen Machtglanz zum Aufleuchten der Herrlichkeit Gottes: Die Auferweckung des Lazarus 72
6.1. Die beteiligten Personen 72
6.2. Der Weg zum Verstorbenen als Zentrum der theologischen Aussage 74

7. Die Passionsgeschichte Jesu bei Johannes und den Synoptikern 77
7.1. Der Tötungsbeschluss des Hohen Rates 77
7.2. Die Karikatur eines gesetzmäßigen Prozesses 79
7.3. Die Salbung Jesu in Betanien 80
7.3.1. Die johanneische Redaktion der Markusvorlage 80
7.3.2. Judas Iskariot im Vierten Evangelium 82
7.3.3. Der Sinn der Salbung 84
7.3.3.1. „für den Tag meines Begräbnisses" 84
7.3.3.2. „Mich habt ihr nicht immer bei euch" 87
7.3.3.3. Der Kontext der Salbung: Das Gastmahl bei Maria, Marta und Lazarus 88

7.4.	Der Einzug in Jerusalem	89
7.5.	Die Erhöhung des Menschensohns	92
7.5.1.	Zur Herkunft des Titels „Menschensohn" und zu seiner Bedeutung bei Johannes	92
7.5.2.	Die Offenbarung des Menschensohns in der letzten öffentlichen Rede Jesu	94
7.6.	Der Sinn der „Erhöhung" Jesu	98
7.6.1.	Die Erhöhung als Gericht und Verheißung	98
7.6.2.	Heilsverheißung für die Zukunft	100
7.6.2.1.	Die Erhöhung Jesu als „die Stunde" des Heils	100
7.6.2.2.	Das „Wann" der alles entscheidenden Stunde	102
C.	**Die Abschiedsreden Jesu**	105
8.	Liebe als Einheit der Kirche in der Einheit von Vater und Sohn	105
8.1.	Rückblick auf die zentralen Begriffe für die am Kreuz offenbare Herrlichkeit	105
8.2.	Das „hohepriesterliche Gebet" Jesu	108
8.3.	Soteriologie und Ekklesiologie in den Abschiedsreden	110
D.	**Passion und Auferstehung Jesu**	113
9.	Was bleibt von einer „Passion" Jesu im Vierten Evangelium?	114
9.1.	Die „Verhaftung" Jesu und sein „Verhör" vor dem jüdischen Gericht	114
9.2.	Jesus und Pilatus	117
9.2.1.	Der Grund der Anklage: Königsprätention	117
9.2.2.	Ein neuer Anklagegrund: Sohn Gottes	119
9.2.3.	Der Sinn des ständigen Wechsels zwischen „draußen" und „drinnen"	122
9.3.	Rückblick auf „diese Welt"	124
9.4.	Der Gekreuzigte	127
9.4.1.	Kreuzigung und Kleiderverteilung	127
9.4.2.	Schriftzitate im johanneischen Passionsbericht	129
10.	Von der Bestattung bis zum Ostermorgen	134
10.1.	Die beteiligten Frauen	134
10.2.	Maria von Magdala am Grabe Jesu	135
10.3.	Maria von Magdala und Maria von Betanien	136

E.	**Der Fortgang der Sendung Jesu in der Kirche**	140
11.	Erhöhungstheologie im Rahmen des Auferstehungsglaubens	140
11.1.	Zum grundsätzlichen Problem	140
11.2.	Petrus und „der Jünger, den Jesus liebte"	141
11.2.1.	Petrus	141
11.2.2.	Der Jünger, „den Jesus liebte"	144
11.2.3.	Die Rolle der Mutter Jesu bei seinem „letzten Testament"	145
11.3.	Der „Wettlauf" zum Grabe als Schlüsselereignis	147
12.	Die Erscheinungen des Auferstandenen	150
12.1.	„Ostern" bei Lukas und bei Johannes	150
12.2.	Die Vollmacht zur Vergebung der Sünden	152
12.2.1.	Das Gegenüber von Sünde und Wahrheit	152
12.2.2.	Die Sendung der Jünger	154
12.2.3.	Der Heilige Geist als Beistand und Helfer	156
12.3.	Nicht sehen und doch glauben	159
12.3.1.	Rückblick auf die Osterberichte	159
12.3.2.	Glauben ohne Zeichen?	161

Anmerkungen 165

Vorwort

Was heißt „Soteriologie", die Lehre von der Rettung der Menschen durch Jesus von Nazaret, in der Sicht des Evangelisten Johannes? Die Basis für eine Antwort auf diese Frage findet sich in dem Satz: „Jeder, der Böses tut, hasst das Licht und kommt nicht zum Licht, damit seine Taten nicht aufgedeckt werden" (Joh 3,20). Mit diesem Satz wird konkretisiert, was schon im Prolog zum Evangelium in archetypischer Symbolik gesagt wurde. Gott schuf alles durch sein Wort. In ihm war für alles das Leben, und für die Menschen war dieses Leben das Licht: „Und das Licht leuchtet in der Finsternis, und die Finsternis hat es nicht an sich herankommen lassen". Auf dieser Grundlage entfaltet Johannes eine Gesellschaftstheorie, durch die manches in der heutigen politischen Situation klarer werden könnte.

Menschen wollen ihr nicht zu entschuldigendes Handeln keiner Kritik ausgesetzt wissen. Ohne Anerkennung durch andere können sie aber keine Ruhe finden. Sie sind daher auf der Suche nach Komplizen, mit deren Hilfe sie jede nur mögliche Kritik abzuwehren imstande sind. Durch gegenseitige Ehrungen gewinnen sie den Anschein von Autorität. Um diese auf Dauer aufrechtzuerhalten, entwickeln sie ausgeklügelte Machtstrukturen, die alles zunichte machen, was den Anschein als Schein entlarven könnte.

Diese Analyse von Machtpolitik bildet gleichsam den roten Faden durch die Interpretation des Lebens und Wirkens Jesu im Johannesevangelium. Das lässt sich durch einen sorgfältigen Vergleich mit dem Evangelium des Markus zeigen, die einzige verifizierbare Quelle im Hinblick auf das Ganze der Darstellung von Jesu Werk durch Johannes. Markus bietet ihm über weite Strecken Anhaltspunkte für den Aufbau seines Evangeliums. Umso deutlicher wird dadurch aber die gänzlich andere inhaltliche Prägung, die Johannes den ihm vorliegenden Berichten gibt. Als entscheidende Gegner Jesu fungieren bei ihm allein die Pharisäer. Sie stellen die oberste Kontrollinstanz für die Rechtgläubigkeit im jüdischen Volk dar. An keiner Stelle treten sie Jesus offen gegenüber. Sie agieren stets aus dem Hinterhalt, sind aber durch ein dichtes Netz von Denunzianten über das Auftreten Jesu unterrichtet. Von Anfang an ahnen sie, dass bei einer Begegnung mit ihm das Lügennetz zerrissen würde, mit dem sie ihre autoritäre Position schützen. Angesichts des wachsenden Anklangs Jesu im Volk wollen sie sich vor dem alles an den Tag bringenden Licht des von Gott Gesandten durch seine Beseitigung in Sicherheit bringen. Die

Liquidierung Jesu wird in dem aus ihnen und den Hohepriestern zusammengesetzten höchsten jüdischen Gericht ohne Anhörung des Beschuldigten beschlossen. Der zur Durchführung ihres Todesbeschlusses allein berechtigte Vertreter der römischen Besatzungsmacht fügt sich ihrem Willen, obwohl er von der Unschuld des Angeklagten überzeugt ist.

Gott liebt die Menschen so sehr, dass er sie trotz ihrer Verlorenheit an die Finsternis durch das menschgewordene Wort retten will. Dazu müssen sie aber das zu ihnen gesandte Licht bis in den Kern ihres verfehlten Lebensentwurfs dringen lassen. Das kam für die skrupellos an ihrer durch Verlogenheit erlangten Macht klebenden Herren dieser Welt nicht in Frage. Doch nicht nur dies steht dem Licht entgegen. Auch unter den führenden Männern gab es solche, die Jesus anhingen. Sie bekannten sich aber nicht offen dazu, um nicht die hohe Position zu verlieren, zu der sie gelangt waren.

Indem Jesus aus freier Entscheidung bis in seine Kreuzigung hinein nur für die Erfüllung des göttlichen Willens da war, zeigte er den Menschen, dass es ein anderes Leben gab als das, woran sie sich klammerten. Die von Gott her kommende Liebe kann nicht zugrunde gerichtet werden, weil sie ihrem Wesen nach Hingabe für andere ist. Der Wille Gottes, die Menschen aus ihrer Verlorenheit zu befreien, bleibt durch die Hinrichtung Jesu nicht unerfüllt. Den Auftrag des Vaters gibt Jesus an seine Jünger weiter. Sie sollen denselben Hass ertragen, der Jesus entgegenschlug. Dadurch geben sie Zeugnis für das unzerstörbare Leben des menschgewordenen Wortes. Sollten auch sie aber ein ausgefeiltes Regelwerk entwickeln, um ihr böses Tun nicht ans Licht kommen zu lassen, dann kann die Kirche nicht mehr als Zeichen des Heils erkannt werden.

Wie so oft schon bin ich Herrn Dr. Rudolf Zwank zu großem Dank verpflichtet. Er hat durch intensives Mitlesen des Evangelientextes zur Gestaltung des Buchs in einer Weise beigetragen, die weit über seine Aufgabe als Verlagslektor hinausgeht. Ohne einen großzügigen Druckkostenzuschuss des Erzbistums Freiburg hätte die Arbeit nicht publiziert werden können. Dafür möchte ich an dieser Stelle meinem besonderen Dank Ausdruck geben.

Merzhausen, am 1. Januar 2019 *Hansjürgen Verweyen*

0. Einführung

0.1. War das Wort *bei* Gott?

Es sind vor allem zwei Beobachtungen, die mir Mut machten, dieses Buch zu schreiben. Die erste betrifft gleich den Anfang des Johannesevangeliums. Bei der Übersetzung: „Der Logos war *bei* Gott" kann es sich nur um eine Verlegenheitslösung handeln. Die griechische Präposition πρὸς m. Akk., die hier durch „bei" übertragen wird, drückt fast immer eine Richtung auf etwas hin aus. Eine genaue Durchsicht des Gebrauchs dieser Präposition im Vierten Evangelium zeigt, dass sich die Übersetzung durch *bei* (wie auch durch die entsprechenden Äquivalente im lateinischen Westen) in Joh 1,1f nicht halten lässt.

Das grammatikalische Problem verbindet sich mit einer inhaltlich schwerwiegenden Frage. In einem polytheistischen Umfeld ergibt sich keine Schwierigkeit, wenn ein Gott mit oder bei einem anderen Gott im Olymp wohnt. Das Verhältnis zwischen ihnen braucht nicht näher geklärt zu werden. Im Monotheismus ist es nicht tragbar, dass der selbst als „Gott" bezeichnete Logos (Joh 1,1) sich bei „dem Gott" aufhält. Darum sucht man oft einen Ausweg darin, dem Text zuwider den Logos als bloß „göttlich" zu verstehen. Aber führt dies zu einem sinnvollen Verständnis der beiden ersten Verse, insbesondere als Teil eines Prologs zum ganzen Evangelium?

Die genannten Probleme lassen sich lösen, wenn man, *zum einen*, grammatikalisch richtig die Präposition πρὸς m. Akk. statt durch „bei" mit „auf … hin" übersetzt. Diesem „auf Gott hin" des Logos entspricht voll und ganz das Leben und Wirken Jesu, des fleischgewordenen Wortes. Aber auch im Hinblick auf das Sein des Logos vor aller Zeit wird in Joh 1,2 eigens betont, dass der Logos schon immer „auf Gott hin" war. Diese Beziehung lässt sich nicht, wie der erste Satz (1,1a) suggerieren könnte, von seinem Sein und Wesen ablösen.

Wie lässt sich dann, *zum anderen*, das Gott-Sein des Logos mit dem Sein Gottes vereinbaren? Dies ist durch das Sein des Logos auf „den Gott" hin (1,1c) noch nicht geklärt. Dem Prolog selbst ist keine Antwort auf diese Frage zu entnehmen. Erst im Verlauf des Evangeliums erfahren wir dazu Näheres. Jesus sagt nicht nur, dass seine Offenbarung den Vater sichtbar macht: „Wer mich gesehen hat, hat den Vater gesehen" (14,9). Mit dem Satz: „Ich und der Vater sind eins" (10,30) behauptet er seine wesenhafte Einheit mit dem Vater. Am Ende der Osterberichte spricht der zum vollen Glauben bekehrte Thomas zu Jesus: „Mein Herr und mein Gott!" (20,28).

Wie ist diese wesenhafte Einheit zu denken, die doch als Einheit in Differenz begriffen werden muss? Ein wichtiger Hinweis dazu findet sich in dem sogenannten „hohepriesterlichen Gebet" Jesu zum Vater. Er spricht dort von der Herrlichkeit, die der Vater ihm gegeben hat, weil er ihn schon „vor der Grundlegung der Welt geliebt" hat (vgl. 17,24). Die Einheit Jesu mit dem Vater, die Einheit des Wortes mit Gott hat seinen Grund in der Liebe Gottes zu seinem Wort. Wie diese Einheit in Differenz zu verstehen ist, bleibt uns dennoch letztlich verborgen, weil auch das Höchstmaß dessen, was unsere Liebe sein kann, nicht bis zu der Liebe Gottes als Ursprung von allem vorzudringen vermag.

Diese Liebe Gottes umfasst nicht nur das ewige Wort. Schon die nächsten Verse des Prologs (3–5) bereiten die entscheidenden Schritte des Evangeliums vor. Ausnahmslos alles, was geworden ist, ward durch das in der Liebe Gottes gründende Wort. In dem Gewordenen war (das vom Wort verliehene) Leben. Für die Menschen war das durch das Wort verliehene Leben aber nicht nur das durch Vergänglichkeit gezeichnete Dasein. Für sie war es das Licht. Der abschließende Vers 5 bringt dann aber etwas zum Ausdruck, was an dieser Stelle noch nicht verstanden werden kann. Da war etwas, das nicht zu Gottes Schöpfung gehört: die Finsternis. Für das Licht bedeutet diese kein Hindernis: es leuchtet auch in ihr. Aber die Finsternis will es nicht an sich herankommen lassen.

Diese hier noch rätselhaften Sätze werden jedoch gleich zu Beginn des Wirkens Jesu geklärt (3,14–21). Gott liebt nicht nur sein Wort. Er liebt auch alles, was durch sein Wort geworden ist, die Welt. Er liebt diese auch dann noch, wenn die Menschen der Finsternis verfallen sind. Die Verse 3,19f machen deutlich, was im Prolog bloß angesprochen wurde: „Das Licht kam in die Welt, und die Menschen liebten die Finsternis mehr als das Licht; denn ihre Taten waren böse. Jeder, der Böses tut, hasst das Licht und kommt nicht zum Licht, damit seine Taten nicht aufgedeckt werden" (3,19–20). Um die von ihm geliebte Welt zu retten, gab Gott seinen einzigen Sohn (3,16f). Hier wird der Grund für die im Prolog genannte Fleischwerdung des Wortes (1,14) angegeben.

Es erfolgt aber auch schon ein erster Hinweis darauf, in welchem Ausmaß die Menschen das zu ihnen gesandte Licht hassen. Weil es von seiner Sendung in die Finsternis nicht abzubringen ist, will man das Licht schließlich völlig auslöschen: Der Menschensohn „muss erhöht werden" (3,14). Das heißt aber, wie erst im weiteren Verlauf des Evangeliums deutlich wird: Man schlägt Jesus ans Kreuz. Durch diese Erhöhung am Kreuz geschieht jedoch das gerade Gegenteil dessen, was damit beabsichtigt war. Indem der Sohn seine Sendung durch den Vater bis zuletzt durchhält, kommt an ihm der ganze Glanz des Lichts zum Strahlen, der von der Herrlichkeit Gottes ausgeht.

0.2. δόξα: Macht-Schein und Macht-Glanz

Damit komme ich zu meiner zweiten Beobachtung, die aus dem Bemühen um das Verständnis des für Johannes zentralen Begriffs δόξα hervorging. Dieser Begriff ist aufs Engste mit dem verbunden, was über das in die Finsternis gesandte Licht gesagt wurde.

Im klassischen Griechischen bezeichnet δόξα den Schein, der von einer Licht- oder Feuerquelle ausgeht. Sein Gebrauch in der Alltagssprache hat in etwa die Bedeutung von „Ehre", „Ruhm", „Ansehen". Das hebräische Wort *kabôd*, das in der griechischen Übersetzung der Schriften Israels durch δόξα wiedergegeben wird, bringt vor allem die Macht und Autorität Gottes zum Ausdruck. Die deutsche Übertragung durch „Herrlichkeit" hebt diesen Aspekt hervor. Bei Johannes überwiegt die Perspektive des Glanzes der göttlichen Macht, wie er besonders in der berühmten Szene der Gesetzgebung an Mose auf dem Berg Sinai zutage tritt (Ex 33,18–23). Mose bittet Gott, seine Herrlichkeit sehen zu dürfen. Aber kein Mensch kann Gottes Angesicht sehen und am Leben bleiben. Darum stellt der Herr bei seinem Vorübergang Mose in einen Felsspalt und hält seine Hand über ihn. Dennoch bleibt auf dem Gesicht des Mose ein solch blendender Glanz zurück, dass die Israeliten bei seiner Rückkehr die davon ausgehenden Strahlen nur ertragen konnten, wenn er einen Schleier über sein Gesicht legte (Ex 34,29).

Das hebräische Wort für „strahlen" (*qaran*) übersetzt die Septuaginta durch das Verb δοξάζειν, das hier mit „einen überwältigenden Glanz sichtbar werden lassen" umschrieben werden könnte. Dieses Verb gebraucht Johannes in engem Zusammenhang mit den Begriffen δόξα und ὑψοῦν („erhöhen"). Schon von hierher legt sich die Frage nach Texten nahe, die ihn dazu angeregt haben könnten.

Wegen des Rufs des Täufers Johannes: „Seht, das Lamm Gottes, das die Sünde der Welt hinwegnimmt!" (Joh 1,29) kann man an einen Bezug zum vierten Gottesknechtlied denken (Jes 52,13–53,12). In dessen Hauptteil (53,4–12) geht es um den Sühnetod für die Sünden der Vielen. Im Evangelium des Johannes ist aber der Gedanke an einen Sühnetod Jesu ebenso abwegig wie an einen „Zorn Gottes", von dem hier nur der Täufer spricht (Joh 3,36).

Im ersten Teil des Gottesknechtlieds gibt es allerdings deutliche Anzeichen für einen Einfluss dieses Textes auf Johannes. Gleich zu Eingang des Lieds ist davon die Rede, welche Ehre den Knecht Gottes nach seiner Hingabe erwartet. Er wird aufs Äußerste erhöht und mit Ansehen bedacht werden (52,13). Die hier unmittelbar aufeinander folgenden Verben ὑψοῦν und δοξάζειν gebraucht auch der Vierte Evangelist, um das Ergebnis der vollbrachten Sendung Jesu zum Ausdruck zu bringen. Weniger beachtet wurden bisher Parallelen zum johanneischen Begriff von δόξα in den Versen Jes 52,14–53,3. Hier wird dieses Wort zusammen mit sinnverwandten Ausdrücken zur Umschreibung der Gestalt des leidenden Knechts gebraucht, von dem sich die Menschen angewidert abwenden. Für manche dieser Formulierungen gibt es bei Johannes auffallende Entsprechungen in den Streitgesprächen Jesu mit den Juden. Bei Jesaja wird das Erscheinungsbild des geschundenen Knechts „von" oder „bei den Menschen" als verachtenswert angesehen (vgl. 52,14; 53,3). Jesus sagt zu seinen Gegnern: „Ehre [δόξα] von Menschen nehme ich nicht an" (Joh 5,41). Sie aber nehmen Ehrungen (δόξα) voneinander an, während sie die Ehre (δόξα), die von dem einen Gott kommt, nicht suchen (vgl. 5,44). Es liegt ihnen mehr an der von Menschen erwiesenen Ehre als an der Ehre Gottes (vgl. 12,43).

Johannes benutzt Formulierungen des Jesajatexts, um eine für ihn zentrale Gedankenlinie besser beleuchten zu können. Die Volksmenge sah schon im Speisungswunder Jesu die Chance, ihn zu einem ihren Wünschen entsprechenden König machen zu können (vgl. 6,15). Jesus hält ihnen ihre Anhänglichkeit als Frucht eines Egoismus vor, der allein auf das eigene Wohl bedacht ist (vgl. 6,26). Sobald sie erkennen, dass er sie unerbittlich von dem Starren auf sich selbst zu befreien sucht, wird er schließlich so aussehen wie der geschundene Gottesknecht.

Gerade am Gebrauch des Begriffs δόξα lässt sich ein klarer Aufbau des Johannesevangeliums aufweisen. In den Kapiteln 5 bis 8 bezeichnet der Verfasser damit ausschließlich das gegenseitige Hochrühmen von Menschen, das zu einer auf Lüge gegründeten Autorität über das ganze Volk führt. In den Kapiteln 11 bis 17 wird mit demselben Begriff dieser auf falschem Schein basierenden Herrschaft der wahre Machtglanz Gottes entgegengehalten, der sich im Wirken und freiwilligen Hingang Jesu in den Tod offenbart. Johannes kann auf diese Weise zeigen, wie aus dem Verbergen des eigenen Handelns vor dem Licht ein gesellschaftliches Gefüge erwächst, das der Gewalt einer korrupten Elite ausgeliefert ist. Denn die sich dem Licht Entziehenden können kaum auf die Anerkennung derer rechnen, die in ihrem Tun auf Wahrhaftigkeit bedacht sind. Sie finden aber leicht andere lichtscheue Genossen, denen ebenfalls daran liegt, ihnen entgegentretende gerechte Kritik zum Schweigen zu bringen. Das führt zu einer Kumpanei, die streng darauf achtet, selbst in der eigenen Clique Zweifel gar nicht erst aufkommen zu lassen.

0.3. Die Gegner Jesu

Es ist erstaunlich, wie Johannes diese soziologische Beobachtung am Leben und Wirken Jesu in seiner Zeit konkretisiert. Das lässt sich im Einzelnen aber erst auf dem Hintergrund der synoptischen Tradition aufweisen. Auch das Evangelium des Lukas ist Johannes zumindest in Teilen bekannt. Für das Entschlüsseln des soeben aufgezeigten Grundgedankens ist aber nur ein genauer Vergleich mit dem Werk des Markus von Bedeutung. Johannes folgt weitgehend dem Aufbau dieses Evangeliums. Aber gerade die radikalen Abweichungen vom Text dieser Vorlage lassen seine ganz andere Aussageintention erkennen. An dieser Stelle können nur kurze Hinweise auf das in den Einzeluntersuchungen näher Ausgeführte gegeben werden.

Bei den Synoptikern finden sich als Gesprächspartner Jesu außer den Pharisäern auch die Schriftgelehrten und Sadduzäer. Diese werden bei Johannes völlig übergangen. Abgesehen von einer Stelle, an der die Pharisäer sich selbst der frei gewollten Verblendung überführen (9,39–41), sprechen sie aber nie selbst mit Jesus – die Unterredung mit Nikodemus (3,1ff) hat nicht den Charakter einer Diskussion. Auf diese Weise entsteht der Eindruck, dass es bei allen mit Jesus geführten Streitgesprächen „die Juden" allgemein sind, die als seine Gegner auftreten. Die Pharisäer stellen bei Johannes die stets im Hintergrund bleibende höchste Aufsichtsbehörde dar, die streng darüber wacht, dass im Volk die von ihnen als Gesetz des Mose ausgegebenen Verhaltensregeln eingehalten werden. Durch ein von ihr weit ausgespanntes Netz von Denunzianten sind sie von Anfang an darüber informiert, dass die Predigt Jesu darauf zielt, die von ihnen errichteten Schutzmauern zu durchbrechen, die jedes Eindringen von Licht verhindern sollen. Johannes weist durch zwischen die einzelnen Szenen des von ihm dargestellten Dramas eingestreute Bemerkungen auf diese ständige Bedrohung für die Vollendung des Jesus vom Vater aufgetragenen Werkes hin.

Beschlüsse über Strafen für die von ihnen festgestellten schweren Gesetzesverstöße können die Pharisäer aber nur zusammen mit den Hohepriestern in dem dafür einberufenen Hohen Rat fassen. Schon bei einer ersten Zusammenkunft des Hohen Rats wegen des wachsenden Einflusses

Jesu auf das Volk wird klar, dass man dieses Mannes habhaft werden will, um ihn ohne ein rechtmäßiges Verfahren zu verurteilen (vgl. 7,32.51). Nach dem großen Zulauf, den die Erweckung des Lazarus im Volk hervorrief, kommt es zu der ersten – und letzten! – Vollversammlung des Hohen Rats wegen Jesus. Die anwesenden Mitglieder hatten Angst, dass die Römer wegen einer von ihm geführten Rebellion *ihnen* das Volk entreißen könnten. Kajaphas, der in diesem Jahr amtierende Hohepriester, macht dazu die ironische Bemerkung: Ihr kommt nicht einmal auf den Gedanken, dass es besser für *euch* ist, wenn *ein* Mensch statt des Volkes stirbt, als wenn das ganze Volk zugrunde geht! Darauf wird der Todesbeschluss über Jesus gefasst (vgl. 11,47–50.53).

In die Parodie eines Verhörs nach der Verhaftung Jesu (18,12–14.19–24) nimmt Johannes die von Kajaphas im Hohen Rat gesprochenen Worte auf, allerdings mit einer bedenkenswerten Änderung. Im Hohen Rat hatte er, an den Egoismus seiner Kollegen appellierend, von oben herab spöttisch bemerkt: die Tötung *eines* Menschen statt des Verlusts des ganzen Volkes sei doch von Nutzen *für sie* (vgl. 11,49f). Nun heißt es, Kajaphas habe *den Juden geraten*, dass es besser sei, *ein* Mensch stürbe statt des (ganzen) Volkes (18,14). Wann sollte der Hohepriester dem Volk diesen Rat gegeben haben? Doch sicherlich erst, nachdem man Jesu habhaft geworden war. Auch der wohl größte Teil des Volkes sah nun ein, dass Jesus kein potentieller Aspirant für einen die Fremden vertreibenden König im Sinne Davids war. Schon angesichts dessen, was Jesus sagte und – etwa bei seinem „Einzug" in Jerusalem – tat, dürften ihnen Zweifel in dieser Hinsicht gekommen sein. Kajaphas, der sicher ein hochbegabter Redner war, wird dann auch nicht versäumt haben, darauf hinzuweisen, wie leicht die Römer den großen Zulauf des Volkes als eine beginnende Rebellion deuten konnten.

Auf diesem Hintergrund ließe sich dann besser die brutale Hartnäckigkeit verstehen, mit der bei Johannes die vor dem Prätorium versammelte Menge Jesu Hinrichtung verlangte. Es fällt auf, dass in der Szene vor Pilatus dauernd zwischen „den Juden" und „den Hohepriestern" als Anklägern gewechselt wird. Gleich zu Beginn bleibt unklar, wer von ihnen eigentlich Jesus zum Amtssitz des Pilatus führte und dort mit ihm sprach (vgl. 18,28.31.35). Auffällig ist auch, dass Johannes hier nie von einer bestimmten Menge (ὄχλος) des Volkes spricht, sondern immer nur allgemein von „den Juden". Die Vermutung liegt nahe, dass er an eine pauschale Verurteilung des gesamten jüdischen Volks als Mörder des Gottessohns denkt. Diese Interpretation hat in der Tat – über die Hervorhebung der Johannespassion in der Liturgie und dann durch die Passionsspiele – am meisten zu der antijüdischen Verfinsterung der

Christenheit geführt, ohne die es wohl nie zu der Shoah gekommen wäre. Zur Klärung dieses verhängnisvollen Missverständnisses ist eine genaue Lektüre des bei Johannes berichteten Zeitraums von der Verhaftung Jesu bis zu seinem Begräbnis hilfreich.

Zunächst ist daran zu erinnern, dass die Pharisäer nie direkt als unnachgiebige Feinde Jesu auftreten, sondern aus dem Hinterhalt agieren. Ähnliches gilt für die Hohepriester während des gesamten Prozesses Jesu. Die korrupten Führer des jüdischen Volkes vermeiden, öffentlich in Erscheinung zu treten. Sonst wäre die Gefahr zu groß, dass irgendwann doch die Verlogenheit ans Licht dringt, durch die sie zu ihrer hochangesehenen Herrschaftsposition gekommen sind. Dank dieser Position haben sie das gesamte jüdische Volk im Griff. Aber selbst der Statthalter Roms weist eine erstaunliche Willfährigkeit ihnen gegenüber auf. Deren Ausmaß wird an den nur bei Johannes zu findenden Details deutlich: bei der Verhaftung Jesu und seiner Übergabe an Hannas (18,3a.12), in der ganzen Pilatusszene (28f–30.38b–39; 19,6b.7f.12–16); nach dem Tode Jesu (19,31b–34a).

Die Konkretheit, mit der Johannes den falschen Schein der geistlichen und politischen Machthaber in Jerusalem zur Zeit Jesu beleuchtet, lassen die programmatischen Sätze am Ende des Gesprächs mit Nikodemus (3,14b–21) besser verstehen. Gott gibt seinen einzigen Sohn aus Liebe zur Welt hin, nicht damit er sie richte, sondern sie der Finsternis entreiße, der sie verfallen ist. Aber gerettet werden können nur die an ihn glauben. Mit „glauben" ist nicht das Für-wahr-Halten von durch Jesus verkündeten Lehren gemeint. Es geht vielmehr um ein Durchbrechen der Verkrustungen, die aus dem Versuch hervorgehen, böses Tun vor seinem Offenbarwerden zu verbergen. Aus der Flucht vor einem in die Tiefe der Existenz dringenden Licht erwachsen schließlich die Strukturen einer Gesellschaft, die von der Macht einer durch Verlogenheit erworbenen Autorität beherrscht wird.

Als oberste Vertreter dieser korrupten Macht erscheinen bei Johannes die Pharisäer und Hohepriester. Sie sind dem Gericht verfallen. Ihre Verurteilung wird aber nicht am „Jüngsten Tag" erfolgen. Sie *sind* schon gerichtet (3,18b), weil ihre Verweigerung gegenüber dem Licht auch vor dem Versuch nicht haltmacht, es endgültig zu vernichten. Statt das ewige Leben zu wählen, das Gott ihnen schenken wollte (3,15), haben sie sich, stets von einer nicht eingestandenen Angst erfüllt, an ein Leben geklammert, in dem ihnen alle Macht dieser Welt zu gehören schien.

Johannes kennzeichnet aber auch noch eine weitere Gruppe von Menschen, die nicht oder noch nicht fähig sind, der Finsternis entrissen zu werden. Es sind allgemein solche, die durch die von Jesus gewirkten Wunder und seine Worte zwar zum Glauben kommen, ihr Leben aber nicht von diesem durchdringen lassen. „Selbst von den führenden Männern glaubten viele an ihn; doch wegen der Pharisäer bekannten sie sich nicht offen dazu, um nicht aus der Synagoge ausgestoßen zu werden. Denn sie liebten die Ehre (δόξα) der Menschen mehr als die Ehre Gottes" (12,42f). Zu diesen Männern zählen Josef aus Arimathäa und Nikodemus, die aus Furcht vor dem Verlust ihrer hohen Position Jesus nur heimlich anhängen. Aber wenigstens nach seinem Tod erweisen sie ihm die letzte Ehre – mit einem Aufwand, der ihrem gesellschaftlichen Ansehen entspricht (vgl. 19,38–42). Wenn meine Deutung der Pilatusszene, besonders von Joh 19,7f, richtig ist, gehört auch der römische Statthalter zu „dieser Welt". Innerlich dem Mann aus Nazaret zugetan, fällt er aus Furcht, die jüdischen Machthaber könnten mehr von dem Zustandekommen seiner Position wissen, als ihm lieb ist, das Todesurteil.

0.4. Das Licht, das in die Welt kam

Was es wirklich bedeutet, an Jesus als das von Gott gesandte Licht zu glauben, stellt Johannes in der erzählerisch beeindruckenden und theologisch zentralen Geschichte von der Heilung des Blindgeborenen und seinem Verhalten gegenüber den Pharisäern dar (Kap. 9). Diese fordern den Geheilten nach mehreren vergeblichen Anläufen, ein Jesus belastendes Zeugnis zu erhalten, schließlich zu einer eidesstattlichen Aussage auf: „Gib Gott die Ehre (δόξα)!" (9,24). Die Kluft zwischen dem, was die Behörde hören möchte, und der Antwort, die sie darauf erhält, leitet von dem Begriff δόξα im Sinne lügnerischer Ruhmbezeugungen der Menschen zu dem Verständnis des in Jesus aufstrahlenden Machtglanzes Gottes über, das Johannes in den Kapiteln 11–17 entfaltet.

Es ist kaum sinnvoll, hier eine kurze Zusammenfassung des von Johannes zu diesem Machtglanz Ausgeführten geben zu wollen. Dazu müsste unter anderem die problematische Übersetzung entscheidender Begriffe diskutiert werden – wie von δοξάζειν durch heute negativ besetzte Worte wie „verherrlichen" („glorify", „glorifier"). Ich versuche lediglich, einige zentrale Punkte hervorzuheben.

In der Lazarusgeschichte wird vor allem in dem Gespräch Jesu mit Marta deutlich, was mit dem „Sehen der Herrlichkeit (δόξα) Gottes" (11,40) gemeint ist. Marta glaubt im Rahmen der apokalyptischen Vorstellungen ihrer Zeit fest daran, dass ihr Bruder am Letzten Tag auferstehen wird (11,24). Wider ihr Erwarten (11,39b) gibt Jesus ihr aber durch die schon jetzt erfolgende Auferweckung des Lazarus ein Zeichen für die von ihm erteilte Antwort: „Ich bin die Auferstehung und das Leben. Wer an mich glaubt, wird leben, auch wenn er stirbt, und jeder, der lebt und an mich glaubt, wird auf ewig nicht sterben" (11,25f).

Auf dieser Grundlage lässt sich verstehen, dass Jesus bei seinem Tode nicht auf eine künftige Auferweckung durch den Vater zu warten braucht. Die ganze Herrlichkeit Gottes erstrahlt bei Jesu „Erhöhung" am Kreuz; denn hier erfüllt sich der ihm vom Vater erteilte und von ihm in voller Freiheit übernommene Auftrag, die Welt zu retten. Der Versuch der jüdischen Machthaber, sein Leben und das von diesem her in die tiefste Verfinsterung menschlicher Existenz dringende Licht für immer auszulöschen, endet in einem Desaster: Jesus lässt sich in der Überwindung der auch von ihm empfundenen menschlichen Angst (vgl. 12,27f) ans Kreuz schlagen, weil er sich dabei wie schon immer von der Liebe des Vaters getragen weiß (17,24).

Seine Gegner sind jetzt zwar noch unfähig, diesen Sieg anzuerkennen. Aber mit Jesu Tod endet nicht die von ihm ausgehende Rettung der Welt. Das wird vor allem an zwei auf den ersten Blick merkwürdigen Stellen klar. Jesus selbst sagt, dass beim Eintritt der „Stunde", in der die ganze Herrlichkeit Gottes an ihm zutage tritt (12,23), das Gericht über „diese Welt" ergeht (12,31). Aber er fährt fort: „Und ich, wenn ich [durch das ans Kreuz Hängen: 12,33] von der Erde erhöht bin, werde alle zu mir ziehen" (12,32). Nicht weniger eigentümlich mutet die Aufnahme einer bei dem Propheten Sacharja (12,10) zu findenden Verheißung an: „Sie werden auf den blicken, den sie durchbohrt haben" (Joh 19,37). Mit diesem Satz, der auf den Lanzenstich eines der Soldaten in die Seite Jesu (19,34a) Bezug nimmt, endet bei Johannes der Bericht über das Geschehen bei bzw. unmittelbar nach der Kreuzigung.

0.5. Jesu Sendung geht weiter

Wie soll aber nach der Rückkehr des Sohnes zum Vater die Heilsverheißung Jesu für *alle* in Erfüllung gehen? Die Antwort darauf gibt Jesus in den Abschiedsreden an seine Jünger. Anders als bei den Synoptikern werden bei Johannes die Jünger während des irdischen Wirkens Jesu nie zur Mithilfe bei der Verbreitung der heilbringenden Botschaft ausgesandt. Schon vor dem Beginn seiner Wirksamkeit ist Jesus aber von Jüngern umgeben, die auf das Zeugnis Johannes des Täufers hin zu ihm gekommen waren. Ihre einzige Aufgabe bestand darin, von Anfang an bei ihm gewesen zu sein, um in ihm die Anwesenheit des Vaters zu erkennen (vgl. 15,27; 14,7–9). Nach dem Hingang zum Vater sollen sie, die dann die Welt ebenso hasst wie zuvor Jesus selbst, in der Kraft des Heiligen Geistes ihre ganze Existenz zum Zeugnis für das ewige Wort werden lassen (vgl. bes. 15,18–27).

Gerade in den Abschiedsreden gewinnt man zwar gelegentlich den Eindruck, es ginge nach Jesu Rückkehr zum Vater um rein innerkirchliche Belange, vor allem um eine Liebe der Jesus Nachfolgenden, die sich ganz (nur) für ihre Freunde hingibt (vgl. bes. 15,12–14). Dieser Eindruck erweist sich aber im „hohepriesterlichen Gebet" als Missverständnis. Die Jünger werden von Jesus in die Welt gesandt wie Jesus vom Vater. Darum gelten seine Bitten an den Vater nicht nur für die von ihm bereits Erwählten, sondern auch für (alle), die durch ihr Wort an Jesus glauben (17,18.20). Das Ringen um die Rettung der Welt setzt sich nach der Erhöhung Jesu unvermindert, ja, wie man hinzufügen darf, unter noch besseren Voraussetzungen fort. Denn bevor Jesus in seiner freien Selbsthingabe der feindlichen Welt ein Leben vor Augen geführt hat, demgegenüber ihre auf bloßem Schein gegründete Macht eine Karikatur von wahrem Leben war, konnte diese Welt die Kraft des sie bedrängenden Lichts noch nicht in ihrem vollen Ausmaß erkennen. Die Jünger können jetzt im furchtlosen Zeugnis für das vollendete Werk Jesu allen dazu Mut machen, „auf den zu blicken, den sie durchbohrt haben".

Vielleicht ist von hierher das am Abschluss der letzten Erscheinung des Auferstandenen stehende Wort zu deuten: „Selig sind, die nicht sehen und doch glauben!" (20,29b). Nicht nur Thomas, sondern auch die anderen Jünger sind erst drei Tage nach der grauenvollen Hinrichtung Jesu am Kreuz durch ein *Sehen* zum Glauben an den Auferstandenen gekommen. Diese besondere Weise des Sehens wird denen, die durch ihr Wort zum Glauben kommen, nicht zuteil. Sind sie deswegen „Jünger zweiter Hand"? Ist ihr Glaube – wie auch der Glaube der „Jünger erster Hand" – im Sinne Kierkegaards von Gott durch einen reinen, durch kein geschichtlich wahrnehmbares Geschehen vermittelten Gnadenakt gewirkt? Nein, und dies zeigt gerade die Art und Weise, wie Johannes die Aufgabe der Jünger versteht. Das, was Jesus durch seine Worte *und Zeichen*, eben als *fleisch*-gewordenes Wort offenbarte, setzt sich auch im Lebenszeugnis der Jünger fort, durch das der Erhöhte „alle zu sich zieht". Daran, ob sie durch eine ganze und freie Selbsthingabe zum sprechenden Zeichen für die fortdauernde Gegenwart Gottes in dem aus Liebe zur Welt gesandten Sohn werden, entscheidet sich, ob das Licht den Menschen der selbstverschuldeten Finsternis zu entreißen vermag.

A. Das Verhältnis des Logos zu Gott und der Welt im Prolog

1. Das Verhältnis des Logos zu Gott

1.1. Zur Übersetzung von Joh 1,1f

In den beiden ersten Versen des Prologs zum Johannesevangelium übersetzt die Vulgata[1] die griechische Präposition πρὸς m. Akk. durch *apud*. Dieser Übersetzung sind die modernen Sprachen im lateinischen Westen gefolgt[2]. Sie wurde auch von den aus der Reformation hervorgegangenen Kirchen und selbst im Verlauf der historisch-kritischen Exegese beibehalten. Bei dieser Übertragung geht der dynamische Charakter verloren, der für die griechische Präposition kennzeichnend ist. πρὸς m. Akk. deutet eine bestimmte Richtung an. Dieser Sinn einer *Hinordnung-auf* ist für *apud* im Sinne von „bei" nicht gegeben. Die sich aus dieser Übersetzung ergebenden Schwierigkeiten für das Verstehen des Verhältnisses des Logos zu Gott, wie es am Anfang des Prologs zum Ausdruck gebracht ist, sind zum einen grammatikalischer, zum anderen inhaltlicher Art. Bevor ich mich den für das Verständnis des ganzen Evangeliums entstehenden inhaltlichen Problemen zuwende, gebe ich zunächst eine Übersicht über den Gebrauch der Präpositionen im Neuen Testament, die eine genauere Bestimmung der Bedeutung von πρὸς m. Akk. im Johannesprolog ermöglicht.

1.1.1. Grammatikalische Probleme

a) Zum Gebrauch der Präposition πρὸς m. Akk. im Vierten Evangelium (außer Joh 1,1f)

Joh 4,35b zufolge sagt Jesus zu seinen Jüngern: „[Blickt umher und seht, dass die Felder] weiß sind, reif zur Ernte"[3].

Joh 5,35b wird der Täufer mit einer Lampe verglichen, an der man sich „für eine (kurze) Zeit" (πρὸς ὥραν) erfreuen konnte.

Joh 7,35a bezieht sich auf das durch ein Wort Jesu hervorgerufene Fragen: „Da sagten die Juden zueinander [...]" (πρὸς ἑαυτούς). Das Sprechen ist auf (jemanden) hin gerichtet. Dies gilt auch für *Joh 16,17a*: „Da sagten einige von seinen Jüngern zueinander [...]" und *Joh 19,24*: die Soldaten sagten „zueinander" (beide Male πρὸς ἀλλήλους)[4].

Joh 11,4b wird das Wort Jesu, dass die Krankheit des Lazarus nicht zum Tode führe (οὐκ ἔστιν πρὸς θάνατον) im Deutschen wie in anderen Sprachen mit einem die Richtung angebenden Terminus übersetzt, ebenso das Nichtverstehen des Wortes Jesu zu Judas beim Abendmahl (πρὸς τί εἶπεν [...]: *Joh 13,28*). Jesu knappe Antwort auf die Frage des Petrus nach der zukünftigen Bestimmung für den Lieblingsjünger: „τί πρὸς σέ;" (*Joh 21,22a*) wird genauso knapp in der Vulgata wiedergegeben: „quid ad te".

b) Die Entsprechungen für „bei" oder „zusammen mit (jemandem)" im Vierten Evangelium
Den Präpositionen „bei" bzw. „zusammen mit (jemandem)" entsprechen im Vierten Evangelium παρά m. Dat.[5] bzw. μετά m. Gen.[6]. Vor allem *Joh 17,5*: „Vater, verherrliche du mich jetzt bei dir [παρὰ σεαυτῷ] mit der Herrlichkeit, die ich bei dir [παρὰ σοί] hatte, bevor die Welt war" ist im Rahmen unserer Untersuchung zu beachten. Wenn hier das Sein Jesu beim Vater vor und nach aller Zeit durch παρά m. Dat. ausgedrückt wird, ist das durch πρός m. Akk. bezeichnete Verhältnis des Wortes zu Gott in Joh 1,1f schwerlich im Sinne von „bei" zu verstehen. Ähnlich verhält es sich mit der Stelle *Joh 17,24*: „Vater, ich will, dass alle, die du mir gegeben hast, dort bei mir [μετ' ἐμοῦ] sind, wo ich bin".

c) πρὸς m. Akk., παρὰ m. Dat. und μετὰ m. Gen. in den Paulusbriefen
Paulus unterscheidet nicht so klar wie Johannes zwischen den Präpositionen πρός m. Akk. zur Angabe einer bestimmten Richtung und παρά m. Dat. bzw. μετά m. Gen. für „zusammen mit". Diese Präpositionen werden in deutschen Übersetzungen mit „bei" wiedergegeben. Bei Paulus finden sich Stellen, wo es naheliegt, πρός m. Akk. mit „bei" (bzw. „with", „con" etc.) zu übersetzen. An einer Stelle kann es kaum anders wiedergegeben werden: *Gal 1,18*. Paulus geht nach Jerusalem, um Kephas kennenzulernen und bleibt fünfzehn Tage *bei* ihm (πρὸς αὐτόν). An manchen anderen Stellen wird man zwar mit „bei" übersetzen, darf aber den Kontext nicht übersehen, aus dem sich ein Richtungssinn für das πρός m. Akk. ergibt.

Dies zeigt deutlich *1 Kor 16,5-7*: „(5) Ich werde zu euch (πρὸς ὑμᾶς) kommen, wenn ich durch Mazedonien gereist bin. In Mazedonien will ich nämlich nicht bleiben, (6) aber, wenn es möglich ist, bei euch (πρὸς ὑμᾶς), vielleicht sogar den ganzen Winter. [...] (7) Ich möchte euch diesmal nicht nur auf der Durchreise sehen; ich hoffe, einige Zeit bei euch (πρὸς ὑμᾶς) bleiben zu können, wenn der Herr es zulässt". Die gesamte

1.1 Zur Übersetzung von Joh 1,1f 23

Versfolge steht im Zeichen des „zu euch kommen". Dieser Richtungssinn steckt auch in den beiden πρὸς ὑμᾶς, die hier mit „bei euch" wiedergegeben sind. Es geht nicht einfach um ein Beisammensein, sondern um die Anwesenheit des von Gott zu einer Gemeinde gesandten Boten, deren Einheit im Glauben auf dem Spiel steht. Ähnliches gilt auch von anderen Stellen, wo das „bei-euch"-Sein in den Kontext des von Ort zu Ort eilenden Missionars eingebettet ist, um die Heidenwelt für Christus zu gewinnen[7].

Im Unterschied zu den meisten Übersetzungen, die das πρὸς ὑμᾶς in *Gal 2,5b* durch *bei* (*apud, with, con, avec* usw.) wiedergeben, bringt die Einheitsübersetzung den Richtungssinn zum Ausdruck: „damit euch die Wahrheit des Evangeliums erhalten bleibe"[8]. Dass πρὸς ὑμᾶς in *2 Kor 1,12* nicht mit „bei euch", sondern im Sinne von „euch gegenüber" zu übersetzen ist, wird weitgehend auch in anderen Sprachen beachtet[9]. In *2 Kor 12,21* dürfte das πρὸς ὑμᾶς eher mit „vor euch" als mit „bei euch" zu übersetzen sein.

Die Präposition πρός m. Akk. bei Personen hat bei Paulus oft die Bedeutung „bei jemandem", die der Vierte Evangelist durch παρά m. Dat. zum Ausdruck bringt. Bei Paulus ist παρά m. Dat. fast immer im Sinne von „vor", „in den Augen von" zu verstehen, vor allem unter dem Gesichtspunkt, wer oder was vor Gott gerecht ist[10]. In der Bedeutung von „bei jemandem" (ohne diesen Nebensinn des Urteilens) verwendet Paulus im Unterschied zum Vierten Evangelisten diese Präposition nicht.

Auch die Präposition μετά m. Gen gebraucht Paulus anders als der Vierte Evangelist. Am häufigsten findet sie sich als Segenswunsch in Briefschlüssen[11], sodann im Sinne von „begleitet von"[12]. In der Bedeutung von „zusammen mit" ist stets ein kurzes Miteinander im Blick[13]. Im Unterschied zu Johannes bezeichnet Paulus damit nie ein längeres Beisammensein.

d) πρός m. Akk. bei den Synoptikern
Beim Vierten Evangelisten wie bei Paulus lässt sich eine gewisse Systematik im Gebrauch der Präpositionen beobachten. Dies ist bei den Synoptikern, in deren Evangelien oft einfach die in den benutzten Vorlagen verwandte Formulierung übernommen wird, nicht zu erwarten. Ich beschränke mich auf Beispiele für den Gebrauch der Präposition πρός m. Akk., insoweit sie im Deutschen teilweise mit „bei" wiedergegeben wird. Der synoptische Vergleich ergibt hier einige interessante Details.

Mk 6,3 zufolge stellen in Jesu Vaterstadt die Leute fest, dass auch seine Schwestern sich „bei" oder „unter ihnen" befinden (πρὸς ἡμᾶς)[14]. Hier kommt kein Richtungssinn zum Ausdruck. Ein Richtungssinn geht auch nicht aus *Mk 9,19* hervor. Jesus fragt, wie lange er noch bei diesem ungläubigen Geschlecht sein (πρὸς ὑμᾶς) und es ertragen muss. *Lk 9,41* übernimmt den Text wörtlich. *Mt 17,17* korrigiert: μεθ' ὑμῶν.

Mk 14,49 macht Jesus bei seiner Festnahme den Vorwurf: „Tag für Tag war ich bei euch (πρὸς ὑμᾶς) im Tempel und lehrte, und ihr habt mich nicht verhaftet". Hier ergibt sich implizit ein Richtungssinn dadurch, dass Jesus nur zum Zweck der Lehre im Tempel war. Dementsprechend korrigiert *Lk 22,53*: μεθ' ὑμῶν ἐν τῷ ἱερῷ[15]. Wie bei Paulus lässt sich auch bei den Synoptikern für πρὸς m. Akk.im allgemeinen ein Richtungssinn aus dem Kontext erschließen.

Das bisher Ausgeführte zeigt: Der Vierte Evangelist verwendet πρὸς m. Akk. nie in einem Sinn, der eine Übersetzung des πρὸς τὸν θεόν in Joh 1,1f durch ein einfaches „bei" nahelegen würde. Wo bei Paulus und den Synoptikern πρὸς m. Akk. in Bezug auf Personen mit „bei" übersetzt werden kann, ergibt sich zumeist aus dem Kontext, dass hier ein gewisser Richtungssinn mitgemeint ist. An den wenigen Stellen, wo das „bei" keinen Hinweis auf das Wie der Beziehung zu dem oder den anderen erkennen lässt, wird man von einer abgeflachten Verwendung der Präposition πρὸς m. Akk. sprechen können. Ergibt sich vom Ersten Johannesbrief her mehr Aufschluss für unsere Frage?

e) Die Bedeutung von πρὸς m. Akk. im Ersten Johannesbrief
Zwei Stellen im Ersten Johannesbrief, die im Deutschen mit „bei" übersetzt werden, sind für die Bedeutung des πρὸς τὸν θεόν in Joh 1,f von besonderem Gewicht, weil hier anders als in den außerjohanneischen Schriften auf das überzeitliche Sein des Sohns beim Vater Bezug genommen wird.

1 Joh 2,1 bezieht sich auf den zum Vater zurückgekehrten Sohn: wer sündigt, hat einen „Beistand πρὸς τὸν πατέρα: Jesus Christus, den Gerechten". In der Übersetzung mit „bei" kommt nicht zum Ausdruck, dass sich der Sohn an den Vater *für* uns *wendet*.

1 Joh 1,2 kommt *Joh 1,1f* am nächsten. „[Wir] verkünden euch das ewige Leben, das beim Vater [πρὸς τὸν πατέρα] war und uns offenbar wurde". Auch dieser Vers wird im Allgemeinen ähnlich wie *Joh 1,1f* übersetzt. Beim Vergleich der beiden Ausgaben der Bible de Jérusalem von 1956 und 1973 lässt sich jedoch eine interessante Veränderung feststellen. Während 1973 das πρὸς τὸν θεόν in *Joh 1,1f* wie 1956 mit „avec dieu" übersetzt wurde, hat man das πρὸς τὸν πατέρα in *1 Joh 1,2* nun mit der Formulierung „tournée vers le Père" („zum Vater hin gewandt") wiedergegeben. Damit werden zwar die gewohnten Übersetzungen der Präposition πρὸς m. Akk. zu Recht in Frage gestellt. Das inhaltliche Problem der Auslegung des Johannesprologs ist dadurch aber noch nicht behoben. Denn wie soll man die Ausrichtung des Wortes auf Gott verstehen?

1.1.2. Inhaltliche Probleme

Der Prolog zum Vierten Evangelium ist wohl der meistdiskutierte Text des Neuen Testaments. Das gilt erst recht, seitdem zu Beginn des 20. Jahrhunderts die religionsgeschichtliche Forschung in der historisch-kritischen Exegese eine Vorrangstellung bekam. Die Frage nach der richtigen Übersetzung des πρὸς τὸν θεόν in Joh 1,1f blieb dabei aber merkwürdigerweise ähnlich im Hintergrund wie zuvor unter der Voraussetzung einer metaphysisch ausgeprägten Trinitätstheologie. Nachdem feststand, dass der auferweckte Christus „zur Rechten Gottes sitzt" (Röm 8,34) oder sich gar mit seinem Vater auf dessen Thron gesetzt hat (Offb 3,21; vgl. Mt 19,28; 25,31), hatte ja die Frage, ob der Logos „bei" Gott oder „ihm zugewandt" war, eine untergeordnete Bedeutung. Die ikonografischen Darstellungen des Sitzens von Vater und Sohn auf demselben Thron trugen dazu bei, dass die Vorstellung eines Aufenthalts des Sohns *beim* Vater zu einem selbstverständlichen Bestandteil des christlichen Glaubens wurde. In der Schriftexegese besteht heute generell Übereinstimmung darüber, dass die Auslegung des Vierten Evangeliums nicht von dem auf den frühchristlichen Konzilien erkämpften Konsens über das Verhältnis des Sohns zum Vater ausgehen darf. Damit bekommt auch die Frage nach der richtigen Übersetzung des πρὸς τὸν θεόν in Joh 1,1f für das Verständnis des Johannesprologs ein größeres Gewicht als früher.

Die quellen- bzw. literarkritische Exegese ergänzend, hatten sich zwei eng miteinander verzahnte Methoden herausgebildet: die religionsgeschichtliche und die formgeschichtliche Forschung[16]. Die Frage nach einer adäquaten Interpretation des Vierten Evangeliums spitzte sich mehr und mehr auf die Suche nach der Herkunft des am Beginn des Johannesprologs stehenden Begriffs „Logos" zu. Nach dem Ersten Weltkrieg distanzierte sich vor allem die „Dialektische Theologie" von jenen Vertretern der „Religionsgeschichtlichen Schule", die den Sinn eines biblischen Texts aus den kulturellen und religiösen Vorgaben erschließen wollten, von denen er beeinflusst war. Im Rahmen dieses Streits zwischen der Dialektischen Theologie, die allein der kirchlichen Verkündigung den Anspruch auf eine sachgerechte Auslegung der Schrift zugestand, und der bis zum Ersten Weltkrieg vorherrschenden „Liberalen Theologie" kommt dem Johanneskommentar Rudolf Bultmanns eine herausragende Bedeutung zu. Im Unterschied zu Karl Barth, der wenig Interesse für die historisch-kritische Forschung aufbrachte, verfuhr Bultmann im eigentlichen Sinn „dialektisch". Die Frage nach der religionsgeschichtlichen Herkunft des Johannesprologs hatte auch bei ihm einen großen Stellenwert für die Interpretation des ganzen Evangeliums. Dennoch gab er der theologischen Intention, die den Verfasser bei der Aufnahme und Bearbeitung der ihm vorgegebenen Texte leitete, das letzte Wort. Schon deshalb bildet bei der Frage nach der richtigen Übersetzung der Präposition πρὸς τὸν θεόν im Johannesprolog dessen Auslegung im Kommentar Bultmanns noch immer eine wichtige Folie.

1.1.2.1. Das Sein des Logos und sein Verhältnis zu Gott

Die kettenartige Verschlingung der vier Sätze in Joh 1,1f lässt darauf schließen, dass es sich hier um eine stilistisch wohlgefügte literarische Einheit handelt:
„Im Anfang war der *Logos*,
    und der *Logos* war bei (?) *Gott*,
        und *Gott* war der *Logos*.
            Dieser war im Anfang
                bei (?) *Gott*".
Ein ähnlich strenger Aufbau findet sich auch in den folgenden Sätzen, die sich der Schöpfung zuwenden. Thematisch sind diese aber deutlich von den ersten Sätzen abgehoben, die allein vom Logos und seiner Beziehung zu Gott vor aller Zeit und aller Welt handeln.

Wie ist aber der Begriff „der Logos" zu verstehen? Dass es sich hier um einen besonderen Begriff und nicht um ein Wort wie andere Wörter handelt, geht bereits aus dem Gebrauch des Terminus λόγος sonst im Vierten Evangelium hervor. Jesus, der fleischgewordene Logos, spricht nie von sich als dem Wort (Gottes). Auch dort, wo er betont, dass er nicht „von der Welt" ist, spricht er, an den Vater gewandt, von *dessen* Wort, das er seinen Jüngern „gegeben" hat. Gerade dadurch wurden diese, die wie er nicht „von der Welt" sind, zum Gegenstand des Hasses der Welt (vgl. Joh 17,14). Schon darum ist die Annahme berechtigt, dass der Vierte Evangelist den Logos-Begriff einem Zusammenhang entlehnt hat, in dem vom Logos in personifizierter Form die Rede war – wie z. B. von „der Weisheit" in den Schriften Israels und deren apokryphen Verwandten.

1.1 Zur Übersetzung von Joh 1,1f

Bultmann entschied sich für eine Herkunft aus (früh- oder gar vor-) gnostischem Schrifttum[17]. Indem er den Logos als *Offenbarer*, als ein Wesen auffasste, das „zwischen Gott und Welt" steht, glaubte er die theologische Aussage des Evangelisten mit dem in mythischer Rede formulierten Grundgedanken der Quelle vermitteln zu können[18]. Damit verwickelte er sich aber letztlich in einen Widerspruch. Er unterstrich, dass der Logos „mit Gott gleichgesetzt" wird[19] und dennoch „keine einfache Identifikation beabsichtigt ist"[20]. Im Offenbarer begegne wirklich Gott. „Wort" sei „die angemessene Übersetzung, insofern die eigentliche Funktion des Λόγος die des Offenbarers ist, der Λόγος also Gott kundtut"[21]. Bultmann gab für diese Deutung Belegstellen an, insbesondere Joh 14,9: „[…] wer mich gesehen hat, hat den Vater gesehen"[22]. Dieses durch das Wort vermittelte Sichtbarwerden Gottes ist etwas anderes, als der Satz: „Ich und der Vater sind eins" (10,30) oder das Bekenntnis des „ungläubigen" Thomas: „Mein Herr und mein Gott!" (20,28) zum Ausdruck bringen. Hier kann *das Wort* nicht mehr als bloßer „Funktionär" Gottes verstanden werden, der diesen sichtbar werden lässt. Es kommt vielmehr eine solche Einheit von Wort und Gott zum Ausdruck, wie sie auch im Prolog behauptet wird: „und Gott war der Logos" (Joh 1,1c)[23].

Enthalten aber nicht schon die Verse 1,1f einen unaufhebbaren Widerspruch? In der Tat, wenn die Präposition πρὸς τὸν θεόν mit „bei" (oder „with", „avec") richtig wiedergegeben ist. Denn eine solche Übersetzung sagt nichts Näheres über die Beziehung des Logos zu „dem Gott". Sie kommt über ein bloßes Neben- bzw. Miteinander von „Wort" und „Gott" nicht hinaus. Die Behauptung, dass das Wort Gott ist oder der Sohn und der Vater eins sind, ist dadurch logisch nicht zu vermitteln.

Bultmann übergeht diesen Widerspruch, indem er das Sein des Logos sogleich von seiner Beziehung zur Welt her versteht. Ist dies aber berechtigt, wenn erst von Vers 3 an vom Verhältnis des Logos zur Welt und schließlich zu deren Verfallensein an die Finsternis die Rede ist? Wenn das Wesen des Logos in seiner Funktion als Offenbarer besteht, dann handeln die beiden ersten Verse des Prologs nicht von seinem Sein *vor* aller Zeit. In diesen Versen geht es jedoch allein um das Verhältnis des Logos zu Gott, wie es vor aller Zeit war und immer ist. Denn dieses „immer" ist doch in der Bitte Jesu mitgesagt: „Und nun, Vater, verherrliche du mich bei dir [παρὰ σεαυτῷ] mit der Herrlichkeit, die ich bei dir [παρὰ σοί] hatte, ehe die Welt war" (17,5). Hier müssen alle paradoxen Äußerungen des Evangelisten über die „Herrlichkeit" mitgehört werden, die der Sohn offenbart. Das heißt aber zugleich: Die beiden ersten Verse des Johannesprologs über das Verhältnis des Logos zu Gott verlangen zwar nach einer durch die bisherigen Übersetzungen erschwerten *begrifflichen* Klärung, um logisch nachvollziehbar zu sein. Wie dieses Verhältnis *inhaltlich* näher zu bestimmen ist, kann jedoch nur im Nachvollzug des ganzen Evangeliums ermittelt werden. Den Übergang von der begrifflichen zur inhaltlichen Klärung scheint mir ein Blick auf die Trinitätslehre Anselms von Canterbury zu erleichtern.

1.1.1.2. Das „Monologion" Anselms von Canterbury als Verstehenshilfe

In seinem „Monologion" versucht Anselm streng begrifflich nachzuvollziehen, was er zuvor inhaltlich auf der Grundlage der ihm vorgegebenen theologischen Tradition gelehrt hatte[24]. Für unsere Überlegungen ist ein Argument von Bedeutung, das er im Rahmen seiner Trinitätslehre für die Einheit in Verschiedenheit von Vater und Sohn vorlegt. Der Sohn sei eins mit dem Vater, indem er dessen Wort oder Bild ist. „Denn das Wort ist genau das, was es als Wort oder Bild ist, auf einen anderen hin, weil es nur Wort oder Bild von jemandem ist"[25]. Wenn dieses Argument überzeugt, dann wäre es von großem Nutzen für die Übersetzung von πρὸς τὸν θεόν in Joh 1,1f. Denn „*auf* (Gott) *hin*", „*ad* (Deum)" entspräche genau dem grundlegenden grammatikalischen Sinn dieser Präposition.

Als Begründung für die Einheit in Verschiedenheit von Vater und Sohn ist Anselms Argument nicht ohne weiteres evident. Ein Wort oder ein Bild sind zwar immer „auf etwas anderes hin", nämlich auf das, was sie ausdrücken wollen oder sollen. Aber nur im Idealfall entsprechen sie dieser ihrer Bestimmung genau. Vor allem der Versuch, sich selbst richtig „zu Wort" zu bringen, ist zumeist mit großen Schwierigkeiten verbunden. Unter monotheistischen Voraussetzungen ist allerdings selbstverständlich, dass, wenn Gott sich ins Wort bringen will, ihm das auch gelingt.

Nun ist aber „der Logos" am Anfang des Vierten Evangeliums als ein eigenständiges Wesen zu denken, das zu „dem Gott" in Beziehung steht. Als solchem wird ihm das Gott-Sein zugesprochen. Für eine polytheistische Vorlage, die der Evangelist möglicherweise benutzte, hätte dies keine Schwierigkeit dargestellt. Im Rahmen des Monotheismus stehen diese Aussagen jedoch unverbunden und logisch unvermittelt nebeneinander. Auch wenn der Logos als das Wort zu verstehen ist, in dem der Vater sich selbst und nur sich selbst zum Ausdruck bringt, bleibt ein grundlegendes Problem bestehen. Wenn in diesem Wort authentisch Gott zum Ausdruck kommt, dann ist es wie dieser ein eigenständiges, freies Wesen. Ist Gott, indem er dieses Wort als ein eigenständiges Wesen aus sich heraussetzt, dann aber noch völlig eins mit sich selbst? Das wäre nur unter der folgenden Voraussetzung möglich: Das Wort müsste aus eigenem Antrieb so auf Gott hin sein, dass es uneingeschränkt als Selbsthingabe an Gott existiert. Auf diese Weise wäre es völlig eins mit Gott, ohne darin als eigenständiges Wesen unterzugehen. Der zweite Vers des Prologs würde dann unterstreichen, dass, obwohl das Wort schon im Anfang war, es doch nie anders als auf Gott hin war.

Diese Interpretation gibt die Möglichkeit, die Anfangsverse des Johannesprologs begrifflich klar nachzuvollziehen. Es ergäbe sich daraus zugleich eine neue Perspektive für die Trinitätslehre: Schon vor aller Zeit war der Sohn Gottes eins mit Gott, ohne ihm „subordiniert" zu sein. Die Subordinationslehre erwuchs aus dem Grundproblem der platonisch-plotinischen Philosophie, wie aus dem schlechthin Einen überhaupt ein Anderes hervorgehen kann. Wenn überhaupt, dann war es nur als dem Einen untergeordnet zu denken. Die oben vorgeschlagene Interpretation setzt keine Metaphysik, aber ein Erahnen dessen voraus, worin Freiheit besteht. Der Vierte Evangelist hätte eine auch nach dem „Ende der Metaphysik" bedenkenswerte Grundlage für die später im Raum der Metaphysik entfaltete Lehre von der „immanenten Trinität", dem dreifaltigen Sein Gottes vor aller Zeit, geschaffen: Er griff einen Text mit möglicherweise polytheistischem Hintergrund auf, um mit dessen Hilfe die menschliches Fassungsvermögen übersteigende Sendung Jesu auf seine Teilhabe an Gottes ewigem Sein selbst zurückzuführen.

Wie wäre die Beziehung zwischen dem Logos und dem Gott, deren begriffliche Klärung soeben versucht wurde, inhaltlich zu verstehen? Hier müssten zunächst die Aussagen bedacht werden, die Jesus über sich in seinem Sein *vor* jedem Bezug zur Welt gemacht hat. Oben wurde bereits die an den Vater gerichtete Bitte Jesu zitiert, ihn „jetzt" mit der Herrlichkeit zu verherrlichen, die er beim Vater hatte, ehe die Welt war (vgl. 17,5). Diese Herrlichkeit wird aber näher dadurch bestimmt, dass der Vater seinen Sohn schon vor der Grundlegung der Welt *geliebt* hat (vgl. 17,24). Wie ist diese Liebe zu verstehen? Ist sie als ein Handeln Gottes an dem von ihm als eigenständiges Wesen bereits gesprochenen „Wort" zu denken? Aber es gibt dieses eigenständige Wesen überhaupt nur, weil Gott sich selbst so zum Ausdruck bringt, dass dieses „sein Wort" ein ihm gegenüber eigenständiges Sein ist. Schon dadurch hat Gott in seinem ganzen Sein sich selbst an einen anderen hingegeben. Nur wenn dieses Wort sein eigenes ganzes Sein als Antwort auf Gottes Selbsthingabe spricht, bleibt die Einheit Gottes mit sich selbst erhalten und ist das Wort als anderes gegenüber Gott doch eins mit Gott.

Dieser Versuch, die Jesu *vorzeitliches* Sein betreffenden Worte zu deuten, die er in den sogenannten „Abschiedsreden" bei seiner Rückkehr zum Vater nach Vollbringung des ihm erteilten Auftrags spricht, müsste sich an seinem Reden und Handeln auf dem Weg zu dieser Vollendung bewähren. Vorab zwei „Belegstellen": Jesus, der gute Hirt, sagt: „Ich gebe mein Leben hin für die Schafe" (10,15b), und: „Deshalb liebt mich der Vater, weil ich mein Leben hingebe […]" (10,17). Jesus kann sich nur dadurch als Gottes Wort im Fleische erweisen, dass er die ihm schon vor aller Zeit geschenkte Liebe Gottes in der Welt zu Wort bringt. Dies geschieht durch eine der Liebe Gottes entsprechende freie, sein ganzes Leben bestimmende Selbsthingabe.

2. Der Logos als Schöpfer und Erlöser

2.1. Schöpfung *durch* den Logos

Die beiden ersten Verse des Johannesprologs wie auch die zitierten Verse Joh 17,5.24 handeln vom Verhältnis zwischen dem Logos und Gott vor aller Zeit und bevor es eine Welt gab. Vom Zustandekommen der Welt spricht V. 3: „Alles ist durch das Wort geworden, und ohne das Wort wurde auch nicht eines [das geworden ist]"[26]. Übernimmt hier der Logos die Rolle, die Gen 1 zufolge allein Gott selbst zukommt?
Bei der Antwort auf diese Frage muss differenziert werden. Die Präposition διὰ m. Gen. zeigt in Verbindung mit Personen eine vermittelnde Ursache an, ein Wirken, das durch die Vermittlung eines anderen (oder anderer) zustande kommt. Der Satz sagt also nicht, dass das Wort durch sich selbst die ganze Welt erschafft. Er ist vielmehr in dem Sinne zu verstehen, dass Gott durch sein Wort alles werden lässt. Die Betonung liegt aber auf dem „*nichts ohne* es". Durch „*ohne* es" ist der Ausdruck χωρὶς αὐτοῦ allerdings abgeschwächt wiedergegeben. Er bedeutet ursprünglich „abgesondert, getrennt von"[27]. Der Vers dürfte dann so zu verstehen sein, dass Gott selbst alles durch sein Wort schafft, aber nichts an dessen eigenem Tun vorbei.

Gen l, 1–2,4a zufolge spricht Gott mehrere Worte, um eine geordnete Welt zu schaffen. Im Johannesprolog spricht Gott nur ein Wort. Durch diese Äußerung gibt Gott sich dem Risiko preis, die Einheit mit sich selbst zu verlieren. Aber er gewinnt sie dadurch, dass dieses Wort aus seinem eigenen Sein heraus ganz auf Gott hin ist. Nun setzt sich Gott in diesem Wort aber nicht nur vor aller Zeit aufs Spiel. Er bezieht in dieses Risiko der Liebe auch noch anderes ein, dem erst in der Zeit Sein verliehen wird. Dieses durch das Wort Gewordene hat in ihm Leben (V. 4a)[28]. *Wahres* Leben kann es aber nur haben, wenn es wie das Wort ganz auf Gott hin ist. Aus seiner Eigenständigkeit „auf etwas hin" zu sein vermag unter allem Gewordenen aber allein der Mensch als ein mit Freiheit begabtes Wesen. Darum heißt es im nächsten Vers sogleich: „Und das Leben war das Licht der Menschen" (V. 4b). „Licht" bedeutet hier dementsprechend die Fähigkeit, *wahres* Leben zu erkennen. Unter dieser Voraussetzung ist der in V. 5 völlig unerwartet eingeführte Begriff „Finsternis" konsequent. Er bezeichnet die Möglichkeit des Menschen, seine Fähigkeit, „auf etwas hin" zu sein, auf ein nicht der Wahrheit entsprechendes Leben auszurichten.

Der Unterschied zum Schöpfungsbericht in Gen 1,1–2,4a springt in die Augen. Die „Finsternis" bezeichnet dort (zusammen mit anderen Worten) den ursprünglich chaotischen Zustand der „Erde"[29]. Um aus diesem Zustand eine geordnete Welt schaffen zu können, sprach Gott als erstes: „Es werde Licht". Im Johannesprolog werden die Begriffe „Finsternis" und „Licht" eingeführt, nachdem alles bereits geschaffen ist. Im Unterschied zu den Synoptikern hält sich Johannes hier wie auch sonst in seinem Evangelium nicht bei den faszinierenden Details der im Leben des Logos gründenden Schöpfung auf. Der bei ihm zu findende Begriff der „Welt" hat auch nichts mit den Versuchen der griechischen Wissenschaft gemein, die Schönheit und Ordnung des Kosmos ohne Rückgriff auf Mythen zu erkunden. Seine „Kosmologie" beschränkt sich auf die Welt der Menschen, aber wiederum in fast völliger Abstraktion von allen materiellen und kulturellen Aspekten[30]. Es geht Johannes nur um die Frage, worauf die Menschen ihr Leben ausrichten. Sind sie bereit, das von ihnen gewählte Leben dem in die Finsternis der Welt gesandten Licht zu öffnen? Oder verbergen sie ihr Tun und Lassen vor ihm? Die Wahl dieser zweiten Alternative wird in Vers 5 zum Ausdruck gebracht: „Und das Licht leuchtet in der Finsternis, und die Finsternis hat es nicht an sich herankommen lassen" (1,5)[31].

Am Ende des Gesprächs Jesu mit dem nächtlichen Besucher Nikodemus (3,1–15) steht der für das ganze Evangelium programmatische Satz: „Denn Gott hat die Welt so sehr geliebt, dass er seinen einzigen Sohn hingab, damit jeder, der an ihn glaubt, nicht zugrunde geht, sondern das ewige Leben hat" (Joh 3,16). In ähnlicher Form ließe sich auch zusammenfassen, was die anderen Autoren des Neuen Testaments über das Erlösungswerk Jesu schreiben. Sie versuchen die Erfahrung zu Wort zu bringen, die bestimmte Menschen in der Begegnung mit Jesus gemacht haben. Der Vierte Evangelist hinterfragt diese Erfahrung auf das, wodurch sie *von Gott her* möglich geworden ist.

Ebendies erläutern die ersten fünf Verse des Prologs in äußerst gedrängter Form. Aber, und das ist entscheidend, diese Reflexion findet nicht im Rahmen einer bereits außerchristlich vorgegebenen Metaphysik statt. Das von Johannes benutzte „Sprachmaterial" könnte zwar dem gnostisch-metaphysischen Denken entlehnt sein. Dieses Material wird aber völlig umgewandelt in eine dialogische Sprachform, die Sprache der Liebe. Ausgangspunkt ist das im zeitlosen „Anfang" gegebene Verhältnis zwischen Gott und seinem Wort. Von diesem Verhältnis her wird verständlich gemacht, wie die Liebe Gottes auch die durch sein Wort geschaffene Welt einbezieht. Diese Liebe ist auch dann nicht zu erschüttern, wenn sich die Menschenwelt völlig dem ihr aus Gott zugedachten Leben verweigert. Damit ist lapidar das Warum für den oben als programmatisch bezeichneten Satz angegeben.

2.2. Johannes der Täufer als Zeuge des Lichts

Das Vierte Evangelium ist kaum als ein weiterer Bericht über das vor und in den synoptischen Evangelien von Jesus Überlieferte hinaus zu verstehen. In gewisser Weise soll es all dies vielmehr in einem Drama zusammenfassen, das aus der Sicht des vom Vater gesandten Sohns verfasst ist. Johannes schreibt aus dem Blickwinkel des nicht zerstörbaren ewigen Lebens, zu dem auch die Menschen gerufen sind. Wenn diese Annahme richtig ist, müsste sie sich an Texten bewähren, die der Vierte Evangelist aus der Tradition aufgreift, aber für ein als Bericht verkleidetes Drama zuschneidet. Dafür kommt nur der Vergleich mit solchen Texten infrage, die Johannes bekannt sind. Dies trifft nach dem heute fast allgemeinen Konsens für die Evangelien des Markus und zumindest teilweise auch des Lukas zu. Auch anderes, nichtchristliches Gedankengut dürfte auf Johannes Einfluss gehabt haben. Der Versuch, diese „Quelle(n)" zu rekonstruieren, um dadurch ein klareres Bild von der redaktionellen Arbeit des Evangelisten zu gewinnen, kommt über Vermutungen und gewagte Hypothesen aber nicht hinaus.

Die erste Person, die namentlich im vierten Evangelium aufgeführt wird, ist Johannes der Täufer[32]. Auch in den synoptischen Evangelien tritt er vor dem Beginn des öffentlichen Wirkens Jesu in Erscheinung: als Wegbereiter, der auf Jesus als den Stärkeren verweist, der nicht wie er mit Wasser, sondern dem heiligen Geist taufen wird (Mk 1,1-8). Matthäus (3,11f) und Lukas (3,16f) fügen hinzu: und mit Feuer, das die vom Weizen getrennte Spreu verbrennt. Diesen Hinweis entnehmen Matthäus wie Lukas der Logienquelle, ebenso eine harte Bußpredigt des Täufers, die sie der Einführung Jesu durch ihn vorausschicken (Mt 3,7-10; Lk 3,7-9).

Im Vierten Evangelium ist fast das gesamte erste Kapitel dem *Zeugnis* gewidmet, dass der Täufer für Jesus ablegt. Jesus selbst tritt erst da aktiv in Erscheinung, wo er Jünger des Täufers, die aufgrund dieses Zeugnisses zu ihm kommen, als seine ersten Jünger aufnimmt (1,35-51). Mit den synoptischen Berichten verglichen ist dies ist schon merkwürdig genug. Noch verwunderlicher ist, dass der Evangelist den als poetische Einheit gestalteten Prolog zu seiner Schrift zweimal unterbricht, um das Zeugnis des Täufers einzuschieben (1,6–8; 1,15). Hätten diese Aussagen nicht bis zu dem mit 1,19 beginnenden Text „warten können"? Diese Frage stellt sich vor allem hinsichtlich der Verse 3 bis 5 und ihrer inhaltlichen Fortsetzung in V. 9. Bis zu diesem Punkt weist nichts darauf hin, dass die Aussagen über „das Licht" nur auf bestimmte Menschen zu deuten sind. Was legt nahe, „alles Gewordene" (V. 3) oder „den Kosmos" als Lebensraum der Menschen, die alle von dem Licht erleuchtet werden (V. 4. 9), nicht, dem Wortlaut entsprechend, universal zu verstehen, sondern nur auf den kleinen, Jerusalem umgebenden Bezirk zu beziehen, an dessen Bewohner sich die Predigt Jesu ausschließlich richtet? (s. Kap. 2.3) Dasselbe Problem betrifft auch „die Finsternis", die das Licht nicht an sich herankommen ließ (V. 5), oder „die Welt", die ihn (den in der Welt präsenten Logos) nicht erkannte, obwohl sie doch durch ihn gemacht war (V. 9f). Ist die Finsternis, in dem die Menschen herumirren, in diesen Versen nicht als ein globales Phänomen dargestellt? Diese Fragen werden uns im nächsten Abschnitt beschäftigen. Zunächst aber geht es um das Problem des Einschubs von 1,6–8 selbst.

In dem Prologstück 1,6–8 wird betont, dass Johannes von Gott gesandt wurde, um für das Licht Zeugnis abzulegen, er selbst aber nicht das Licht war. Wodurch werden diese grundsätzliche Aussage wie auch die weiteren Verweise auf den Täufer und seine Beziehung zu Jesus verständlich? Wie lässt sich das hier geschilderte Verhältnis zwischen der jeweiligen Anhängerschaft des Täufers bzw. Jesu deuten? Trägt die häufig vertretene Annahme zu diesem Verständnis bei, dass Jesus ursprünglich dem Schülerkreis angehörte, der sich um den im Volk bekannten Bußprediger gebildet hatte? Noch während des Lebens Jesu oder bald danach habe es ein gewisses Konkurrenzverhältnis zwischen den Anhängern des Täufers und der Gefolgschaft Jesu bzw. der sich etablierenden judenchristlichen Gemeinde gegeben.

Weiter führt wohl die Beobachtung, dass von der *Buß*predigt des Täufers im Vierten Evangelium überhaupt nicht die Rede ist. Sie bildete als Ruf zur Umkehr vor dem nahe bevorstehenden Gericht das Zentrum seiner Tätigkeit. Die Härte seiner Predigt geht auch noch aus dem Evangelium des Lukas hervor, selbst wenn dieser den ihm und Matthäus bekannten, stark apokalyptisch ausgerichteten Text der Logienquelle durch Hinzufügung von ethischen Forderungen zu einer Mahnrede umzuformen versuchte (vgl. Mt 3,7–10 / Lk 3,7–14). An die bei Markus (6,14–29) breit ausgemalte Kritik an Herodes Antipas, die den Täufer das Leben kostete[33], finden sich bei Lukas wenigstens noch einige Anspielungen (3,19f; 9,7.9). Johannes geht mit keinem Wort darauf ein.

2.3 „Die Juden" als Vertreter der Finsternis 35

Gerade die Bußpredigt und Warnung vor dem nahe bevorstehenden Gericht ist der Punkt, der sich mit der Soteriologie des Vierten Evangelisten nicht in Einklang bringen ließ. Seine Botschaft von der Rettung des Menschen und dem über ihn ergehenden Gericht unterscheidet sich, wie im Folgenden noch näher erörtert werden soll, fundamental von den apokalyptischen Vorstellungen, die Jesus in den übrigen Evangelien zugeschrieben werden. Nach der Zerstörung des Tempels von Jerusalem und der bald darauf folgenden Zerstreuung der Juden sah man sich zwar genötigt, die Erwartung der in Kürze erfolgenden Wiederkunft Christi aufzugeben, wie sie von Paulus und der frühen judenchristlichen Gemeinde vertreten wurde. Besonders der Evangelist Matthäus behielt jedoch die Ausrichtung auf den „Jüngsten Tag" und die damit verbundenen Vorstellungen vom Heil und Strafgericht bei. Er verlagerte sie aber auf ein unbestimmtes, plötzlich über die Menschen hereinbrechendes Ende. An die Stelle der Warnung vor dem nahe bevorstehenden Endgericht trat die Mahnung, sich für das unberechenbare und darum stets drohende Jetzt des Gerichts wachzuhalten. Die von dem „Augenzeugen" Matthäus verkündete Sicht der Dinge wurde bereits früh ein fester Bestandteil der kirchlichen Eschatologie, wie sich schon an Nachträgen in den ursprünglichen Text des Johannesevangeliums zeigen lässt[34]. Diesen Hintergrund werden Versuche, die johanneische Soteriologie zu deuten, ständig im Blick behalten müssen.

2.3. „Die Juden" als Vertreter der Finsternis?
Eine irreführende Interpretation

Die merkwürdige Unterbrechung des ersten Teils des Prologs durch den Einschub über Johannes den Täufer (1,6–8) hatte ein schwerwiegendes Problem zur Folge, das sich im Grunde durch das ganze Evangelium zieht. In den Versen 3 bis 5 wie auch in Vers 9f war von dem Verhältnis die Rede, in dem die geschaffene, aber der Finsternis verfallene Welt zum ewigen Logos steht, durch den alles geschaffen wurde. Dies war jedenfalls die Aussageintention der Quelle, auf die der Vierte Evangelist wohl zurückgriff. Es ist kaum anzunehmen, dass er selbst diese Intention nicht teilte. Durch den Einschub legt es sich jedoch nahe, den gesamten folgenden Text des Prologs auf die Sendung Jesu zu deuten. Auf keinen anderen nämlich kann sich das hier erstmalig erwähnte Zeugnis des Täufers über „das Licht" bezogen haben.

Daraus ergab sich der Anschein, dass alle Aussagen des Evangelisten über die der Finsternis verfallene Welt auf „die Juden" in ihrer Abweisung des in Jesus verkörperten „wahren Lichts" (vgl. 1,9) zu beziehen sind. Das Evangelium des „Augenzeugen" Johannes wurde damit zum klarsten Zeugnis für die Verworfenheit des Judentums insgesamt. Dieses Urteil prägte sich besonders durch die johanneische Passionsgeschichte, auf die in Kap. 9.3 einzugehen ist, in die Vorstellungswelt der Christen ein. Dazu trug nicht zuletzt bei, dass schon in früher Zeit gerade am Karfreitag die „Johannespassion" in feierlich gestalteter Liturgie verlesen wurde. Die seit dem Mittelalter aufkommenden, vor allem dem Text des Vierten Evangelisten folgenden Passionsspiele trugen zur Verbreitung der Finsternis bei, die sich über die Christenheit legte.

Der Hinweis auf eine Verschärfung der Konkurrenz zwischen dem sich nach der Zerstörung des Jerusalemer Tempels entwickelnden Rabbinertum und den vom jüdischen Kult losgelösten christlichen Gemeinden ist kaum geeignet, die Verwerfung nicht nur jüdischer Autoritäten, sondern der Juden generell im Johannesevangelium zu erklären. Als entscheidende Frage bleibt, ob Johannes die von ihm angeprangerte Schuld dieses Volkes zur Zeit Jesu überhaupt als historisches Faktum berichten will. Diese Frage darf angesichts seiner weitreichenden Symbolisierung des von ihm als Faktum Berichteten nicht von vornherein abgewiesen werden. Das Drama von der Befreiung der in die Irre gegangenen Welt konnte in einem Evangelium über Jesus, den über Heil und Unheil der Menschen entscheidenden Gesandten Gottes, am wirksamsten im Kontrast zu *dem* Teil der Welt dargestellt werden, in den er allein gesandt war[35]. Dazu mussten die Juden als Vertreter *„der* Welt" in diesem Drama möglichst scharf ins „Gegen-Licht" treten[36]. Bei der Interpretation der Aussagen über die Juden bei Johannes ist daher dem dichterisch freien Umgang mit seinen Quellen besondere Aufmerksamkeit zu schenken. Von der Klärung des Stellenwerts seiner Sicht der Juden hängt auch das Verständnis der Soteriologie des Vierten Evangelisten insgesamt ab, insbesondere sein alle Menschen betreffender Begriff von Heil, Schuld und Gericht.

B. Jesu öffentliches Wirken

3. Eine Vorschau auf das gesamte Werk des Gesandten

3.1 Die Jünger Jesu bei den Synoptikern und bei Johannes

3.1.1 Berufung und Rolle der Jünger bei den Synoptikern

In den synoptischen Evangelien ist die Berufung der Jünger von Anfang an mit ihrer missionarischen Aufgabe schon zur Zeit des Wirkens Jesu selbst verbunden. Das Werk des *Markus* wurde wohl unter dem Eindruck der unmittelbar zuvor erfolgten Zerstörung Jerusalems verfasst. In keinem anderen Evangelium sonst werden die Jünger Jesu mit so großer Härte wegen ihres fehlenden Glaubens und ihres Streits um die ersten Plätze im jetzt unmittelbar erwarteten Reich Gottes kritisiert. Die Zeit der judenchristlichen Gemeinde in Jerusalem war abgelaufen. Die von Markus geschilderten Rangstreitigkeiten der Jünger spiegeln nicht zuletzt die umstrittene Frage nach der Führung der Gemeinde, die angesichts der Niederlage der Juden im Krieg gegen die Römer zutiefst von der Katastrophe mitbetroffen war.

Bei Markus werden die ersten vier Jünger bei ihrer Arbeit als Fischer „am Meer von Galiläa" berufen. Zunächst spricht Jesus Simon und seinen Bruder Andreas an: „Kommt, mir nach! Ich werde euch zu Menschenfischern machen" (1,16f). Danach beruft er Jakobus und seinen Bruder Johannes (1,19f). Nach Berichten über die in Erstaunen setzende Wirksamkeit Jesu erfolgt die Berufung des Zöllners Levi (2,14). Ein wenig später setzt Jesus feierlich eine Zwölferschar ein. An erster Stelle wird wiederum Simon genannt, der von ihm den Beinamen Petrus erhält (3,15). Die Zwölf sollen Jesus begleiten und zur Verkündigung ausgesandt werden (3,13–19), was dann geraume Zeit danach geschieht (6,6b–13).

Matthäus folgt im Wesentlichen der Vorlage des Markus. Bei der Berufung des Zöllners ersetzt er den Namen „Levi" durch „Matthäus" (9,9). Schon bei der Berufung der ersten Jünger fügt er „Petrus" als Beinamen von Simon hinzu (4,18). Als Beiname, den nicht erst Jesus dem Simon gibt, wird „Petrus" auch in der Zusammenrufung der „zwölf Jünger" aufgeführt (10,1f)[37]. Die Heraushebung der bei Matthäus „Apostel" genannten Zwölferschar erfolgt im Zusammenhang mit ihrer Aussendung zu den „verlorenen Schafen des Hauses Israel" (Mt 10,6; 9,36f). Im Unterschied zu Markus verbietet Jesus dabei ausdrücklich, zu Heiden und den Samaritern zu gehen. Matthäus schrieb seine Frohbotschaft nach der Zerstörung Jerusalems in scharfer Auseinandersetzung mit den sich neu formierenden jüdischen Gemeinden. Darum war er darauf bedacht, wie diese sich streng an den Schriften Israels und den Geboten der Tora zu orientieren. Nur auf dieser Basis konnte er die Erfüllung und Überbietung des in der Schrift Gesagten durch Jesus glaubhaft verkündigen.

Noch bevor *Lukas* zufolge Jesus einen Jünger berufen hat, geht er in das Haus des Simon und heilt dessen Mutter von hohem Fieber (4,38f). In der dann folgenden Erzählung vom unerwartbar reichen Fischfang nimmt Lukas die bei Markus berichtete Berufung der vier ersten Jünger auf (5,1–11; vgl. Mk 1,16–20). Besonders hervorgehoben wird die Rolle des Simon Petrus[38]. Nur er empfängt die Verheißung, (von jetzt ab!) Menschenfischer zu werden (vgl. 5,10b mit Mk 1,17). Schon diese erste Jüngerberufung, die sachlich eng an den Markustext angelehnt ist, wird durch die große Menschenmenge begründet, die Jesus bedrängte, um das Wort Gottes zu hören[39]. Die Berufung des Zöllners Levi folgt weitgehend der Vorlage bei Markus (Lk 5,27–32). Jesus wählt den Zwölferkreis aus „seinen Jüngern" aus (6,12–16). Die Erwählten nennt er (im Unterschied zu Mk 3,13–19) Apostel. Von deren Aussendung wird erst viel später berichtet (9,1–6). Auch Frauen folgen ihm nach (8.1–3; vgl. 23,49). Nur Lukas berichtet die Einsetzung und Aussendung von (zwei und) siebzig „weiteren" (Jüngern) nach der Aussendung der Zwölf (10,1–16; 9,1–6). Außerdem spricht Lukas noch von (vielen) anderen Jüngern, die sich manchmal kaum von der ihm folgenden Menge abheben (vgl. 6,17; 19,37). Bereits in seinem Evangelium wird deutlich, dass die Verkündigung Jesu weit über Judäa als das Zentrum des Heils hinausgreift. Zunächst zeichnet sich dies vor allem durch die dem jüdischen Selbstverständnis völlig entgegengesetzte positive Wertung der Samariter ab[40].

3.1.2. Das johanneische Jüngerverständnis

Das Jüngerverständnis im Johannesevangelium unterscheidet sich auffallend von dem der Synoptiker. In einigen Details gibt es aber Gemeinsamkeiten zwischen allen Evangelien.

Auch Johannes spricht an zwei Stellen von „den Zwölfen". Als es zu einer Krise kam und sich viele seiner Jünger von ihm abwandten, fragt Jesus die Zwölf: „Wollt auch ihr weggehen?" (6,67.71). Bei der letzten Erscheinung des Auferstandenen wird Thomas als „einer der Zwölf" be-

3.1 Die Jünger Jesu bei den Synoptikern und bei Johannes 39

zeichnet (20,24). Auch dem Vierten Evangelisten zufolge hat Jesus diese Zwölf „auserwählt"[41]. Was die Namen der Zwölf angeht, fällt einerseits auf, dass beim Vierten Evangelisten sechs fehlen, die bei den Synoptikern aufgeführt sind, darunter auch die Zebedäussöhne[42] Jakobus und Johannes, die dort eine besondere Rolle spielen. Andererseits ergreifen einige das Wort, die von den Synoptikern nur bei der Berufung namentlich genannt werden[43]. Nirgends gebraucht Johannes das Wort „Apostel" für die Jünger. Die Verben für „senden" (ἀποστέλλειν, πέμπειν) werden bis zu den „Abschiedsreden" nur auf den Täufer und auf Jesus bezogen. Dass er vom Vater gesandt ist, betont Jesus ständig in seinen Streitgesprächen. Erst nach der Rückkehr Jesu zum Vater können auch die Jünger gesandt werden[44]. Schon der Begriff des „Sendens" lässt den Unterschied der johanneischen zu der synoptischen Soteriologie deutlich werden. Eine Verbreitung der Heilsbotschaft auf dem Weg der Verkündigung durch von Jesus auserwählte Jünger ist Johannes fremd. Die heilbringende Wahrheit und der Weg zum unzerstörbaren Leben können nicht *gepredigt* werden, weil Jesus allein „der Weg, die Wahrheit und das Leben" *ist* (vgl. Joh 14,5). Nur wer glaubend sein Wirken vom Anfang an bis zur Vollendung des ihm vom Vater gegebenen Auftrags erfahren hat, ist befähigt, durch sein eigenes Leben ein wahres Zeugnis vom Willen Gottes zu geben. Dies wird in den Abschiedsreden betont. Die Welt wird die Jünger hassen und verfolgen, wie sie zuvor Jesus selbst gehasst hat (15,18–21). In der Kraft des Geistes werden sie dann aber Zeugnis von ihm ablegen, weil sie von Anfang an bei ihm sind (15,26f).

Dadurch erklärt sich die merkwürdige Beobachtung, dass bei den Synoptikern Jesus erst nach Beginn seiner Tätigkeit Jünger beruft, er bei Johannes hingegen bereits von Jüngern umgeben ist, bevor er mit seiner Verkündigung begonnen hat. Auf das Zeugnis des Täufers hin folgen Jesus zunächst zwei seiner Jünger (1,19–37). Der dann wiedergegebene Dialog zwischen Jesus und ihnen wirkt rätselhaft, weil er anscheinend nur um nebensächliche Dinge kreist. Jesus fragt sie: *Was wollt ihr?* Sie sagen zu ihm: Rabbi […], *wo wohnst du?* Er antwortet: Kommt und *seht!* Da gingen sie mit und sahen, wo er wohnte, und *blieben* jenen Tag bei ihm (Joh 1,38f).

Die drei von mir hervorgehobenen Verben haben im Vierten Evangelium eine Bedeutung, die sich nur im Rückblick vom Ganzen her erschließt. ζητεῖν (suchen, wollen, verlangen) wird auch bei Johannes dem allgemeinen Sprachgebrauch entsprechend verwandt. Im fünften, siebten und achten Kapitel hat es jedoch vor allem in Verbindung mit dem Wort δόξα einen dialektischen Sinn. Das Schicksal des Menschen entscheidet sich daran, ob sein Wollen auf die Ehre Gottes oder seinen eigenen Ruhm ausgerichtet ist (vgl. 5,30.44; 7,18; 8,50).

μένειν (wohnen, bleiben) ist in der Soteriologie wie in der Eschatologie des Johannes eines der wichtigsten Verben. Das zeigt sich vor allem in den Abschiedsreden Jesu[45], aber auch schon in den Kapiteln davor. Die Zukunft der Menschen hängt davon ab, ob das Wort Jesu im Menschen bzw. der Mensch in diesem Wort und damit in Jesus selbst bleibt (vgl. 5,38; 8,31). Jesus ist das Licht, das in die Welt kam, damit jeder, der an ihn glaubt, nicht in der Finsternis bleibt (vgl. 12,46). Der Tiefensinn dieses Verbs ist an der zitierten Stelle verdeckt durch den Hinweis auf das Bleiben der Jünger für einen Tag an dem Ort, wo Jesus sich aufhielt (vgl. 1,39b).

Dieselbe Hintergründigkeit hat aber auch das Verb ὁρᾶν (sehen) in der Antwort Jesu auf die Frage nach seiner Wohnung: „Ἔρχεσθε καὶ ὄψεσθε" (1,39). Die Aufforderung zum „sehen" ist futurisch formuliert: „Kommt und ihr werdet sehen!" Wegen des Folgesatzes: „Sie kamen und sahen" legt sich zwar die Übersetzung durch „Kommt und seht!" nahe. Aber schon in dem Gespräch mit dem Jünger Natanaël und dann in dem an alle gerichteten Wort Jesu (1,50f) wird klar, dass die futurische Formulierung auf das noch ausstehende, zukünftige Sehen zielt, in das Jesus die Jünger hineinführen will. Dieses Sehen ist die Voraussetzung dafür, dass die Jünger Jesu Werk nach seinem Weggang fortsetzen können. Noch während der Abschiedsreden Jesu sind sie nicht so weit gekommen. Das zeigt der Dialog mit Philippus während des Abschiedsmahls. Jesus sagt: „Wenn ihr mich erkannt habt, werdet ihr auch meinen Vater erkennen. Schon jetzt kennt ihr ihn und habt ihn gesehen. Philippus sagte zu ihm: Herr, zeig uns den Vater; das genügt uns. Jesus antwortete ihm: Schon so lange bin ich mit euch zusammen und du hast mich nicht erkannt, Philippus? Wer mich gesehen hat, hat den Vater gesehen" (14,7–9).

Der „johanneische" Sinn von „sehen" (ὁρᾶν) zeigt sich darin, dass der Evangelist mit diesem von ihm häufig gebrauchten Verb zumeist das bezeichnet, was zu der Offenbarung gehört, die das Wesen von Jesu Werk und Leben ausmacht. Er ist das fleischgewordene *Licht* der Menschen, das aus dem Leben des ewigen Logos kommt (vgl. 1,3f). Auf diese Weise spannt sich ein großer Bogen von dem Gespräch mit den ersten Jüngern bis zu dem letzten Schriftzitat im Anschluss an Jesu Erhöhung am Kreuz: „Sie werden auf den sehen [ὄψονται], den sie durchbohrt haben" (19,34), ja, bis zum Ostermorgen (s. Kap. 11.3).

Wodurch werden Menschen aber überhaupt zu Jüngern, wenn Jesus sie nicht beruft, um ihn bei seiner Frohbotschaft an die große Menge zu unterstützen? Genügt es, dass sie auf das Zeugnis des Täufers hin Jesus einfach folgen (ἀκολουθεῖν)? (1,37). Dann wirkt aber eigentümlich, dass Jesus zu Philippus knapp und bestimmt wie bei den Synoptikern spricht: „Folge mir!" (1,43[46]). Doch auch schon das „Folgen" der ersten Jünger wird von Jesus nicht einfach bemerkt und akzeptiert. „Jesus aber wandte sich um[47], und als er sah, dass sie ihm folgten, sagte er zu ihnen: Was wollt ihr?" (1,38). Die Art und Weise, wie Jesus sich zu den ihm Folgenden umwendet und sie genau anblickt, lenken die Aufmerksamkeit auf den Ernst der Frage: τί ζητεῖτε? Werdet ihr auf euer Ansehen oder die Ehre Gottes bedacht sein?

3.2. Die Hochzeit zu Kana und die Worte über den Tempel

3.2.1. Der Anfang der Zeichen der Herrlichkeit Jesu

Der Übergang von den Berichten über das Zeugnis des Täufers und die Nachfolge der ersten Jünger Jesu zu dem Wunder auf der Hochzeit zu Kana wirkt abrupt. Der Evangelist stellt eine gewisse Verbindung her durch die Datierung der Hochzeit auf den „dritten Tag" und die Ortsangabe „Galiläa" (2,1)[48]. In dem auf der Hochzeit zu Kana gewirkten Wunder wurde schon immer das harte Wort als befremdend empfunden, das Jesus an seine Mutter richtet: „Was ist meine, und was ist deine Sache, Frau? Meine Stunde ist noch nicht gekommen" (2,4)[49]. Durch den Hinweis auf die noch ausstehende „Stunde" Jesu ist zugleich die Vorläufigkeit der abschließenden Worte über die „Offenbarung der δόξα Jesu" (2,11) und des Glaubens der Jünger angedeutet.

Das Wort δόξα, ein Grundbegriff johanneischer Theologie, wird im Allgemeinen mit „Herrlichkeit" (oder äquivalenten Ausdrücken in anderen Sprachen) übersetzt. Johannes gebraucht dieses Wort zur Kennzeichnung sehr verschiedener Sachverhalte (s. Kap. 5). Ich wähle hier, wo die δόξα Jesu nur als Wunderkraft in Erscheinung tritt, die Umschreibung „Machtglanz". Der Machtglanz Jesu, der hier als Festtagsmirakel zur Erscheinung kommt, kann doch kaum den Vollsinn seiner δόξα haben, wie sie die Gemeinde am Ende des Prologs in Bezug auf die Fleischwerdung des Wortes bezeugt: „und wir haben seine Herrlichkeit gesehen, eine Herrlichkeit, wie sie dem einzigen vom Vater gezeugten (Sohn) entspricht"[50] (1,14b). Dort wird vorgreifend das gesamte Werk Jesu zusammengefasst, wie es die Jüngergemeinde erfahren hat. Der Glaube, zu dem die Jünger in Kana kommen, unterscheidet sich nicht wesentlich von dem oben erwähnten Glauben des Natanaël (1,49f). Der Charakter der Vorläufigkeit ist leichter zu erkennen, wenn man im Verzicht auf die Hypothese von einer „Zeichenquelle" ταύτην ἀρχὴν τῶν σημείων (2,11a) nicht mit „dieses erste Zeichen", sondern mit „diesen Anfang der Zeichen"[51] übersetzt[52].

3.2.2. „Der Tempel seines Leibes"

Die Darstellung des in Kana gewirkten Wunders bedarf einer Ergänzung, um als integrierender Teil gerade der johanneischen Theologie nachvollziehbar zu sein. Was meinte Jesus mit dem Wort von „meiner Stunde", die noch nicht gekommen ist? Unmittelbar danach erfüllt er doch den von seiner Mutter geäußerten Wunsch. Offenbart dieses Wunder wirklich Jesu δόξα, wie sie am Ende des Prologs zur Sprache kommt? Ist der Glaube an diese Offenbarung das, was Jesus von seinen Jüngern und allen Menschen verlangt, zu denen er gesandt ist?

Das Geschehen während des Paschafests im bzw. am Tempel in Jerusalem, zu dem sich Jesus schon kurze Zeit danach aufmacht (2,13–22), dürfte als Antwort auf die bei dem Weinwunder offen gebliebenen Fragen zu verstehen sein. Johannes verknüpft hier zwei Szenen miteinander, für die sich Parallelen bei den Synoptikern finden. Wie an anderen Stellen in diesem Evangelium erhebt sich dabei die Frage, ob angesichts der spärlichen Übereinstimmungen mit einem Johannes bekannten und uns erhaltenen Text – hier vor allem des Markus – der Evangelist auf weitere Quellen aus der synoptischen Tradition zurückgreift. Versuche, solche Quellen näher zu bestimmen, sind für das Verständnis des Endtexts oft wenig hilfreich. Viele Stellen, die Anklänge an synoptische Vorgaben erkennen lassen, geben eher der Vermutung Raum, dass Johannes ihm vorliegende Texte oft wie einen Steinbruch behandelt, dem er Material für die Gestaltung seiner eigenen Botschaft entnimmt.

In der Tempelszene sind zwei Stücke miteinander verwoben, die bei Markus weit voneinander getrennt sind. Markus zufolge nimmt Jesus die „Tempelreinigung" sogleich nach seinem Einzug in Jerusalem vor (11,11.15–17). Bei Johannes steht sie am Anfang seines ersten Besuchs in Jerusalem (2,14–17), nicht im Zusammenhang seines Einzugs in diese Stadt[53]. Die Worte über das Niederreißen des Tempels und das Erbauen eines neuen bringt Markus als falsches Zeugnis gegen Jesus im Prozess

3.2 Die Hochzeit zu Kana und die Worte über den Tempel 43

vor dem Hohen Rat (14,57f.). Johannes lässt sie auf die Tempelreinigung als wirklich von Jesus gesprochene Worte folgen (2,19–21).

Vergleicht man die Darstellung der „Tempelreinigung" bei Markus und Johannes, so gibt es trotz der verschiedenen Aussageintention, aus der sich die Unterschiede zum großen Teil erklären lassen, eine Reihe von wörtlichen Übereinstimmungen[54]. Im Unterschied zu den Synoptikern handelt Jesus bei Johannes wie in blinder Wut. Den Synoptikern zufolge hatte Jesus sein Handeln unter Berufung auf die Schrift dadurch begründet, dass der Tempel, den man zu einer Räuberhöhle (vgl. Jer 7,11) gemacht habe, zum Haus des Gebetes bestimmt sei[55]. Johannes präzisiert „Räuberhöhle" im Sinne der von Jesus vorgenommenen Handlungen: Der Tempel soll nicht zu einer *Markthalle* gemacht werden. Den Tempel selbst nennt Jesus aber „das Haus meines Vaters" (2,16). Das ruft bei den Jüngern die Erinnerung an ein Schriftwort wach: „Der Eifer für dein Haus verzehrt mich [oder: „wird mich verzehren"] (καταφάγεταί με)"[56]. Die perfektische Formulierung in Ps 69,10, in der es um die Klage eines unschuldig Leidenden geht, dürfte Johannes bekannt gewesen sein und im Hintergrund des Verses 2,17b stehen. Mit der präsentischen bzw., hellenistischem Sprachgebrauch entsprechend, futurischen Form könnte er eine Mehrdeutigkeit intendieren: Die Jünger beziehen sich auf den Jesu ganze Kraft hier in Anspruch nehmenden Einsatz für die Reinigung des Tempels und verstehen nicht, dass schon dieses Tun die Jesus bevorstehende „Stunde" ankündigt. Diese Lesart legt sich auch wegen des Hinweises auf die bei den Jüngern erst nach dem vollständigen Durchstehen „der Stunde", nämlich die nach der Auferstehung Jesu durchbrechende Erkenntnis „der Schrift" (V. 22) nahe.

Ich übergehe zunächst die schon im Blick auf die Synoptiker und erst recht auf Johannes vieldiskutierte Frage, ob die „Tempelreinigung"[57] sich gegen den Tempelkult als solchen richtet. Entscheidend ist, dass Jesus mit der Kennzeichnung des Tempels als „Haus *seines* Vaters" bereits im Voraus die dann von den Juden gestellte Frage nach der Legitimation für sein Tun beantwortet: Er handelt – wie in den folgenden Kapiteln immer wieder betont wird – grundsätzlich nie im eigenen Interesse, sondern streng nach der Weisung seines Vaters. Die Zeichenforderung „der Juden" (2,18) erscheint hier aber nicht unberechtigt. Sie wird gegen einen ihnen bisher nicht bekannten Mann erhoben, der rücksichtslos gegen den gewohnten Brauch vorgeht. Jesus weist ihre Forderung auch nicht ab, benennt als Zeichen aber etwas, das ihren Unmut hervorrufen muss: „Reißt diesen Tempel nieder, und in drei Tagen werde ich ihn wieder aufrichten (ἐγερῶ)" (Joh 2,19).

3. Eine Vorschau auf das gesamte Werk des Gesandten

Markus bringt die Worte über das Niederreißen des Tempels und das Erbauen eines neuen als falsches Zeugnis gegen Jesus im Prozess vor dem Hohen Rat: „Wir haben ihn sagen hören: Ich werde diesen von Menschenhand gemachten Tempel niederreißen und in drei Tagen einen anderen errichten (οἰκοδομήσω), der nicht von Menschenhand gemacht ist" (14,58). Johannes formuliert diesen Satz in abgewandelter Form als Antwort Jesu auf die Frage der Juden, denen diese „Antwort" aber völlig rätselhaft erscheinen muss. Im Unterschied zu dem bei Markus zitierten Wort, Jesus wolle den Tempel niederreißen, werden hier die Juden selbst aufgefordert, das zu tun[58]. Wie ist dieser Imperativ: „Reißt diesen Tempel nieder, und ich werde ihn in drei Tagen wiederaufrichten" aber näher zu verstehen?

Der imperativisch formulierte Satz kann auch konditional verstanden werden: „Wenn ihr diesen Tempel niederreißt, dann werde ich [...]". Diese Deutung wäre für die Fragenden weniger anstößig als die Aufforderung, ihr Heiligtum zu zerstören. Der Satz könnte dann hintergründig eine Vorhersage enthalten: Durch eure eigene Schuld wird als Folge eurer Rebellion gegen die römische Besatzung der Tempel zerstört werden. Ich werde aber stattdessen meinem Vater ein Haus errichten, das ihr nicht mehr zur Markthalle machen könnt. Nach der Zerstörung des Tempels war es zu Ende mit dem in Jerusalem zentrierten Opferkult und seinen unwürdigen Begleiterscheinungen, gegen die Jesus soeben mit ganzer Kraft vorgegangen war (2,14–16). Der Kult verlagerte sich mehr und mehr auf den Gottesdienst und das Lesen der Tora in den Synagogen. Von dorther gesehen hätten die Juden das Vorgehen Jesu im Tempelvorhof als prophetische Handlung verstehen können.

Dem entspräche die Antwort Jesu auf die Frage der Frau aus Samaria nach dem für die Anbetung Gottes angemessenen Ort: „die Stunde kommt und sie ist schon da, in der die wahren Beter den Vater anbeten werden im Geist und in der Wahrheit; denn so will der Vater angebetet werden" (4,23).

Aber Jesus sprach zu seiner Mutter (2,4) und der Samariterin nur von der noch ausstehenden bzw. der jetzt schon angebrochenen „Stunde", noch nicht davon, was sie bedeutet. Diese Klärung ist mit der von den Juden wie auch seinen Jüngern nicht verstandenen Antwort Jesu intendiert. Seine Stunde vollendet sich im Niederreißen und Wiederaufrichten (ἐγείρειν) seines Leibes. Seit der frühesten Zeit christlicher Überlieferung wird damit die innerhalb von drei Tagen geschehene Kreuzigung und Auferstehung (ἐγείρειν) bezeichnet. Johannes fasst beide in dem Begriff „Erhöhen" zusammen.

3.2 Die Hochzeit zu Kana und die Worte über den Tempel

Man wird die so unterschiedlichen Szenen in Kana und dann in Jerusalem als kompositorische Einheit und Vorschau auf das ganze von Johannes entfaltete Drama verstehen dürfen. Das die δόξα Jesu offenbarende Handeln hebt an im dörflichen Milieu Galiläas, in dem seine Mutter zu Hause ist. Diesem ländlichen Horizont entspringt die Bitte an ihren Sohn, seine thaumaturgische Kraft für das Gelingen einer der auch heute noch im Orient üblichen überbordenden Hochzeitsfeiern einzusetzen. Jesus erfüllt diese Bitte, macht der Mutter aber klar, dass die ihm von Gott verliehene Kraft nicht für solcherlei Ziele bestimmt ist, sondern für die Erfüllung einer Sendung, die er als „seine Stunde" bezeichnet.

In der darauffolgenden Szene in Jerusalem kommt das Wesen dieser Stunde – ohne dass dieses Wort noch einmal genannt wird – von ihrer Erfüllung her in den Blick. Johannes stellt zwei „Anleihen" aus Berichten zusammen, die bei Markus das gesamte für das Geschick Jesu entscheidende Geschehen zwischen seinem Einzug in Jerusalem und seinem Verhör vor dem Hohen Rat umrahmen[59], und deutet sie mit einem Wort, in dem die Vollendung der Fleischwerdung des Wortes aufs knappste zusammengefasst ist (2,21).

4. Voraussetzungen und Ziel der Sendung Jesu

4.1. Das Gespräch mit Nikodemus im Kontext

Am Ende des ersten Auftretens Jesu in Jerusalem besucht ihn zu nächtlicher Stunde ein Mann namens Nikodemus, der als Pharisäer und führenden Mann (ἄρχων)[60] der Juden eingeführt wird (3,1f). Er wendet sich an Jesus mit dem Satz: „Rabbi, wir wissen, du bist ein Lehrer, der von Gott gekommen ist; denn niemand kann die Zeichen tun, die du tust, wenn nicht Gott mit ihm ist" (3,2). Ohne auf Fragen zu warten, die der Besucher wahrscheinlich stellen möchte, „antwortet" Jesus sogleich: „Amen, amen, ich sage dir: Wenn jemand nicht von neuem (ἄνωθεν) geboren wird, kann er das Reich Gottes nicht sehen" (3,3). Nikodemus fragt verständlicherweise, wie denn jemand in den Leib seiner Mutter zurückkehren und dann „von neuem" geboren werden kann? (3,4) Wie an vielen Stellen hat Johannes Jesus hier bewusst ein mehrdeutiges Wort in den Mund gelegt, um ein Missverständnis hervorzulocken. Denn das Wort ἄνωθεν bedeutet im allgemeinen und auch im Neuen Testament „von oben", „von oben bis unten", „von Anfang an"[61] und wird nur selten als „von neuem" verstanden (Gal[62]). Auch hier soll der Gebrauch dieses Wortes letztlich zu der Bedeutung „von oben" hinführen. Denen, die „aus dem Fleisch" geboren sind, stellt Jesus die gegenüber, die „aus dem Geist [also „von oben"] geboren und Geist sind" (3,6b). Das Gespräch mit Nikodemus schließt Jesus mit der scharfen Kritik ab: „Wenn ich zu euch über irdische Dinge (τὰ ἐπίγεια) gesprochen habe und ihr nicht glaubt, wie werdet ihr glauben, wenn ich zu euch über himmlische Dinge spreche?" (3,12) Wann hätte Jesus hier aber über „Irdisches" gesprochen?

Jesus scheint den höflichen Besucher von vornherein ziemlich unfair zu behandeln. Seine ablehnende Haltung ihm gegenüber lässt sich jedoch andeutungsweise bereits aus dem Text selber, vor allem aber aus dem Kontext verstehen.

– Nikodemus kommt als „Lehrer Israels" (V. 10), um mit Jesus über den Grund seiner in den Zeichen sichtbar gewordenen göttlichen Macht zu diskutieren (Joh 2,23; 3,2). Jesus hat aber keine Lehre zu vertreten. Er *ist* in seiner Gegenwart Zeichen und Wort Gottes. Darauf gründet seine Forderung nach Glauben, die sich nicht wie vorgetragene Botschaften hinterfragen lässt.

– Nikodemus kommt als Angehöriger einer bestimmten Gruppe, wie der einleitende Hinweis „wir wissen" zeigt.

4.1 Das Gespräch mit Nikodemus im Kontext

– Die mit der Zugehörigkeit zu der Gruppe der Pharisäer und zum Hohen Rat verbundene Ehre wollte Nikodemus wohl nicht aufs Spiel setzen. Darum der heimliche Besuch zur Nachtzeit. Darauf deuten auch die beiden anderen Stellen hin, wo Nikodemus noch genannt wird. Als die Pharisäer und die Hohepriester dabei waren, über Jesus das Todesurteil zu fällen, ihn aber noch nicht zu fassen bekamen, meldete sich Nikodemus zu Wort: „Verurteilt etwa unser Gesetz einen Menschen, bevor man ihn verhört und festgestellt hat, was er tut?" (7,51). Er wird mit der Antwort abgespeist (und offenbar zum Schweigen gebracht): „Bist du vielleicht auch aus Galiläa? Lies doch nach: Der Prophet kommt nicht aus Galiläa" (7,52).

– Besonders aufschlussreich ist die Stelle, wo Nikodemus zuletzt in Erscheinung tritt: bei der Grablegung Jesu. Wie bei den Synoptikern[63] wird zunächst Josef von Arimathäa genannt. Bei Markus und Lukas gilt er als „Ratsherr" (βουλευτὴς)[64]. Johannes nennt keinen Titel. Dass er aber zu den Führenden des Volkes gehörte, ist implizit in der Knappheit angedeutet, mit der er von Pilatus den Leichnam Jesu erbittet und erhält. Da gleich danach Nikodemus noch einmal auftritt, legt sich auch ein Rückschluss von seiner hohen Position auf Josef von Arimathäa nahe. Wichtiger aber ist ein versteckter Vorverweis von Josef auf Nikodemus. Josef war „ein Jünger von Jesus, doch aus Furcht vor den Juden [nur] heimlich" (Joh 19,38). Von dieser Bemerkung ist bei den Synoptikern nichts zu finden. Sie eignet sich aber gut zur Interpretation des nächtlichen Besuchs von Nikodemus. In der Begräbnisszene wird er eingeführt: „der früher einmal des Nachts zu (Jesus) gekommen war" (19,39). Bei dem oben genannten mutigen Einwand des Nikodemus seinen Amtskollegen gegenüber hieß es nur: „der früher einmal zu (Jesus) gekommen war, einer aus ihren Reihen" (7,50). Nikodemus brachte zum Begräbnis eine große Menge von wohlriechenden Ölen mit, eine Mischung aus wertvollsten Kräutern. Mit diesen „Aromata" gesalbt wurde der Leichnam Jesu in Leinentücher gewickelt (Joh 19,39f). Nikodemus nahm also den Akt vorweg, mit dem bei Markus (16,1) und Lukas (23,56; 24,1) die Frauen am Ostermorgen dem Verstorbenen die letzte Ehre erweisen wollten[65].

Daraus ergibt sich nun aber auch der eigentliche Sinn des Satzes: „Was aus dem Fleisch (ἐκ τῆς σαρκὸς) geboren ist, ist Fleisch [...]" (Joh 3,6a). Selbst unter den Mitgliedern des Hohen Rats kamen viele zum Glauben an Jesus, wagten dies aber aus Furcht vor den Pharisäern nicht offen zu bekennen (12,42f). Nikodemus ist gewiss nicht nur ein Bewunderer Jesu, sondern diesem auch aus seinem tiefsten Inneren zugetan. Aber er findet nicht zu dem Glauben, aus dem heraus man alles verlassen kann, um dem Ruf Jesu zu unzerstörbarem Leben zu folgen.

Indem der Pharisäer Nikodemus unmittelbar nach der „Vorschau auf das Drama" ins Spiel kommt und dann wesentlich zu dem ehrenvollen Abschied bei der Grablegung des aus dem Leben Geschiedenen beiträgt, erhält die Schilderung des Kampfes Jesu gegen die Mächte der Finsternis einen Rahmen, der für die Interpretation des Ganzen von beträchtlichem Gewicht ist. Die Juden bzw. ihre höchsten Führer werden nicht von vornherein als Vertreter des Bösen gezeichnet. Aber Jesus gelingt es nicht einmal, die ihm mit Ehrerbietung Zugeneigten aus der Finsternis der auf sich selbst und ein zufriedenstellendes Leben auf dieser Erde Fixierten zu befreien. Die Bedingungen für diese Befreiung werden im Anschluss an das Gespräch mit Nikodemus in solcher Klarheit dargelegt, dass diese Passage als ein Kernstück der johanneischen Soteriologie betrachtet werden kann.

4.2. Die Bedingungen der Erlösung und das Wesen des Gerichts

Von dem Gespräch mit Nikodemus zu dem grundlegenden Abschnitt über den Sinn der Sendung Jesu (3,16–21) leitet ein Vers über, der das Ziel der Worte Jesu an den nächtlichen Besucher im Blick auf das dann Folgende klärt: „Und niemand ist in den Himmel hinaufgestiegen außer dem, der vom Himmel herabgestiegen ist: der Menschensohn" (3,13). Zuvor hatte Jesus gesagt: Nur wer aus dem Geist geboren ist, kann in das Reich Gottes kommen. Das war mit dem Kommen „von oben" (ἄνωθεν) gemeint, das Nikodemus als Wiedergeburt im Fleische verstand (3,5.7.4). Nur der Menschensohn[66] ist vom Himmel herabgestiegen. Nur er kann auch in den Himmel hinaufsteigen. Wie die dann folgenden Verse zeigen, wird mit diesem Satz die Voraussetzung dafür bestimmt, dass Jesus die Welt aus der Finsternis zum Licht und ewigen Leben des Vaters befreien kann.

Das „Hinaufsteigen" des Menschensohns in den Himmel in Verbindung mit seinem Hinabsteigen in die Tiefe der Gottferne ist notwendig für die Rettung der Menschen: „Und wie Mose die Schlange in der Wüste erhöht hat, so muss der Menschensohn erhöht werden, damit jeder, der glaubt, in ihm ewiges Leben hat" (3,14f)[67]. Der johanneische Begriff „Erhöhung", d. h. die unlösbare Verbindung des Kreuzestodes Jesu mit seiner Rückkehr zum Vater, wird hier erstmalig eingeführt, aber noch nicht

4.2 Die Bedingungen der Erlösung und das Wesen des Gerichts 49

erklärt. Der Sache nach ergibt sich der Sinn jedoch aus den folgenden Aussagen, die durch ein „denn" ausdrücklich auf das von Gott bestimmte „muss" (δεῖ) der Erhöhung verweisen.

„Denn so sehr hat Gott die Welt geliebt, dass er seinen einzigen Sohn (hin)gab, damit jeder, der an ihn glaubt, nicht zugrunde geht, sondern das ewige Leben hat" (3,16). Das Erstaunliche an diesem Satz ist, dass Gott „die Welt" nicht nur als sein Schöpfungswerk liebt, sondern sich gerade *der* Welt in Liebe, nicht als Richter zuwendet, die im Prolog als das Licht abweisend, ja, als „die Finsternis" gekennzeichnet wurde (vgl. 1,5.9f). „Denn Gott hat seinen Sohn nicht in die Welt gesandt, damit er die Welt richtet, sondern damit die Welt durch ihn gerettet wird" (3,17). Nun ist im nächsten Satz doch wieder vom Gericht die Rede: „Wer an ihn glaubt, wird nicht gerichtet; wer nicht glaubt, ist schon gerichtet, weil er an den Namen des einzigen Sohnes Gottes nicht geglaubt hat" (3,18). Diese Paradoxie darf nicht stehen bleiben. Sie wird in den nächsten Sätzen in aller Deutlichkeit geklärt: Das Gericht wird über den Menschen nicht „von oben" verhängt. Es besteht in der Ausweglosigkeit, in die sich der Mensch selbst verrannt hat.

„Das aber ist das Gericht: Das Licht kam in die Welt, und die Menschen liebten die Finsternis mehr als das Licht; denn ihre Taten waren böse (3,19)". Hier muss jeder Satz sorgfältig abgewogen werden. Der erste Teil von V. 19 nimmt Bekanntes auf (vgl. 1,5.9f). Warum zogen die Menschen aber die Finsternis dem Licht vor? Dass ihre Taten böse waren, ist noch keine zufriedenstellende Antwort. Welche Gebote muss der Mensch wissentlich übertreten, damit sein Tun als „böse" bezeichnet werden kann? Diese Frage stellen die Schriftgelehrten und Pharisäer und beantworten sie mit Hilfe des von ihnen selbst zusammengestellten Katechismus aus Schriftzitaten und Traditionsstücken. In der Bergpredigt zeigt Jesus im Detail auf, wie willkürlich diese Interpretation des von Gott Gebotenen ist (vgl. bes. Mt 5,17–8,34).

Der Vierte Evangelist fragt nicht nach den übertretenen Geboten, an denen sich das Böse erkennen lassen soll. Das Böse zeigt sich an den Konsequenzen, die sich aus dem vom Menschen selbst als böse erkannten Tun ergeben: „Jeder, der Böses tut, hasst das Licht und kommt nicht zum Licht, damit seine Taten nicht aufgedeckt werden" (3,20). Letztlich wird das Gericht durch die genaue Analyse des eigentlichen Wesens von Sünde bestimmt. Entscheidend ist nicht die Frage nach der Art oder Menge der einzelnen Vergehen, sondern dass der Mensch sogleich nach Einsicht in sein böses Tun ein Lügengespinst darüber breitet, damit es nicht wahrgenommen wird. Man möchte nicht gern auch noch darauf angesprochen werden, was man selbst nicht sehen mag. Gott will durch das von ihm gesandte Licht die Menschen aus dieser selbstgewählten Finsternis befreien, aber er stößt auf Ablehnung, ja, erbitterten Widerstand. Wenn der Lichtgesandte sein kompromissloses Nein gegen diese Abschirmung vor dem Licht nicht aufgibt, führt der Widerstand schließlich zu dem Entschluss, dieses unangenehme Licht für immer auszulöschen. Das konsequente Böse besteht in der Flucht vor dem Licht. Das Gericht besteht darin, dass der Lichtgesandte die freie Wahl der böse handelnden Menschen achtet. Sie verhindern selbst die Rettung aus der Finsternis, wozu Gott seinen einzigen Sohn hingab[68]. Damit unterscheidet sich dieser Begriff von Sünde und Gericht nicht nur von dem Denkhorizont der Pharisäer. Hier findet vor allem eine gründliche „Entmythologisierung" des Begriffs Finsternis im gnostischen Sinne einer wegen ihrer Bindung an Materie verlorenen Welt statt. Aber auch der apokalyptische Begriff einer durch umstürzende Ereignisse in der Geschichte zutiefst verdorbenen Welt[69] ist dadurch außer Kraft gesetzt.

In dem zitierten Vers 20 sind nur die Grundzüge einer Sünde gekennzeichnet, die durch ihren Widerstand gegen das sie aufdeckende Licht sich selbst richtet. Anhand des johanneischen Gebrauchs des Wortes δόξα lässt sich aber zeigen, wie das sich vor dem Licht verbergende böse Tun zu einer weltbeherrschenden Macht wird.

5. Von der Sünde des Einzelnen zur Weltbeherrschung durch die Macht des Bösen

Der Begriff δόξα (im Sinne von Herrlichkeit) erscheint zum ersten Mal im Prolog: „[...] und wir haben die Herrlichkeit (des fleischgewordenen Wortes) geschaut" (1,14b). Hier spricht die Gemeinde im Rückblick auf das am Kreuz vollendete Werk des Sohnes Gottes, also auf das Ganze dessen, was im „Drama" des Evangeliums Schritt für Schritt zur Sprache kommt. Am Ende des auf der Hochzeit von Kana gewirkten Wunders heißt es dann, dass Jesus mit diesem Zeichen seine Herrlichkeit offenbarte (2,11). Wir haben in Kap. 3.2.1 zu zeigen versucht, dass δόξα wie auch der dann im selben Vers genannte Glaube der Jünger hier nicht in ihrem vollen Sinn zur Sprache kommen. Erst das unmittelbar danach geschilderte Geschehen beim Paschafest in Jerusalem und die verhüllte Rede Jesu über seinen Tod und seine Auferstehung (2,13–17) bringen die notwendige Ergänzung. Erst hier wird klar, was Jesus mit dem harten Wort an seine Mutter: „Meine Stunde ist noch nicht gekommen" (2,4b) meinte.

Angesichts der Bedeutung, die der Begriff δόξα im Vierten Evangelium hat, ist man erstaunt, dass er erst wieder in den Kapiteln 5, 7 und 8 vorkommt, und zwar zunächst nicht im Blick auf die Herrlichkeit Gottes und seines Gesandten, sondern zur Entlarvung des bloßen Anscheins von Ehre, mit dem Menschen das Verbergen ihres bösen Handelns vor dem Einfallen des göttlichen Lichtes absichern wollen. Um dies zu verstehen, muss zunächst der Begriff δόξα überhaupt und dann die Frage geklärt werden, wie die verschiedenen Sinnebenen zu verstehen sind, auf denen dieser Grundbegriff im Johannesevangelium erscheint.

5.1. δόξα als zentraler Begriff der johanneischen Soteriologie

5.1.1. Zur Grundbedeutung von δόξα in der griechischen Sprache

Für das Verständnis des Begriffs δόξα ist zunächst wichtig, dass in ihm stets ein Bezug zu „Licht" mitzudenken ist. In einem näher zu bestimmenden Sinn ist δόξα die Folge des vom Licht ausgehenden Scheins. Wenn sich δόξα aus einem „unwahren" Licht ergibt, so nimmt dieser Begriff die Bedeutung eines trügerischen Scheins an. Diese Beobachtung trifft schon für seinen Gebrauch im klassischen Griechisch zu. Die grundlegende Vorstellung, die sich mit dem Wort verbindet, ist die des Glanzes und schönen Scheins, die von einem auf etwas fallenden Licht ausgehen. Aus der Wahrnehmung dieses Phänomens resultiert δόξα im Sinne einer bestimmten Meinung oder Vorstellung, die man sich dadurch bildet. Auf Menschen übertragen, tritt das Moment des Ansehens aufgrund von Macht oder Autorität hinzu. Der Missbrauch von Macht und dem damit verbundenen Ansehen bewirkte, dass das Wort zum Ausdruck für den größten Glanz im positiven Sinne wie auch für dessen gerades Gegenteil, den falschen Schein, werden konnte. Dieser Mehrdeutigkeit unterliegt auch das zugehörige Verb δοκεῖν zur Bezeichnung des Scheinens von etwas oder von „scheinen" im Sinne der Ansicht, die der Mensch dadurch gewinnt – bis hin zu dem abgeflachten Gebrauch „es scheint mir"[70].

Das berühmteste Beispiel für den Gegensatz dieser beiden Bedeutungen bietet Platon in seiner „Politeia" bei der Gegenüberstellung von Schein und Sein des Ungerechten und des Gerechten. Dem Ungerechten geht es darum, den Anschein von Gerechtigkeit zu erwecken. Gelingt ihm dies, dann genießt er im Staat wie vor den von ihm mit Geschenken reich bedachten Göttern das höchste Ansehen. Dem Gerechten, der nicht gut *scheinen* (δοκεῖν), sondern *sein* will, muss man das Scheinen (δοκεῖν) nehmen. „Denn wenn er dafür gilt (δοκεῖν), gerecht zu sein: so werden ihm Ehren und Gaben zufallen, weil er als ein solcher erscheint (δοκεῖν). Also wird es ungewiss sein, ob er des Gerechten wegen oder der Gaben und Ehren wegen ein solcher ist. Er werde also von allem entblößt außer der Gerechtigkeit [...]. Ohne irgend Unrecht zu tun, habe er nämlich den größten Schein (δόξα) der Ungerechtigkeit, damit er uns ganz bewährt sei in der Gerechtigkeit"[71].

Im Neuen Testament wird δόξα nie *direkt* im Sinne von falschem Schein benutzt. Das trifft auch für den Vierten Evangelisten zu, der aber, wie zu zeigen sein wird, in der Verbindung mit bestimmten Verben δόξα als Anzeichen nicht von wahrem Glanz, sondern von Finsternis entlarvt.

5.1.2. Die Erweiterung des Begriffs δόξα in den biblischen Schriften

Wichtig für den Gebrauch des Wortes δόξα im griechisch sprechenden Judentum und vor allem dann im Christentum wurde die Übersetzung

5.1 δόξα als zentraler Begriff der joh. Soteriologie 53

des hebräischen Begriffs für die Herrlichkeit (Gottes), kabôd, durch δόξα in der Septuaginta. Daraus ergaben sich beträchtliche Schwierigkeiten. Die Grundbedeutung von kabôd ist nicht der strahlende Glanz, sondern das Schwer- bzw. Gewichtig-Sein. Demzufolge trat bei der Verwendung des Wortes als vorherrschendem Ausdruck für das Wesen Gottes besonders seine Macht und Autorität in den Vordergrund. Das führte schließlich dazu, dass kabôd (übersetzt durch δόξα) in der Weisheitsliteratur den („weisen") Mann kennzeichnen konnte, der (etwa in seinem Geschäftsleben) zu Ruhm gekommen war[72].

In den Schriften Israels macht Gott die Anwesenheit seiner Herrlichkeit vor allem in einer Wolken- oder Feuersäule oder einfach als Wolke sichtbar. Der Septuagintaübersetzung der Tempelvision des Jesaja zufolge sah der Prophet den Herrn auf einem erhabenen Thron sitzen und seine δόξα erfüllte das ganze Haus (Jes 6,1). Die ihn umgebenden Engelmächte riefen einander zu, dass die ganze Erde von seiner δόξα erfüllt sei (6,3[73]).

Die Vorstellung eines übermächtigen Glanzes, der von Gottes Herrlichkeit ausgeht, beherrscht die berühmte Szene, wo Mose Gott bittet, seine Herrlichkeit sehen zu dürfen (Ex 33,18–23). Die Septuaginta übersetzt nicht nur kabôd in der Bitte des Mose mit δόξα, sondern auch das Wort für „Schönheit"[74], das Gott in seiner Antwort an ihn benutzt (V. 19). Weil kein Mensch Gottes Angesicht sehen und am Leben bleiben kann, stellt der Herr Mose beim Vorübergang seiner kabôd in einen Felsspalt und hält seine Hand über ihn. Nur danach, als Gott seine Hand zurückgezogen hat, darf Mose einen Blick auf den Rücken des Herrn werfen (V. 23). Das Bild des Glanzes überwiegt, der Grundbedeutung von δόξα entsprechend, an vielen Stellen im Neuen Testament[75].

Als Mose nach dem Empfang des Bundesgesetzes vom Berg zu den Israeliten zurückkehrte, gingen von seiner (Gesichts-)Haut so grelle Strahlen aus, dass er sein Gesicht mit einem Schleier bedecken musste, damit das Volk ihn ansehen konnte[76]. Das hebräische Wort für „strahlen" (qaran[77]) übersetzt die Septuaginta durch das Passiv des Verbs δοξάζειν, das hier durch „einen überwältigenden Glanz sichtbar werden lassen" umschrieben werden könnte[78]. Für das Verständnis dieses Verbs, das insbesondere zu den Grundbegriffen der johanneischen Soteriologie zählt, sollte die Bedeutung im Auge behalten werden, die es in der geschilderten Doppelszene hat. Es geht hier um den Glanz, die das Aussehen von Mose, des Gesandten Gottes, beim Empfang der göttlichen Weisungen durch die strahlende Herrlichkeit Gottes annimmt. Davon unterscheidet sich deutlich der alltägliche Gebrauch von δοξάζειν (meinen, vermuten, rühmen, preisen; Passiv: im Ruf stehen).

Zu den Hauptbegriffen der johanneischen Soteriologie gehört ebenfalls das Verb ὑψοῦν „erhöhen". Einzig der vierte Evangelist gebraucht dieses Wort, um die Erhöhung zu Gott *im Kreuzestod* zu bezeichnen[79]. Da Johannes die Begriffe δόξα, δοξάζειν und ὑψοῦν in engem Zusammenhang miteinander verwendet, legt sich schon von daher die Frage nach Texten nahe, die ihn dazu angeregt haben könnten.

5.1.3. Das vierte Gottesknechtlied als Hintergrund johanneischer Soteriologie

Seit langer Zeit bereits hat das Zeugnis des Täufers für Jesus als „das Lamm Gottes, das die Sünden der Welt hinwegnimmt"[80] eine Abhängigkeit des Johannesevangeliums vom vierten Gottesknechtlied (Jes 52,13 –53,12) vermuten lassen. Aber gerade dieser Hinweis – sollte er sich überhaupt auf das Gottesknechtlied beziehen – lässt eine Verwandtschaft dieses Lieds mit dem Johannesevangelium fraglich erscheinen. Aussagen, die von der Metapher eines zur Sühne für unsere Sünden geschlachteten Lammes her interpretiert werden können, finden sich erst in der Passage, die von Jes 53,4 bis 53,12 reicht. Gerade dieser Textteil lässt sich aber kaum mit dem Verständnis von Erlösung vereinbaren, das der Selbsteinschätzung des johanneischen Jesus und der Sicht der ihm folgenden Gemeinde entspricht. Auffällig ist z. B., dass das Verb παραδιδόναι, das Jes 53,6b und (das Lied abschließend!) 53,12 zweimal für die *durch Gott* erwirkte *Hingabe* des Knechts („an unsere Sünden", „in den Tod", „wegen der Sünden vieler") steht, vom Evangelisten nicht in diesem Sinne aufgegriffen wird. Johannes gebraucht dieses Verb nur für die *Auslieferung* Jesu durch Judas, die jüdischen Machthaber und Pilatus[81], und dann noch einmal, um den letzten Hauch Jesu vor seinem Tod auszudrücken: „er gab den Geist hin" (παρέδωκεν τὸ πνεῦμα: 19,30).

Im ersten Teil des Jesajatextes (52,13–53,3) gibt es allerdings eine Reihe von verblüffenden Indizien für eine Abhängigkeit der johanneischen Soteriologie von Begriffen, die hier wie dort eine besondere Rolle spielen. Ich führe zunächst die meines Erachtens wichtigsten Stellen[82] für eine Annahme dieser Abhängigkeit auf und gehe erst im Verlauf der weiteren Untersuchung näher auf Details ein.

Das Lied beginnt mit der Ankündigung dessen, was den Knecht nach seinem für die Sünder auf sich genommenen Leiden und Sterben erwartet: Er wird „hoch erhöht werden und zu großen Ehren kommen" (ὑψωθήσεται καὶ δοξασθήσεται σφόδρα: Jes 52,13). Wie sich viele über ihn entsetzen werden – so (sehr) wird sein „Aussehen" (εἶδος) und sein „Ansehen" (δόξα) von den Menschen (ἀπὸ τῶν ἀνθρώπων) „für ruhmlos erachtet werden" (ἀδοξήσει: V. 14) –, so werden viele Völker über ihn in Staunen versetzt werden und Könige zum Verstummen kommen (V. 15a). Die Rede über das abstoßende Aussehen des Knechts wird zu Beginn des nächsten Kapitels variiert fortgesetzt: Er hat weder „(gutes) Aussehen" (εἶδος) noch „Ansehen" (δόξα), weder „Gestalt" (εἶδος) noch „Schönheit" (κάλλος) (vgl. 53,2). Sein „Aussehen" (εἶδος) wird vielmehr als „verachtenswert" (ἄτιμον) von allen Menschen (παρὰ πάντας ἀνθρώπους) übergangen (vgl. 53,3a).

Hier finden sich von Johannes an zentralen Stellen verwandte Begriffe, die bei ihm aber einen anderen Stellenwert haben. Die Verben ὑψοῦν und δοξάζειν kommen nur im Eingangsvers des Vierten Gottesknechtlieds (Jes 52,13) vor, und zwar als Vorwegnahme des herrlichen Ausgangs für den Knecht. Auch im Vierten Evangelium werden diese Verben nur im Zusammenhang mit der Vollendung des Auftrags gebraucht, den der Sohn vom Vater übernommen hat. Im Unterschied zu der Verwendung von ὑψοῦν in Jes 52,13 bezeichnet der Evangelist mit ὑψοῦν aber das Erhängen Jesu am Kreuz und die Rückkehr zu seinem Vater als einen einzigen Akt. Ebenso erscheint δοξάζειν, abgesehen von einer einzigen Stelle[83], ausschließlich im Zusammenhang mit der ihm bevorstehenden entscheidenden „Stunde".

Die Beziehung zwischen der Bedeutung des Begriffs δόξα im Gottesknechtlied und bei Johannes ist schwieriger darzulegen. Wie im Folgenden gezeigt werden soll, ist der Rückgang auf den Jesajatext aber hilfreich, um δόξα im Sinne der von Menschen gewährten Ehre und als Bezeichnung für die Herrlichkeit Gottes klarer voneinander abzuheben.

5.2. Menschliche Ruhmbezeugung als Weg zur Herrschaft der Lüge

An die oben aus Jes 52,14–53,3 ausgewählten Stellen zum Begriff δόξα klingt vor allem die Auseinandersetzung mit den Juden im fünften und siebten Kapitel des Johannesevangeliums an. Die Schwierigkeiten, die sich bei dem Versuch ergeben, δόξα in dem hier gegebenen Zusammenhang angemessen zu übersetzen, machen deutlich, dass der Vierte Evangelist dem Wort eine ungewöhnliche Bedeutung verleiht. Dieses Neue kann aber nur im Blick auf den allgemeinen Sprachgebrauch erfasst werden, der hier durchbrochen wird.

Wenn das alles durchdringende Licht des Fleisch gewordenen Wortes für den johanneischen Gebrauch von δόξα wesentlich ist, muss sich dies auch bei der Auseinandersetzung Jesu mit den Juden zeigen. Gerade in diesem Zusammenhang scheint sich der Gebrauch von δόξα aber auf den alltagssprachlichen Sinn von „Ehre" und „Ruhm" zu beschränken.

Die erste um den Begriff δόξα kreisende Rede Jesu (Joh 5,41–44) setzt verschärft fort, was er zuvor anhand des Begriffs Zeugnis klarzumachen versucht hatte (5,31–40). Jesus beginnt mit dem Satz: „Ehre von Menschen nehme ich nicht an" (Joh 5,41[84]). Im Unterschied zu den von lat. „honor" und „gloria" abgeleiteten Übertragungen in anderen Sprachen[85] eignet sich das Wort „Ehre" besser für eine Anwendung sowohl auf das Ansehen Gottes wie das der Menschen. Doch vermittelt es den Zugang zu dem eigentlichen Sinn des Satzes und der durch ihn eingeleiteten Streitgespräche, die diesen Begriff thematisieren? Wo im ersten Teil des Gottesknechtlieds (52,13–53,3) δόξα und ähnliche Ausdrücke verwendet werden, geht es um das durch Leiden und Tod völlig entstellte Aussehen des Knechts, das ihn in den Augen der Menschen verachtenswert erscheinen lässt[86]. Schon die von Jesus verschmähte δόξα παρὰ ἀνθρώπων wirkt geradezu wie ein paradoxes Echo der hier gegebenen Wortverbindungen.

Das Paradox klärt sich aber bereits im Zusammenhang der von Jesus gewirkten „Zeichen" auf. Vor allem das Speisungswunder (6,1–13) wird zunächst mit Hochachtung aufgenommen (6,14.22–24). Als Jesus den Leuten klarmacht, dass die ihm zugedachten Ehrerweise purem Egoismus entspringen und niemand seine dahinterstehende göttliche Sendung wahrhaben will (6,24–58), kommt die Wahrheit der von Menschen dargebotenen Ehre ans Licht: Sie werden nicht ruhen, bis dieser Ankläger ihres eigenen verdorbenen Lebens so aussieht, wie das im Gottesknechtlied dargestellte „Ansehen von Seiten der Menschen". Von solchem Aussehen kann man sich nur angewidert abwenden.

Durch den Gebrauch des Wortes δόξα in den Streitgesprächen vermag der Evangelist das am Ende des Gesprächs mit Nikodemus (3,19f) knapp umrissene Wesen der Sünde weiter zu konkretisieren. Entscheidend für den johanneischen Begriff von Sünde ist nicht die Frage nach der Art des als böse betrachteten Vergehens, sondern dass der Mensch sein böses Tun vor dem es aufdeckenden Licht verbirgt.

Nun bedarf jeder Mensch aber der Anerkennung durch andere. Die wird dem sein böses Tun Verbergenden kaum von solchen zuteilwerden, die einander noch in aller Offenheit begegnen können. Darum ist er in seiner dem eigenen Lügengewebe entspringenden Jagd nach Ansehen[87] auf Ehrungen aus, die demselben Geist entstammen wie sein Tun, durch das er zu einem Sohn des Urvaters der Lüge geworden ist (8,43). Je mehr Menschen Wahrheit und Recht verdrehen, um sich nicht dem Licht aussetzen zu müssen, kommt in der Welt eine Kumpanei der Falschmünzer zur Herrschaft. Sie überdecken gegenseitig ihr wahres Gesicht mit einem glänzenden Schein, der als Ansehen dargeboten wird. Darum geht es, wenn Jesus von denen spricht, „die nach gegenseitigen Ruhmbezeugungen greifen"[88] und sich nicht darum mühen, dem alleinigen Gott die Ehre zu erweisen" (5,44).

Hier wird das Wesen der Sünde in einer über das Tun des Einzelnen hinausgehenden Dimension aufgedeckt. Jeder, der diese die Wahrheit verbergende Maskerade zu durchbrechen sucht, ist nicht nur dem Widerstand einzelner Menschen ausgesetzt. Er trifft auf eine starre Wand falschen Glanzes, die umso härter wird, je mehr sie sich als selbstverständlich in der Gesellschaft etabliert hat und den Gewalthabern zur Festigung ihrer Macht dient.

Wer bis zum Letzten entschieden ist, diese dunkle Wand falschen Ruhmes aufzubrechen, muss liquidiert werden. Aus dieser Perspektive betrachtet, verliert die Formulierung „nicht von dieser Welt sein" allen Anschein von Doketismus. Wie Jesus, der nicht „von dieser Welt" ist, werden auch seine Jünger, die nicht von dieser Welt sind, deswegen von der Welt genauso gehasst werden wie er schon vor ihnen (vgl. 8,23; 15,18f). Solche Worte haben auch heute noch hohe Aktualität. Wie sind auf dem Hintergrund einer durch Lüge und Rechtsverdrehung beherrschten Welt die vielfältigen Aussagen des Evangelisten über das Verhältnis zwischen der Ehre Gottes und des von ihm zur Befreiung der Menschen vom falschen Schein Gesandten zu verstehen?

5.3. Die Pharisäer als Wächter über die Herrschaft der Lüge

Was bisher von dem das Licht scheuenden Bösen und der durch gegenseitige Ehrbezeugungen etablierten Herrschaft der Lüge gesagt wurde, könnte man so zusammenfassen: Jesus, das von Gott in diese Welt gesandte Licht, kämpft gegen den Versuch, das vom Menschen als böse erkannte eigene Tun vor jeder kritischen Ausleuchtung zu verbergen. Dadurch kann sein Bemühen, bis zu dem wahren Kern in den Menschen vorzudringen, nur als Bedrohung ihrer eigenen Existenz empfunden werden. Die wirkungsvollste Immunisierung gegenüber Strahlen, die den aus Lügen geflochtenen Deckmantel um die eigene Bosheit durchdringen könnten, besteht darin, möglichst viele gleichgesinnte Maskenbildner zu finden. Durch den wechselseitigen Austausch von Ehrbezeugungen lässt sich dann die Schutzschicht mit einem weithin leuchtenden Glanz, mit δόξα, versehen. Je besser dies gelingt, kommt es zur Bildung einer Elite, die als Oberschicht die Herrschaft über eine gesamte Gesellschaft ausübt.

Um die Herrschaft über eine wie immer geartete Gesellschaft zu realisieren, bedarf es einer Institution, die über die Einhaltung der geltenden Ordnung wacht. Wenn dieser Institution in einer religiös homogenen Gesellschaft die Bestimmung darüber zufällt, was vor den Augen Gottes Bestand hat, verfügt sie dort über eine kaum zu bezwingende Macht. Nach der Darstellung des Johannes gelten die Pharisäer als die obersten Wächter der auf dem falschen Schein von Gerechtigkeit fußenden Herrschaft über das jüdische Volk. Diese Konstruktion der Pharisäer als der obersten Wächter erzielt der Evangelist dadurch, dass er die einflussreichen Gemeinschaften der Schriftgelehrten und Sadduzäer, wie sie bei den Synoptikern neben den Pharisäern in Erscheinung treten, nicht einmal erwähnt. Es sind die Pharisäer, die als eine sich dem Licht entziehende Herrschaftsclique den von Gott gesandten Offenbarer bis auf seinen Tod hin verfolgen.

Der von ihnen ausgeübten Macht geht der Evangelist konsequent vom Anfang des Evangeliums bis zum Ende des öffentlichen Auftretens Jesu nach. Schon als der Täufer für Jesus Zeugnis ablegte, hatten die Pharisäer Boten mit kritischen Fragen zu ihm gesandt[89]. Die Tempelreinigung Jesu und seine nachfolgenden Worte bei seinem ersten Aufenthalt in Jerusalem (2,13–22) sind wohl noch nicht als Anfang seines öffentlichen Wirkens im Zentrum des jüdischen Volkes zu verstehen. Sie gehören noch zum „Vorblick" auf das Drama, in dem die Ausführung des Jesus vom Vater aufgetragenen Werkes geschildert wird. Vielleicht aus diesem Grund sind die dort auftretenden Fragesteller pauschal als „Juden", nicht als Abgesandte der Führer des Volkes benannt[90]. Noch in Jerusalem wird Jesus von Nikodemus aufgesucht (3,1–12). Selbst ein Pharisäer und Mitglied des Hohen Rates, wagt er nur des Nachts zu kommen (s. Kap. 4.1). Schon hier wird deutlich, dass sich die Machtposition der Pharisäer nicht zuletzt durch Gruppenzwang behauptet.

Sobald sich abzuzeichnen beginnt, dass Jesus eine Bedrohung für ihre geistliche Autorität werden könnte, wird seine Tätigkeit sorgfältig überwacht. Jesus bleibt zunächst noch einige Zeit in Judäa. Als die Pharisäer erfahren, dass sich ihm mehr Jünger anschließen als dem Täufer, macht sich Jesus über Samarien auf den Rückweg nach Galiläa (4,1.3). Wo im-

5.3 Die Pharisäer als Wächter über die Herrschaft der Lüge

mer sich abzeichnet, dass Leute aus dem Volk sich von den Pharisäern ab- und Jesus wegen der von ihm gewirkten Wunder zuwenden, sind ihre Vertreter zur Stelle. Als viele von der Hoffnung erfasst werden, dieser Wundertäter könne der erwartete Messias sein, schicken die Pharisäer im Verbund mit den Hohepriestern Gerichtsdiener aus, um Jesus festnehmen zu lassen (7,31f). Diese kommen unverrichteter Dinge zurück, weil sie selbst von den Worten (!) Jesu angetan waren (7,45f). Die Pharisäer werfen ihnen vor, auch sie hätten sich in die Irre führen lassen (7,47). In den darauffolgenden Versen (48–53) zeigt sich erneut die geschickte Kompositionstechnik des Evangelisten: „Ist etwa einer vom Hohen Rat oder von den Pharisäern zum Glauben an ihn gekommen? Dieses Volk [ὄχλος] jedoch, das vom Gesetz nichts versteht, verflucht ist es" (48f). An dieser Stelle wird Nikodemus ins Spiel gebracht. Er wendet sich zunächst mutig gegen den Gesetzesverstoß der Pharisäer, jemanden ohne ein vorausgehendes Verhör zu verurteilen. Aber eine ironische Antwort genügt, ihn zum Schweigen zu bringen (7,50–52). Er fügt sich dem Korpsgeist.

Als entscheidende Waffe der Pharisäer zur Verteidigung ihrer geistlich-politischen Vorherrschaft bringt der Vierte Evangelist eine Maßnahme ins Spiel, die zumindest zur Zeit Jesu historisch nicht zu belegen ist. Schon zu dieser Zeit galt die Synagoge, insbesondere in Regionen außerhalb Judäas, als Versammlungsort der Gemeinde und als Lehrhaus. In diesem Sinne wird diese Institution häufig bei den Synoptikern, bei Johannes aber nur zweimal erwähnt (6,59; 18,20). Er gebraucht hingegen dreimal ein Wort, das sich weder im Profangriechischen noch in der Septuaginta oder an anderen Stellen im Neuen Testament findet: ἀποσυνάγωγος, „aus der Synagoge ausgestoßen" (9,22; 12,43; 16,2). Dabei ist zu beachten, dass dieser Ausdruck nur als zum Substantiv gewordenes Partizip erscheint[91]. Es geht hier weniger um den Akt des Ausstoßens als um die Qualifizierung des entsprechenden Menschen als „Ausgestoßener". Die Strafmaßnahme ist in einem ähnlichen Sinn zu verstehen wie dann später in der Kirchengeschichte der Begriff Exkommunikation. Insbesondere im Mittelalter hatte die Exkommunikation die weltliche Reichsacht zur Folge. Wer mit „Acht und Bann" belegt wurde, galt damit im ganzen Reich als rechtlos. Aus der Synagoge ausgestoßen zu sein bedeutete, nicht mehr zu der Gemeinschaft Israel zu gehören.

Die Ausstoßung aus der Synagoge ist ein zentrales Thema im Kontext der Schilderung des letzten Wunders, das Jesus inmitten des Volkes wirkt (Joh 9). Da in diesem Zusammenhang Grundbegriffe der johanneischen Soteriologie in einer Konkretheit wie an keiner anderen Stelle zur Geltung kommen, verdient dieses Zeichen und seine Entfaltung in den darauffol-

60   5. Sünde des Einzelnen und Weltbeherrschung durch die Macht des Bösen

genden Szenen besondere Aufmerksamkeit im Rahmen der uns leitenden Fragestellung. Um das Gewicht dieses Textes besser einschätzen zu können, soll zunächst ein Blick auf die vorhergehenden Wundergeschichten geworfen werden. Dabei wird auch das Verhältnis der johanneischen zu den synoptischen Wundergeschichten zur Sprache kommen müssen.

5.4. Die Rolle der Wundergeschichten im öffentlichen Wirken Jesu

Jesus verließ Judäa, weil die Pharisäer von seiner Tätigkeit gehört hatten, und machte sich wieder nach Galiläa auf. Dabei musste er durch Samarien, das von den Juden als vom Glauben Israels abtrünnig betrachtet wurde (4,1–4)[92]. Hier fand das berühmte Gespräch mit der Samariterin am Jakobsbrunnen statt (4,7–26). Ihr Bericht führt dazu, dass Jesus von den Ortsbewohnern zum Bleiben eingeladen wird. Während der zwei Tage, die er dort blieb, kommen diese aufgrund der Worte, die Jesus zu ihnen sprach, zum Glauben daran, dass er wirklich der Retter der Welt ist (4,40–42), zu einem Glauben, den er in Jerusalem nicht fand und, wie die daran anschließenden Wundergeschichten zeigen, auch in Galiläa nicht findet.

5.4.1. Die Fernheilung des Sohns eines königlichen Beamten

Schon im Übergang zu der Wundererzählung gibt es Anzeichen dafür, dass es Johannes um einen Beleg für den Unglauben in Galiläa, der Heimat Jesu, geht. Nach dem Aufbruch von Samarien heißt es unvermittelt: „Jesus selbst hatte nämlich bezeugt: Ein Prophet wird in seiner eigenen Heimat nicht geehrt"[93]. Dem Wunder selbst ist die Bemerkung vorausgeschickt: „Jesus kam wieder nach Kana in Galiläa, wo er das Wasser in Wein verwandelt hatte" (4,46). Hierauf dürfte dann auch der ans Ende der Geschichte gestellte Satz anspielen: „So tat Jesus sein zweites Zeichen, nachdem er von Judäa nach Galiläa gekommen war" (4,54).

Die Wunderzählung selbst (Joh 4,46–53) knüpft an eine uns nicht mehr zugängliche synoptische Tradition an, die in verschiedenen Fassungen bei Matthäus (8,5–13) und Lukas (7,1–10) als Geschichte von der Heilung des Dieners eines römischen Hauptmanns in Kafarnaum überliefert ist. Ihre Darstellung weist in Einzelheiten Unterschiede auf. In ihrer Grundaussage stimmen beide Synoptiker aber überein: Der römische Hauptmann beweist einen Glauben, wie Jesus ihn in Israel nicht gefunden hat (vgl. Mt 8,10 / Lk 7,9). Der vierte Evangelist wendet diese Grundaussage geradezu in ihr Gegenteil, weil es ihm um die Betonung des Unglaubens in Galiläa geht.

Aus dem heidnischen Hauptmann macht Johannes einen jüdischen Hofbeamten[94], dessen Bitte an Jesus dadurch an Dringlichkeit erhöht ist, dass sein Sohn, nicht einer seiner Diener, todkrank daniederliegt. Da Jesus sich in Kana aufhält, muss der Bittsteller zu ihm von Kafarnaum aus kommen. Geradezu paradox wirkt die Reaktion Jesu auf seine Bitte: „Wenn ihr nicht Zeichen und Wunder seht, glaubt ihr nicht" (4,48). Ohne darauf einzugehen, wiederholt der Vater flehentlich seine Bitte. Auf die Antwort Jesu hin „Geh, dein Sohn lebt!" glaubt der Mann dem Wort, das Jesus zu ihm gesagt hatte, und macht sich auf den Rückweg (4,50). Noch auf dem Wege kommen ihm seine Diener mit der freudigen Nachricht entgegen: Dein Kind lebt (4,51).

Bis zu dieser Stelle fragt man sich, was Jesus an dem Glauben des königlichen Beamten auszusetzen hatte. Johannes lässt darauf aber einige Sätze folgen, die Zweifel an der Qualität dieses Glaubens aufkommen lassen. Der Vater „befragt die Diener genau (ἐπύθετο)" (4,52)[95] nach der Stunde, in der die Besserung eingetreten war. Als klar war, dass diese Stunde mit dem Zeitpunkt des an ihn ergangenen Wortes Jesu übereinstimmte, „glaubte er mit seinem ganzen Hause" (4,53).

5.4.2. Die Speisung der 5000 und der Gang auf dem Wasser

Bis zum Ende des vierten Kapitels ist ein näherer Bezug zum Markusevangelium nicht erkennbar. Vom sechsten Kapitel an[96] bis zur Grablegung Jesu wird aber deutlich, dass Johannes für die Komposition seines Werks oft auf den bei Markus zu findenden Aufbau seiner Darstellung des Wirkens Jesu zurückgreift. Ein Einfluss des Lukasevangeliums wird vor der mit der Auferweckung des Lazarus beginnenden Konzentration auf die in Jesus aufstrahlende δόξα des Vaters allenfalls an relativ unbedeutenden Einzelheiten ersichtlich. Ein genauerer Vergleich mit Parallelen im Markusevangelium hingegen ist schon von der Speisung der 5000 an nützlich, um das Besondere der johanneischen Theologie herauszuheben[97]. Im Rahmen unseres Themas können dabei natürlich nur einige Details berücksichtigt werden.

Für den Aufbau des Markusevangeliums ist kennzeichnend, dass er die Tätigkeit Jesu in Galiläa von den Anfängen bis hin zu dem Neueinsatz mit der Szene in Cäsarea Philippi (8,27 ff) als ständig von einer Menge bedrängt kennzeichnet, die ihm vor allem aufgrund seiner Heilungswunder folgt[98]. Diese dauernde Behelligung verbindet auch den Beginn der johanneischen Darstellung der wunderbaren Brotvermehrung (Joh 6,1–15) mit der Einführung der Szene bei Markus (vgl. Joh 6,1f; Mk 6,30–33). Mit dem Satz: „Eine große Menschenmenge folgte ihm, weil sie die Zeichen sahen, die er an den Kranken tat" (6,2), nimmt Johannes zwar das Leitmotiv bei Markus auf, dass Jesus und seine Jünger wegen der ihnen stets auf dem Fuße folgenden Menschenmenge nie zur Ruhe kommen. Aber davon, dass Jesus Mitleid mit den vielen Menschen hatte, weil sie wie Schafe waren, die keinen Hirten haben (Mk 6,34), ist bei Johannes keine Rede. Bereits die zusätzliche Bemerkung: „Das Pascha, das Fest der Juden war nahe" (Joh 6,4) deutet an, dass diesem Evangelisten das Speisungswunder nur als Hintergrund für die nach dem Gang Jesu über das Wasser beginnende lange Rede Jesu über ihn selbst als das einzig wahre Brot des Lebens dient (6,22–58).

In dem johanneischen Bericht über das Speisungswunder stellt Jesus selbst die Frage nach der Möglichkeit, den Vielen zu essen zu geben. Den Jüngern wird – im Unterschied zu der Darstellung bei allen drei Synoptikern[99] – keine Möglichkeit belassen, die Diskussion darüber anzuregen[100]. Nur der von Jesus angeredete Philippus darf eine diesbezügliche Frage beantworten und Andreas durch einen zusätzlichen Hinweis das hier gegebene Problem unterstreichen (6,5–9). Jesus nimmt keine Notiz von der Problematik, sagt auch nicht: „Gebt ihr ihnen zu essen!"[101], sondern befielt: „Lasst die Leute sich lagern!" (6,10a).

Im Blick auf den Vergleich mit den Synoptikern sind zwei Ergänzungen zu dieser Anweisung interessant: „Es gab dort nämlich viel Gras" (6,10b). „Da setzten sie sich; es waren etwa 5000 Männer" (6,10c). Der Hinweis auf das Gras findet sich bei Markus (6,39). Lukas gab schon an dieser Stelle die Zahl der Männer an (7,14). Bei Markus wird die Menge am Ende der Erzählung genannt – um das Unerhörte dieses Wunders zu unterstreichen (6,44). Johannes und Lukas setzen also das Moment des Mirakulösen herab, um den Blick auf das eigentliche Geschehen freizugeben. Die „umweltfreundliche" Notiz über den Umgang mit dem bei der Speisung Übriggebliebenen: „[Sammelt die übrig gebliebenen Brotstücke], damit nichts verdirbt" (6,12b) soll vielleicht einem magischen Missverständnis entgegenwirken, die geweihten Brote seien wegen ihrer Wirkkraft sorgfältig zu hüten[102].

Der Seewandel Jesu (Joh 6,16–21) wird von Markus (6,45–52) als ein eigenständiges Wunder wiedergegeben. Bei Johannes dient er dazu, den für das dann folgende Streitgespräch vorausgesetzten Ortswechsel zu illustrieren, den die Jesus verfolgende Menge sich nicht erklären kann (Joh 6,22–25). Markus zufolge drängt Jesus die Jünger dazu, allein im Boot zum anderen Ufer aufzubrechen, während er selbst die Schar entlasse. Danach ging er auf den Berg, um zu beten (Mk 6,45f). Johannes bietet schon hier einen Vorblick auf die harte Auseinandersetzung, die dem Seewandel folgt. Die Menschen, die das von Jesus vollbrachte Zeichen gesehen hatten, ziehen daraus den Schluss: „Das ist wirklich der Prophet, der in die Welt kommen soll" (Joh 6,14). Als Jesus erkennt, dass man ihn in ihre Gewalt bringen wollte, um ihn zum König zu machen (6,15)[103], zieht er sich, allein, wieder auf den Berg[104] zurück (V. 15).

Bei Johannes besteigen die Jünger das Boot, ohne dass (wie Mk 6,45) eine Anweisung Jesu erwähnt wird, und fahren auf Kafarnaum zu (Joh 6,16–17a). Im Unterschied zu Mk 6,47 soll die Bemerkung: „Es war schon dunkel geworden, und Jesus war noch nicht zu ihnen gekommen" (Joh 6,17b) wohl nicht auf den Seewandel als einzige Möglichkeit Jesu vorausweisen, jetzt noch zu den Jüngern zu kommen. Näher liegt, dass man angesichts der schon anbrechenden Dunkelheit die gemeinsam mit Jesus beschlossene Überfahrt nicht noch weiter hinauszögern wollte. Die dahinter liegende Furcht vor einer Bootsfahrt bei völliger Dunkelheit wird dann noch durch das Aufkommen eines die See aufwühlenden Sturms verstärkt (V. 18). Bei Markus ist das dann Folgende, klassischen Wundergeschichten entsprechend, breit ausgemalt (Mk 6,47b–50). Johannes nimmt nur das Wichtigste auf: Die Jünger waren schon weit gefahren, als sie Jesus auf dem See gehen und sich dem Boot nähern sahen, und fürchteten sich (Joh 6,19). Jesus rief ihnen aber zu: „Ich bin es; fürchtet euch nicht!" (6,20). Die Jünger wollten ihn ins Boot nehmen, aber schon war das Boot an seinem Ziel angelangt[105].

Wie Johannes mit der ihm vorliegenden synoptischen Tradition umgeht, lässt sich gut an seiner Wiedergabe der Speisungsgeschichte und des Seewandels erkennen: Grundzüge des überlieferten Stoffs bleiben erhalten; dessen Inhalt wird jedoch der eigenen theologischen Konzeption angepasst. Der Schwerpunkt der johanneischen Darstellung liegt auf der harten Auseinandersetzung mit den Juden, die auf die wunderbare Speisung folgt. Die Mühe der Volksmenge, Jesus zu finden, entspricht ihrem missglückten Versuch, ihn zum König zu machen (vgl. 6,22–25 mit 6,15).

Auf ihre dreiste Frage hin: „Rabbi, wann bist du hierhergekommen" (6,25b) geht Jesus sogleich in die Offensive: „Amen, amen, ich sage euch: Ihr sucht mich nicht, weil ihr Zeichen gesehen habt, sondern weil ihr von den Broten gegessen habt und satt geworden seid" (6,26). Dass sie kein Zeichen für die Anwesenheit Gottes im Werke Jesu wahrgenommen ha-

64   5. Sünde des Einzelnen und Weltbeherrschung durch die Macht des Bösen

ben, wird in den folgenden Ausführungen bestätigt. Als Jesus den Glauben daran fordert, dass ihnen in ihm eine Speise zum ewigen Leben begegnet, verlangen sie nach einem beglaubigenden Zeichen für diese Zumutung.

5.4.3. Die Rede über das wahre Brot des Lebens

Johannes stellt dar, wie der Logos, Schöpfer alles Irdischen, als Offenbarer die fundamentalsten Erfordernisse zum Leben auf dieser Erde als Symbole für einen Weg nutzt, der von der Sorge um das Wohlergehen in dieser Welt zu einem anderen, den Tod überwindenden Leben führt. Die Samariterin am Jakobsbrunnen hatte er auf sich als das Geschenk eines nie versiegenden Wassers verwiesen, das ewiges Leben verbürgt (4,10–14). Im Anschluss daran sprach Jesus zu den Jüngern von einer anderen Speise als das tägliche Brot, die in der Erfüllung des Willens des ihn sendenden Vaters besteht (4,31–34). Hinter dem Zeichen des Seewandels steht wohl auch der Gedanke, dass niemand zu fürchten braucht, was aus der Finsternis auf ihn zukommt, wenn er Jesu Wirken in göttlicher Vollmacht erkennt[106].

Das Verlangen nach Brot, dessen die Menschen am meisten zur Selbsterhaltung benötigen, steht im Zentrum des umfangreichen Streitgesprächs, das, wie der angehängte Vers 59 sagt, Jesus mit den Juden in der Synagoge von Kafarnaum führt (6,26–59). Damit ist Jesu Tätigkeit in Galiläa abgeschlossen[107]. Sein gesamtes weiteres Wirken findet in Judäa statt, mit dem Tempel von Jerusalem als Zentrum des Geschehens. Die Interpretation des Streitgesprächs ist äußerst schwierig, nicht zuletzt wegen der teilweise noch immer lebhaft disputierten Frage, ob die Ausführungen über die Eucharistie (6,51b–58) vom Evangelisten selbst stammen oder nachträglich hinzugefügt wurden. Im Rahmen eines Beitrags zur johanneischen Soteriologie müssen wenigstens einige Bemerkungen zu dieser Problematik gemacht werden.

Der Vierte Evangelist spricht über die Weitergabe von Jesu Werk in der Kirche erst in den Abschiedsreden (Kap. 13–17). Erst nach der Vollendung seines vom Vater empfangenen Auftrags und, damit verbunden, der Sendung des Geistes werden die Jünger befähigt, dieses Werk richtig zu erkennen und in ihrer eigenen Existenz der Welt vorzuleben. Obwohl Johannes sein Evangelium zu einer Zeit verfasste, als das Gemeindeleben in allen Teilkirchen bereits feste Konturen annahm, fehlt es allerdings in der Unterweisung der Jünger beim Abschied Jesu an konkreten Angaben, die einem Anschluss an die sich ausprägende Liturgie der Kirchen dienlich gewesen wären. Wenn die Ausführungen über die Eucharistie erst von späterer Hand im Anschluss an 6,51a hinzugefügt wurden, dann könnte man darin den Versuch einer Klärung sehen, *wie* Jesus nach seiner Rückkehr zum Vater als das Brot des Lebens (6,47f) gegenwärtig bleibt. Eine solche Ergänzung war wichtig, damit das Vierte Evangelium als für die Kirche normativ anerkannt werden konnte.

Mit dieser Feststellung sind aber vor allem zwei Probleme nicht gelöst. Zunächst ist zu fragen, ob die Ergänzung die voraufgegangenen Ausführungen des Evangelisten tatsächlich mit dem kirchlichen Verständnis der Eucharistie vermittelt und sie nicht vielmehr verfälscht. Die Speisung der 5000 ist in sich schon ein wirkmächtiges Zeichen. Es vermag die es Erlebenden vom Wissen um das Brot als lebensnotwendiger Nahrung auf den Glauben vorzubereiten, dass Jesus der Weg zu ewigem Leben ist. Dabei geht es um die totale Umwandlung des menschlichen Selbstverständnisses zum Glauben daran, was dieser Gesandte Gottes sagt. Der eucharistische Zusatz zu diesem johanneischen Verständnis von Erlösung läuft Gefahr, die Sorge um den Erhalt des eigenen Lebens im Grunde nur auf eine höhere Ebene zu transponieren: Durch den Glauben kommt man zu einem Mittel, das ewiges Leben verbürgt.

Damit verbindet sich die zweite Frage, ob der Zusatz zur johanneischen Brotrede dem Eucharistieverständnis in der Frühzeit der Kirche entspricht. Im Neuen Testament selbst haben wir für dieses Verständnis nur zwei Zeugnisse, das eine um die Mitte, das andere gegen Ende des ersten Jahrhunderts verfasst. Beide Texte fußen auf einer Erweiterung des Wortes Jesu: „Das ist mein Leib" (Mk 14,22 / Mt 26,26), die wahrscheinlich im Kontext der frühen Eucharistiefeier entstanden ist. Bei Paulus findet sich diese Erweiterung in der knappsten Form: „Das ist mein Leib (der) für euch"[108]. Lukas ergänzt sie durch ein Verb: „Das ist mein Leib, der für euch hingegeben wird"[109]. Während bei Lukas Jesu Leib erst durch seine Hingabe „Leib für euch" wird, ist bei Paulus das „für euch" Charakteristikum des Leibes selbst. Jesu Leib besteht in dem „für euch".

Bei beiden Autoren ist das Brot, das Jesus selbst gegenwärtig macht, ganz auf andere hin gerichtet, nicht auf das eigene Leben in der Ewigkeit. Die Gemeinde in Korinth wird von Paulus gemahnt, dass nur im Warten auf die anderen, bevor man selbst seinen Hunger gestillt hat, die an der Eucharistiefeier Teilnehmenden sich nicht das Gericht zuziehen[110]. Das „Brotbrechen" als Ausdruck für die Feier der Eucharistie in der Apostelgeschichte wird von Lukas bereits in seiner Neuinterpretation der Speisung der 5000 vorbereitet: Fangt an, die vorhandene Nahrung mit anderen zu teilen, denn dadurch verliert ihr nicht eure letzte, „eiserne Ration", sondern gewinnt eine Speise, die euch sonst unbekannt geblieben wäre[111]. Dem entspricht bei Johannes, dass Jesus in seinem ganzen Werk die Gabe ist, die bis in seinen Tod hinein die Liebe Gottes zur Welt erkennbar macht (vgl. 3,16).

5.5. Die Heilung des Blindgeborenen als Sieg über die Verblendung der Welt

5.5.1. Wunder in Galiläa – Wunder in Jerusalem

Bald nach der in der Synagoge von Kafarnaum gehaltenen Rede über das wahre Brot des Lebens (Joh 6,59) begibt sich Jesus nach Jerusalem (5,1)[112]. Bis zu der in Betanien vollbrachten Auferweckung des Lazarus (11,1–44) spielt sich das gesamte Wirken Jesu in Jerusalem ab. Dort vollbringt er zwei Zeichen (5,1–18; 9,1–12). Durch eine Reihe von Streitgesprächen sind diese voneinander getrennt, lassen aber klare Beziehungen zueinander erkennen. Nicht weniger deutlich sind sie jedoch von dem als Einheit zu verstehenden Komplex abgehoben, der die Speisung der 5000, den Gang Jesu auf dem Wasser und seine Rede über sich selbst als das wahre Lebensbrot umfasst.

– In den beiden am Abschluss der Tätigkeit in Galiläa dargestellten Wundern benutzt Johannes synoptische Texte, um seine eigene theologische Intention davon abzugrenzen. Die in Jerusalem gewirkten Zeichen sind augenfällig von ihm selbst komponiert. An einigen Stellen lassen sich zwar Anspielungen auf synoptische Wundergeschichten vermuten, die aber für den Fortgang der Handlung nicht von Bedeutung sind[113].

– Die Adressaten in Galiläa sind eine Volksmenge, die sich vorstellt, in Jesus einen ihren Vorstellungen entsprechenden Kandidaten für den erhofften Messias gefunden zu haben. Die beiden in Jerusalem vollbrachten Heilungswunder illustrieren, wie sich die Konfrontation mit den Pharisäern aufs Äußerste zuspitzt und schließlich zu der Bloßstellung ihrer auf falschen Schein gegründeten Macht führt.

5.5.2. Die Heilung des Gelähmten als Hintergrund für die Blindenheilung

Der Heilung des Gelähmten (Joh 5,2–18) widme ich keinen eigenen Abschnitt, sondern verweise darauf nur innerhalb der Zusammenfassung der Heilung des Blindgeborenen (9,1–41). Am Ende der Ausführungen

5.5 Heilung des Blindgeborenen als Sieg über die Verblendung der Welt 67

über die korrupte Herrschaft der Pharisäer (s. Kap. 5.3) hatten wir auf die herausragende Bedeutung des Berichts über diese Blindenheilung und der darauf folgenden Dialoge für das Verständnis der johanneischen Soteriologie verwiesen. Der Überblick über die vorhergehenden Wundergeschichten sollte dazu dienen, das Gewicht dieses Textes im neunten Kapitel des Johannesevangeliums besser einschätzen zu können. Um einen möglichst genauen Nachvollzug dieses Kapitels soll es im Folgenden gehen.

Im Unterschied zu den in Galiläa öffentlich vollbrachten Wundern (2,1–12; 4,43–54; 6,1–15) wendet sich Jesus bei der Heilung des Gelähmten und des Blindgeborenen selbst an einen bestimmten Kranken. Den Gelähmten, der am Teich Betesta unter vielen anderen auf Heilung wartet, fragt er: „Willst du gesund werden?" (5,6) Bei dem Blindgeborenen führt Jesus einfach die Heilung durch, ohne ihn vorher angeredet zu haben oder darum gebeten worden zu sein (9,6f). Im Gegensatz zu allen übrigen von Johannes berichteten Wundern ist dieser Akt wie eine durch Magie erzielte Heilung im Stil antiker Wundergeschichten ausgemalt. Dadurch wird die Spannung zu der Reaktion des Geheilten erhöht: Nur er hat als einziger im ganzen Evangelium die Machttat Jesu spontan als Zeichen dafür erkannt, dass hier Gott selbst am Werke war.

Dem von der Lähmung Geheilten hatten „die Juden" vorgeworfen, am Sabbat eine Bahre zu tragen. Er erwiderte, der ihn Heilende habe ihm dies gesagt, konnte aber nicht angeben, wer das war (5,9b–13). Nachdem Jesus ihm im Tempel begegnete, meldete er „den Juden" den Namen des Wundertäters. Diese unnötige Denunziation scheint zum Ziel zu haben, dass er bei der jüdischen Aufsichtsbehörde[114] sich selbst gegenüber jedem Vorwurf absichern wollte. Er nahm dabei in Kauf, dass er seinen Wohltäter der Verfolgung aussetzte – was auch tatsächlich die Folge seines Handelns war (5,16–18). Der Gegensatz zu dem Verhalten des Blindgeborenen nach seiner Heilung ist offensichtlich.

Es kommt zu einer Diskussion zwischen den Nachbarn und denen, die den geheilten Blinden früher als Bettler gesehen hatten: Ist dieser Mann mit dem zuvor Blinden identisch oder sieht er ihm nur ähnlich? Der Herumraterei macht dieser selbst mit dem knappen Wort ein Ende: „Ich bin['s]" (9,9b)[115]. Auf ihre Frage, wie er zum Sehen gekommen sei, gibt er kurz und präzise wieder, wie „der Mann, der Jesus heißt" dies bewirkt habe. Als sie ihn dann fragen: „Wo ist er?" sagt er: „Ich weiß es nicht". Dadurch fühlen die Disputanten sich bemüßigt, den Mann zu den Pharisäern zu bringen (9,10–13).

5.5.3. Drei Verhöre durch die Pharisäer

Die Pharisäer werden hier ausdrücklich als eine Behörde dargestellt, die über die entscheidenden Fragen des Glaubens in Israel die oberste Aufsicht führt. Wenn in den einzelnen Vernehmungen mehrmals statt von den Pharisäern von „den Juden" die Rede ist, so handelt es nicht um ein anderes Prüfungsgremium. Es wird vielmehr deutlich, dass die Pharisäer für sich in Anspruch nehmen, das ganze Volk zu repräsentieren. Erst nach dem Hinweis auf die Übergabe an die Pharisäer wird die Auskunft eingeschoben, dass die Heilung an einem Sabbat erfolgte (9,14). Dieses vom Gesetz untersagte Tun hat, anders als bei der Heilung des Gelähmten (5,9b-10), hier aber nur eine untergeordnete Bedeutung. Man sucht nach triftigeren Gründen, um das gesamte Wirken Jesu als gotteslästerlich nachweisen zu können.

Der von der Blindheit Geheilte wird sofort einem Verhör unterworfen. Als die Pharisäer ihn fragen, wie er zum Sehen gekommen sei, fasst er seinen Bericht noch knapper als vorher zusammen: „Er legte mir einen Teig auf die Augen, ich wusch mich und sehe" (V. 15). Es kommt zum Streit zwischen den Verhörenden. Die einen meinen, Jesus sei nicht von Gott, weil er den Sabbat nicht hält. Andere sagen: Wie kann ein sündiger Mensch solche Zeichen vollbringen? Man wendet sich noch einmal an den Blinden (!), um eine handfeste Grundlage für die Verurteilung Jesu zu finden: „Was sagst du von ihm, dass er deine Augen geöffnet hat?" Seine Antwort: „Er ist ein Prophet"[116] (9,17). Diese Antwort ist nicht als ein Argument gegen Jesus verwendbar.

Die Pharisäer zitieren jetzt auch die Eltern des Geheilten vor ihr Forum. Deren Aussage lautet: „Wir wissen, dass er unser Sohn ist und dass er blind geboren wurde. Wie es kommt, dass er jetzt sehen kann, wissen wir nicht, und wer seine Augen geöffnet hat, wissen wir auch nicht. Fragt ihn, er ist alt genug, er soll selbst für sich sprechen" (9,20f).

Der Evangelist bemerkt anschließend, die Eltern hätten dies aus Furcht vor dem Beschluss der Juden gesagt, jeden, der Jesus als Messias bekenne, zu einem aus der Synagoge Ausgeschlossenen zu machen. Das ist nicht als Kritik an den Eltern zu verstehen. Wie in Kap. 5.3 erläutert, ist der Ausschluss aus der Synagoge, die religiös wie politisch wirksame Verbannung aus der Gemeinschaft Israel, die entscheidende Waffe der Pharisäer zur Verteidigung ihrer geistlich-politischen Vorherrschaft. Dies kommt noch deutlicher als im Verhalten der Eltern des Blindgeborenen an der folgenden Stelle zum Ausdruck: „Dennoch glaubten sogar von den führenden Männern (ἄρχοντες) viele an ihn; aber wegen der Pharisäer bekannten

5.5 Heilung des Blindgeborenen als Sieg über die Verblendung der Welt

sie es nicht offen, um nicht aus der Synagoge Ausgestoßene zu werden" (12,42). Im Rahmen unserer Fragestellung kommt der abschließenden Begründung dieses Verhaltens das größte Gewicht zu: „Denn sie liebten die von den Menschen [erwiesene] Ehre mehr als die Gott [zu erweisende] Ehre" (12,43[117]). Auf dem Hintergrund dieser beiden unterschiedlichen Bedeutungen von δόξα (s. Kap. 5.1) lässt sich erst das abschließende Verhör des geheilten Blinden in seiner vollen Bedeutung abschätzen. Nach dem missglückten Verhör der Eltern wird ihr Sohn ein weiteres Mal vernommen. Noch vor der Befragung fordern ihn die Pharisäer feierlich auf: „Gib Gott die Ehre![118] Wir wissen, dass dieser Mensch ein Sünder ist" (9,24). Die formelhafte Wendung, Gott die Ehre zu geben, dient wie schon gelegentlich in den Schriften Israels[119] so auch im rabbinischen Sprachgebrauch zum Hinweis darauf, dass die erwarteten Aussagen unter Eid gemacht werden. An dieser Stelle will der Evangelist aber mehr damit sagen. Hier geht es gleichsam um die Wasserscheide zwischen den beiden Bedeutungsfeldern, in denen Johannes den Begriff δόξα verwendet. (1) Letztlich dient er ihm zur Bezeichnung der Herrlichkeit Gottes, die Jesus mit dem Vater verbindet. Vor der Vollendung der Sendung Jesu am Kreuz kommt diese Herrlichkeit aber nur in Zeichen, als Machtglanz, zum Leuchten. (2) Der Evangelist gebraucht den Begriff aber auch, um den dunklen Hintergrund darzustellen, von dem sich die göttliche Herrlichkeit abhebt: die Ehrungen und Ruhmbezeugungen, die Menschen einander zukommen zu lassen, um damit das Lügengewebe zu übertünchen, mit dem sie ihre Sünden verdecken wollen.

Wie in Kap. 3.2.1 ausgeführt, kommt das Wort δόξα zur Bezeichnung der in Jesus aufleuchtenden Herrlichkeit Gottes zunächst nur im Prolog und zum Abschluss des ersten von Jesus in Kana gewirkten Zeichens zur Geltung. In den Streitgesprächen mit den Juden, die den meisten Raum in den Kapiteln 5, 7 und 8 einnehmen, geht es dagegen um das entschiedene Nein des Gesandten Gottes zur Jagd nach der eigenen Ehre, die Menschen im Vergessen der Ehre Gottes einander erweisen. Erst von der Auferweckung des Lazarus an (Kap. 11) wird die Herrlichkeit Gottes, die der Sohn zum Leuchten bringt und die der Vater seinem Sohn verleiht, voll ans Licht gebracht.

Durch die Aufforderung der Pharisäer: „Gib Gott die Ehre!", und die Art und Weise, wie der von seiner Blindheit Geheilte diesem Anspruch nachkommt, gelingt es dem Evangelisten, in äußerster Dichte die abgrundtiefe Kluft zwischen den beiden Bedeutungsebenen von δόξα vor Augen zu führen. Die Pharisäer fordern den vor ihr Gericht Geladenen zwar dem Wortlaut nach dazu auf, vor dem Angesicht Gottes die Wahrheit und nichts als die Wahrheit zu sagen. In Wirklichkeit meinen sie aber, er solle sich so äußern, dass sie endlich ein dem ganzen Volke vorzeigbares Argument zur Ausführung ihres Entschlusses haben, den Gesandten des alles durchdringenden Lichts aus der Welt zu schaffen. Der von seiner Blindheit Geheilte nimmt sie aber beim Wort. Er sagt nichts als die Wahrheit und wagt es sogar, kräftig an der aus Falschheit gewobenen Robe seiner Richter zu zerren. Seine Antwort: „Ob er ein Sünder ist, weiß ich nicht. Nur das eine weiß ich, dass ich blind war und jetzt sehen kann" (9,25).

Wie bei der ersten Vernehmung fragen ihn darauf die Pharisäer, wie er sehend geworden sei, präzisieren aber im Blick auf den angeblichen Wundertäter hin: „Was hat er mit dir gemacht?" (9,26). Er antwortet: „Ich habe es euch bereits gesagt, und ihr habt nicht gehört. Warum wollt ihr es noch einmal hören? Wollt auch ihr seine Jünger werden?" (9,27). Die zweite Frage ist nicht nur voller Ironie. Sie enthält zugleich ein Bekenntnis, das die ihn Vernehmenden aufs äußerste reizen muss. Unter Beschimpfungen sagen sie, er sei ein Jünger „von diesem da", sie selbst aber seien Jünger des Mose. Von ihm wissen wir, dass Gott zu ihm gesprochen hat. „Von dem da wissen wir aber nicht, woher er ist" (9,28f).

5.5.4. Die Richter richten sich selbst

In der folgenden langen Antwort des Geheilten fällt auf, dass er geradezu wie Jesus selbst redet, indem er bezeugt, dass Jesus ihn in der Kraft Gottes geheilt hat: „Darin liegt ja das Erstaunliche, dass ihr nicht wisst, woher er ist, hat er doch meine Augen geöffnet. [...] Wäre er nicht von Gott, dann könnte er nichts tun" (9,30.33). Mit dem Vorwurf, er, der ganz in Sünden Geborene, wolle sie belehren, stoßen die Pharisäer ihn hinaus[120] (9,34). Das kann dem Kontext nach wohl nur den Ausschluss aus der Synagoge bedeuten.

Jesus hörte davon, dass sie ihn ausgestoßen hatten, „und als er ihn fand"[121], fragte er ihn: „Glaubst du an den Menschensohn?" (9,35). Schon die Gegenfrage: „Wer ist es, Herr, auf dass ich an ihn glaube?" (9,36), zeugt von großer Hochachtung dem gegenüber, der ihn geheilt hatte. Jesus antwortet: „Du hast ihn gesehen[122], und der mit dir redet, der ist es" (9,37). Der von der Finsternis Erlöste bekennt: „Ich glaube, Herr", und wirft sich vor ihm nieder (9, 38).

An seinen Bericht über die Heilung des Blindgeborenen schließt der Evangelist, die Gegenwart von Pharisäern voraussetzend, ein kurzes Ge-

5.5 Heilung des Blindgeborenen als Sieg über die Verblendung der Welt

spräch an, das man wohl als Abschluss und Quintessenz der Auseinandersetzungen Jesu mit ihnen betrachten darf. „Und Jesus sprach: Zum Gericht bin ich in diese Welt gekommen, damit die Nicht-Sehenden sehen und die Sehenden blind werden" (9,39). An dieser Stelle passen die Worte Jesu im Unterschied zu ähnlichen, eher abstrakt wirkenden Äußerungen[123] genau zu dem vorher geschilderten Zusammenhang. Das Gericht (κρίμα), das die Pharisäer über den geheilten Blinden auszuüben meinten, ist im Grunde die Scheidung (κρίσις) zwischen dem, was an dem Blindgeborenen offenbar wird, und dem endgültigen Sich-Verschließen vor dem Licht, das im Verlaufe der Vernehmungen die Pharisäer vollziehen. Der Blindgeborene hat bei seiner Heilung ein seine Dunkelheit durchdringendes Licht nicht nur wahrgenommen, sondern es auch als das Licht erkannt, das nur von Gott kommen kann.

„Einige der Pharisäer, die bei ihm waren, hörten dies und sagten zu ihm: Sind etwa auch wir blind?" (9,40) Dass sie die allgemein gehaltenen Worte Jesu auf sich beziehen, zeigt, dass ihnen ihre zur Schau getragene Überlegenheit über die offensichtliche Wahrheit, die ihnen der Blindgeborene bezeugte, als falsches Spiel bewusst war. Dem entspricht die abschließende Antwort Jesu: „Wenn ihr blind wärt, hättet ihr keine Sünde. Jetzt aber sagt ihr: Wir sehen. Darum bleibt eure Sünde" (9,41). Wären sie schuldlos von Grund auf unfähig, das von Jesus in diese Welt getragene Licht wahrzunehmen, so könnte ihnen das nicht als Sünde vorgehalten werden. Aber ihre Blindheit resultiert aus der bewussten Verbergung ihrer Sünde vor diesem Licht. Der zu ihrer Rettung Gesandte vermag dagegen nichts auszurichten, weil er die freie Entscheidung der Menschen respektiert. Den Entschluss, auf Kosten der Gott zu erweisenden Ehre durch ihren eigenen Machtglanz völlig immun gegenüber jedem Lichtstrahl zu werden, der ihren falschen Schein durchdringt, meinen sie schließlich nur durch die Beseitigung des Lichtträgers durchsetzen zu können. Dem Ausschluss des von seiner Blindheit Geheilten aus der Gemeinschaft Israels folgt schließlich der Versuch, durch die als Treue gegenüber dem Gesetz verbrämte Ermordung Jesu das Licht Gottes selbst aus der Welt zu schaffen. Das Gericht über die Menschen wird nicht am Ende der Zeiten durch den Weltenrichter unter Abwägung ihrer auf Erden vollbrachten Taten ausgeübt. Es findet hier und jetzt im Verhalten der Menschen selbst gegenüber dem zur Rettung der Welt Gesandten statt[124].

6. Vom menschlichen Machtglanz zum Aufleuchten der Herrlichkeit Gottes: Die Auferweckung des Lazarus

In der Aufforderung der Pharisäer an den geheilten Blinden: „Gib Gott die Ehre!" (Joh 9,24) und der Art und Weise, wie der Geheilte diesem Anspruch auf Wahrheit gerecht wird, hatten wir eine Übergangslinie zwischen den beiden Bedeutungen von δόξα beim Vierten Evangelisten gesehen. Von hier ab geht er von der Aufdeckung des bloßen Anscheins menschlichen Ruhms zum Aufleuchten der Herrlichkeit des Vaters im Handeln seines Sohns über. Der Bericht von der Auferweckung des Lazarus lässt sich in gewisser Weise als Basis für die darauf folgende Geschichte des Leidens und der Auferweckung Jesu verstehen, die bei Johannes eine untrennbare Einheit bilden. Ein Anzeichen für diese Zuspitzung des Dramas sind auch die Bemerkungen über das Verhalten der Juden, insbesondere der Pharisäer Jesus gegenüber, das nun von ständiger Überwachung und Verfolgung[125] zum offiziellen Todesurteil über ihn führt.

Die Hinweise auf die Verfolgung Jesu dienen im Aufbau des Evangeliums oft dazu, einen Ortswechsel Jesu einzuleiten. Bevor „seine Stunde gekommen" ist, entzieht sich der Gesandte mehrmals diesen Nachstellungen. Die Erweckung des Lazarus vom Tode erfolgt, als Jesus sich nach dem Versuch, ihn festzunehmen, von Jerusalem an die Ostseite des Jordans begab, wo Johannes getauft hatte (vgl. 10,39f).

6.1. Die beteiligten Personen

Gleich zu Beginn der Lazarusperikope werden drei Personen genannt, die im Evangelium hier zum ersten Mal in Erscheinung treten. Zunächst Lazarus aus Betanien, dem Wohnort der Schwestern Maria und Marta (11,1). Maria wird dann mit dem Hinweis auf einen früher an Jesus erwiesenen Dienst vorgestellt, Lazarus als ihr Bruder bezeichnet (11,2). Schon diese Zuordnung der drei Geschwister wirkt merkwürdig. Wir stoßen hier auf eine Schwierigkeit der Interpretation, die für die Kapitel 11-12 und 18-20 kennzeichnend ist. Zuvor schon konnte man Anknüpfungen an synoptische Evangelien ausmachen. Besonders im sechsten Kapitel ließ sich die johanneische Neuinterpretation des Speisungswunders und des Gangs auf dem Wasser im Vergleich mit den synoptischen Vorgaben recht gut herausarbeiten (s. Kap. 5.4.2). Vom Anfang der Lazarusepisode an stoßen wir nun auf Texte, die sich wahrscheinlich nur so erklären lassen, dass der Evangelist der synoptischen Tradition – insbesondere den Evangelien des Markus und Lukas – Motive entnimmt, um damit unter Abstraktion von ihrem ursprünglichen Sinn völlig neue Zusammenhänge zu komponieren.

Die Namen „Lazarus" und der beiden Schwestern Marta und Maria finden sich im Neuen Testament sonst nur im Sondergut des Evangelisten Lukas. Auf die Lk 16,19–31 erzählte Geschichte vom „armen Lazarus" könnte Johannes zurückgegriffen haben, weil am Ende dieser Erzählung Aspekte zur Sprache kommen, die auch auf die Ablehnung Jesu durch die Juden zutreffen: Nach seinem Tod ruht Lazarus im Schoß Abrahams. Der reiche Mann hingegen, der zu Lebzeiten keinerlei Erbarmen mit Lazarus gezeigt hatte, erleidet furchtbare Qualen in der Unterwelt. Er fleht den Vater Abraham an, Lazarus zur Linderung seiner Not zu ihm zu senden. Da dies nicht möglich ist, bittet er, ihn doch wenigstens zu seinen auf Erden verbliebenen Brüdern zu schicken, um sie vor dem Ort der Feuerqualen zu warnen. Als Abraham sagt, sie hätten doch Mose und die Propheten, auf die sie hören sollten, erwidert er, nur wenn einer von den Toten zu ihnen käme, würden sie sich bekehren. Die abschließende Antwort Abrahams: „Wenn sie auf Mose und die Propheten nicht hören, werden sie sich auch nicht überzeugen lassen, wenn einer von den Toten aufersteht" (Lk 16,31).

Dies passt zu dem Aufbau des Vierten Evangeliums, in dem das erzählte Drama mit dem elften Kapitel eine entscheidende Wende markiert. In den Streitgesprächen des fünften, siebten und neunten Kapitels betonen die Juden Jesus gegenüber ihre Treue zum Gesetz des Mose, und Jesus mahnt sie, sich auch daran zu halten[126]. Nach der Auferweckung des Lazarus berufen sich die Gegner Jesu nicht mehr auf Mose. Der Beschluss über den Tod Jesu wird vom Hohen Rat vielmehr deswegen gefasst, weil sie befürchten, dass aufgrund dieses Wunders alle an ihn glauben werden (11,47f.53).

Lazarus ist bei seiner Erweckung ein rein passives Objekt des Handelns Jesu. Aber auch an den Stellen danach, wo er namentlich erwähnt wird, erfahren wir keine Äußerung von ihm (vgl. bes. 12,1–8). Er bleibt bloßer Statist, im Unterschied zu seinen Schwestern, auf deren Verhalten die theologische Botschaft des Evangelisten konzentriert ist.

Als Vorlage für die johanneischen Ausführungen über dieses Schwesternpaar kommt zunächst eine kurze Szene bei Lukas infrage (10,38–42). Auf dem Weg nach Jerusalem kehrt Jesus in einem Dorf ein. Eine Frau namens Marta nimmt ihn freundlich auf und verwendet danach auch ihre ganze Kraft darauf, für das Wohl des Gastes zu sorgen. Ihre Schwester Maria hingegen setzt sich Jesus zu Füßen und hört seinen Worten zu. Marta fragt den Gast, ob er sich keine Gedanken darüber mache, dass die Schwester ihr die ganze Hausarbeit überlässt. Er möge ihr doch sagen, ihr dabei zu helfen. Jesus aber macht ihr das emsige Mühen zum Vorwurf. Maria habe sich für das einzig Notwendige entschieden.

Gerade die merkwürdig erscheinende Wertung, die Jesus hier zum Ausdruck bringt, könnte einen Schriftsteller wie Johannes angeregt haben, den Gegensatz zwischen den Verhaltensweisen der beiden Schwestern aufzugreifen, aber völlig anders darzustellen. Hinzu kommen Details in der Umgestaltung des Berichts über die Salbung Jesu (s. Kap. 7.3), die einen Bezug auf die Erzählung bei Lukas nahelegen[127].

6.2. Der Weg zum Verstorbenen als Zentrum der theologischen Aussage

Bei der Speisung der 5000 (6,1–15) und der Heilung eines Gelähmten (5,1–18) bildete der Bericht über das „Zeichen" selbst nur die Basis für die darauf folgenden Streitgespräche, in denen die zentralen theologischen Aussagen gemacht wurden. In der Lazarusperikope widmet der Evangelist der Erweckung des toten Freundes nur drei Sätze (11,43f). Die Bedeutung dieses größten von Jesus gewirkten Zeichens erschließt sich nur aus den vorangegangenen Gesprächen.

Der Bericht beginnt mit dem Hinweis darauf, dass ein Mann namens Lazarus aus Betanien, „dem Dorf der Maria und ihrer Schwester Marta", krank war. Diese Schwestern des Lazarus senden Jesus die Nachricht: „Herr, sieh: Der, den du lieb hast, ist krank" (11,1.3). Auf diese Botschaft hin sagt Jesus: „Diese Krankheit ist nicht auf den Tod hin, sondern dient der Herrlichkeit Gottes, damit sie [durch diese Krankheit] am Sohn Gottes zum Leuchten komme"[128] (11,4). An dieser Stelle ist das Ziel voll entfaltet, das in der Erklärung des Sinns der Blindheit lautete: „damit die Werke Gottes [an dem Blindgeborenen] offenbar werden" (9,3).

Ich übergehe die nächsten Verse, in denen es im Gespräch Jesu mit den Jüngern um den Tod des Lazarus geht, und konzentriere mich auf das für das Verständnis der johanneischen Soteriologie wichtige Gespräch zwischen Marta und Jesus. Marta geht Jesus bei seiner Ankunft entgegen und sagt: „Herr, wärst du hier gewesen, dann wäre mein Bruder nicht gestorben. Aber auch jetzt weiß ich: Alles, worum du Gott bittest, wird Gott dir

6.2 Der Weg zum Verstorbenen als Zentrum der theologischen Aussage 75

geben" (11,20a.21f). Sie bringt bereits – bevor Jesus ein Zeichen für seine Macht über den Tod gewirkt hat – den Glauben an die alles umfassende Macht zum Ausdruck, die Gott ihm nicht verweigern wird.

Die Fortsetzung des Gesprächs zwischen Jesus und Marta ist aufschlussreich für das johanneische Verständnis von endgültiger Rettung. Auf das Wort Jesu hin: „Dein Bruder wird auferstehen" (11,23) sagt sie: „Ich weiß, dass er auferstehen wird bei der Auferstehung am Letzten Tag" (11,24). Jesus erwidert: „Ich bin die Auferstehung und das Leben. Wer an mich glaubt, wird leben, auch wenn er stirbt, und jeder, der lebt und an mich glaubt, wird auf ewig nicht sterben. Glaubst du das?" (11,25f). Marta bekennt: „Ja, Herr, ich glaube, dass du der Messias bist, der Sohn Gottes, der in die Welt kommt" (11,27).

Jesus passt seine Zusage der Erweckung zum Leben zunächst dem Erkenntnishorizont der gläubigen Juden seiner Zeit an. Martas Erwiderung bestätigt die in Israel erstmalig aus apokalyptischem Denken gewonnene Hoffnung auf ein Leben der Gerechten nach dem Tod[129]. Jesu präzisiert diese Hoffnung auf Auferstehung. Wer ihm begegnet und an ihn glaubt, ist bereits vom Bangen um sein Leben in das unzerstörbare Leben übergegangen, das er von der Einheit mit dem Vater her vermittelt. Er ist bereits auferstanden, herausgerissen aus einer Existenz, die sich nur als auf den Tod hin geworfen verstehen kann. Marta vermag dies noch nicht in seinem letzten Sinn zu erfassen. Sie bejaht die Frage nach ihrem Glauben aber voll und ganz in dem Sinne, von dem auch die synoptische und vorsynoptische Tradition in den Paulusbriefen geprägt ist. Dieser Dialog – im Zusammenhang mit dem Verhalten von Martas Schwester Maria – wirft ein Licht auf die Art und Weise, wie der Evangelist seine Erhöhungstheologie im Rahmen der tradierten Lehre von der Auferstehung vertritt.

Maria geht nicht wie ihre Schwester Jesus entgegen, sondern bleibt im Haus sitzen (11,20), bis Marta ihr sagt, dass der Meister sie rufen lasse. Bei ihrem sofortigen Aufbruch meinen die anwesenden Juden, sie ginge zum Grab, um zu weinen. Im Unterschied zu Marta „fällt sie Jesus zu Füßen" (11,32). Ihr erstes Wort an ihn ist (fast[130]) völlig mit dem ihrer Schwester identisch. Aber der zweite Satz Martas fehlt. Maria kommt über ihren Glauben an die Heilkraft Jesu nicht hinaus.

Die folgenden Verse (11,33–38a) sind beherrscht von dem Zorn Jesu über den Mangel an Glauben, der sich in den Tränen Marias und der Juden zeigt, die gekommen waren, um sie zu trösten. Selbst seine eigenen, diesem Zorn entspringenden Tränen werden von ihnen als Äußerung der Trauer um seinen geliebten Freund gedeutet. Schwer verständlich ist sein Vorwurf an Marta, als diese ihn auf den Leichengeruch hinweist, der von

6. Vom menschlichen Machtglanz zum Aufleuchten der Herrlichkeit Gottes

dem schon vier Tage im Grabe liegenden Bruder ausgeht: „Habe ich dir nicht gesagt: Wenn du glaubst, wirst du die Herrlichkeit Gottes sehen?" (V. 40) Von dieser Herrlichkeit hatte er zu Marta doch noch gar nicht gesprochen.

Die Beschreibung der Auferweckung selbst beschränkt sich auf den lauten Ruf Jesu: „Lazarus, komm heraus!", auf das Herauskommen des Verstorbenen (obwohl seine Füße und Hände noch fest umbunden waren), und die Anweisung Jesu an die Umstehenden: „Befreit ihn [von den Binden] und lasst ihn weggehen!" (11,43f). Wenn der Evangelist diese knappen Notizen ohne abschließenden Kommentar stehen lässt, soll dies wohl zum Ausdruck bringen, wie mühelos Jesus vom Tode befreien kann. Möglicherweise waren ihm diese Details aber auch wichtig, um die Auferweckung des Lazarus mit den Berichten über die Entstehung des Glaubens an die Auferstehung Jesu zu verbinden (s. Kap. 11.3).

7. Die Passionsgeschichte Jesu bei Johannes und den Synoptikern

Ein Vergleich des johanneischen Verständnisses von Passion und Auferstehung Jesu mit dem der Synoptiker begegnet besonderen Schwierigkeiten. Johannes folgt zwar in den Kapiteln 18 bis 20 weitgehend dem Aufbau und der Reihenfolge der einzelnen Abschnitte bei den Synoptikern. Was die theologische Intention angeht, finden sich aber entscheidende, von der Theologie der Synoptiker abweichende Aussagen. Auch in den „Abschiedsreden" (Kap. 13–17) ging es um den Sinn von Passion und Auferstehung. Diese Ausführungen sind jedoch in einer vertieften Reflexion und in einer oft esoterisch anmutenden Sprache gehalten, die von den Darstellungen vor und nach diesen Reden erheblich abweicht. Der Versuch, die johanneische Theologie hinsichtlich der in Kap. 18–20 entfalteten Thematik von den in der synoptischen Tradition zu findenden Vorgaben abzuheben, ist kaum ohne ein mehrmaliges Aufgreifen derselben zentralen Details möglich.

7.1. Der Tötungsbeschluss des Hohen Rates

Wie schon an früheren Stellen[131] wird auch nach der Auferweckung des Lazarus zunächst von einer Spaltung unter den Juden berichtet. Von denen, die das Wunder miterlebt hatten, kamen viele zum Glauben an Jesus. Einige aber meldeten das Geschehene den Pharisäern (11,45f). Diese fungieren auch hier (wie schon 9,13) als die oberste Instanz für die Anzeige von Straftaten, sind aber nur als Mitglieder des Hohen Rates an den darüber zu fällenden Urteilen beteiligt: „Da beriefen die Hohepriester und die Pharisäer eine Versammlung des Hohen Rates ein" (11,47a). Dort wird die Sorge laut, dass, wenn man nichts dagegen unternimmt, wegen der vielen von Jesus gewirkten Zeichen alle an ihn zum Glauben kommen werden. Dies würde dann zur Folge haben, dass die Römer ihnen (!) „die heilige Stätte und das Volk" wegnehmen (11,47a–48). Die Sorge erscheint, politisch gesehen, zunächst berechtigt zu sein. Sie ist letztlich aber nichts als ein markantes Beispiel für die Verlogenheit dieser Oberschicht, die im Grunde nur um ihr Ansehen beim Volk und damit schließlich ihre wenn auch durch die Römer beschränkte theokratische Herrschaftsposition bangt. Jesus hatte doch überhaupt noch nichts unternommen, was die Römer beunruhigen konnte. Mit barscher Kritik an der Beschränktheit seiner Amtskollegen hält Kajaphas, der in diesem Jahr amtierende Hohepriester, ihnen entgegen: „Ihr versteht überhaupt nichts und kommt nicht einmal auf den Gedanken, dass es euch (!) mehr nützt, wenn *ein* Mensch für (ὑπὲρ) das Volk stirbt, als wenn das ganze Volk verloren geht" (11,49b.50).

Bevor Johannes den darauf folgenden Todesbeschluss des höchsten Gerichts erwähnt (11,53), schiebt er eine wichtige Bemerkung ein, in der er von der Mehrdeutigkeit der Präposition ὑπὲρ (m. Gen.) Gebrauch macht. Kajaphas hatte sie sicher im Sinne von „anstelle von" verstanden. Der Vierte Evangelist verwendet sie in der Bedeutung „zugunsten von": „Das sagte er nicht aus sich selbst; sondern weil er der Hohepriester jenes Jahres war, sagte er aus prophetischer Eingebung, dass Jesus für das Volk sterben werde, und nicht für das Volk allein, sondern auch, um die versprengten Kinder Gottes wieder zusammenzubringen" (11,51–52)[132]. Die Unterscheidung der beiden Bedeutungen „anstelle von" und „zugunsten von" ist im Hinblick auf den Gebrauch der Präposition „für" im Neuen Testament von Gewicht. Oft wird Jesu Tod für die Sünder zugleich als ein Akt der Stellvertretung, als Sühneleistung verstanden, durch die Gott für die ihm zugetane Schmach mit den Sündern wieder versöhnt wird. Gegen diese Interpretation spricht hier der Nachsatz, in dem das „für" auf das wieder Zusammenbringen der versprengten Kinder Gottes ausgeweitet wird.

Auf die autoritär-ironische Bemerkung des amtierenden Hohepriesters Kajaphas kommt der Hohe Rat wohl zu einem definitiven Todesbeschluss über Jesus: „Von diesem Tag an war es für sie beschlossen, dass sie ihn töteten" (11,53)[133]. Der Sinn dieses Satzes ist schwer zu bestimmen. Mit ἐβουλεύσαντο dürfte ein offizieller Ratsbeschluss gemeint sein. Mangels einer Gelegenheit, ihn auszuführen, bleibt dieser vorläufig aber noch in der Schwebe. Wohl aus diesem Grunde werden gewöhnlich andere Übersetzungen gewählt[134]. Ergeben sich vom Kontext her Verstehenshilfen?

Für die Interpretation ἐβουλεύσαντο als Beschluss spricht zunächst eine kurze Bemerkung vor dem Einzug Jesu in Jerusalem. Viele der Pilger zum Paschafest waren gekommen, nicht nur, um Jesus zu sehen[135], sondern auch den von den Toten erweckten Lazarus (12,9). „Die Hohepriester aber beschlossen (ἐβουλεύσαντο), auch Lazarus zu töten, weil viele Juden seinetwegen hingingen und an Jesus glaubten" (12,10f)[136].

Wichtiger für unsere Frage sind zwei weit auseinanderliegende Stellen. Schon im siebten Kapitel wird darüber berichtet, dass die Hohepriester und Pharisäer Gerichtsdiener ausgesandt hatten, um Jesus festzunehmen.

Die Abgesandten kamen ohne Jesus zurück. Seine Worte (!) hatten sie von der Wahrheit seiner Botschaft überzeugt (7,32.45f). Wollte man einen Todesbeschluss ohne Verhör fassen? Dafür spricht der Einwand des Nikodemus: „Verurteilt etwa unser Gesetz einen Menschen, bevor man ihn verhört und festgestellt hat, was er tut?" (7,51). Von dem Ausgang der Verhandlung wird aber nichts berichtet. Die Frage, ob der Hohe Rat damals ein ernsthaftes Verhör Jesu im Sinne des jüdischen Gesetzes[137] erwog, bleibt damit offen.

7.2. Die Karikatur eines gesetzmäßigen Prozesses

Blickt man auf den Text, der zwischen der Gefangennahme Jesu und seiner Übergabe an Pilatus liegt (Joh 18,12–28), so wird man die Frage noch genauer stellen müssen: Hat es, dem Vierten Evangelisten zufolge, überhaupt je einen dem jüdischen Gesetz entsprechenden Prozess vor dem Hohen Rat gegeben?

Johannes folgt im Hinblick auf diese Frage zwar weitgehend dem Aufbau bei Markus (14,53–15,1). Der Textvergleich ergibt jedoch nur wenige Übereinstimmungen. Bei Markus wird Jesus nach seiner Gefangennahme zum (namentlich nicht benannten) Hohepriester geführt. Nach der Übergabe an den Hohepriester versammeln sich alle Mitglieder des Hohen Rats, alle Hohepriester, die Ältesten und die Schriftgelehrten. Die Hohepriester und der ganze Hohe Rat suchen Zeugen gegen Jesus, bevor dann der Hohepriester feierlich das Verhör eröffnet (Mk 14,53.55.60).

Bei Johannes wird nach der (Parodie einer) Gefangennahme (s. Kap. 9.1) Jesus zuerst zu Hannas, dem Schwiegervater des Kajaphas, gebracht, der in diesem Jahr Hohepriester war (18,12f). Dann folgt eine für die Beurteilung des Todesbeschlusses wichtige Erläuterung: „Kajaphas aber war es, der den Juden (!) *geraten* hatte (συμβουλεύσας): Es ist besser (συμφέρει), dass *ein* Mensch statt des [ganzen] Volkes stirbt" (18,14). Dieser Hinweis bezieht sich zweifellos auf Joh 11,53. Dort ging es aber nicht um einen Rat an die Juden, sondern um eine kritisch-spöttische Bemerkung des Kajaphas an die Adresse seiner Kollegen (!) im Hohen Rat: Ihnen sei nicht einmal der Gedanke gekommen, wie nützlich (συμφέρει) *für sie* der Tod Jesu sei. Kajaphas hatte in diesem Zusammenhang an das Eigeninteresse der Führungsschicht appelliert. Selbst die Sorge, von der die Ratsherren im Hinblick auf die Jesus folgenden Volksmassen geplagt waren, bezog sich ja darauf, dass *ihnen* deswegen von den Römern der Tempel und das Volk genommen würden (11,48).

Hat der Evangelist die Worte des Kajaphas absichtlich umgeformt? Das ist angesichts der vielen bewusst mehrdeutigen Formulierungen bei Johannes zumindest ernsthaft zu erwägen. Hinter dem „Rat", den der amtierende Hohepriester den Juden gegeben hatte, könnte ein gezieltes Schüren der Angst des Volkes stehen. Er brauchte „den Juden" nur zu suggerieren, wie gefährlich dieser die Menschen begeisternde Mann im Hinblick auf das Verhalten der Römer war. Mit Argwohn betrachteten diese ja jede Volksbewegung, die zu einer Rebellion gegen die Besatzungsmacht führen könnte. Unter dieser Voraussetzung wäre das Verhalten des Volkes gegenüber Pilatus (18,40; 19,12.15) besser zu erklären. Es ist bekannt, wie leicht ein begabter Redner eine Ansammlung von Menschen zu Taten aufhetzen kann, die man ihnen kaum zugetraut hätte. Für die hier skizzierte Vermutung spricht der weitere Verlauf des „Prozesses" bei Johannes.

Im krassen Gegensatz zu den Synoptikern findet in der johanneischen Darstellung des „Prozesses" Jesu eine Versammlung des Hohen Rats und ein dort erfolgendes Verhör Jesu mit anschließender Beschlussfassung überhaupt nicht statt. Unvermittelt nach der Überführung Jesu an Hannas heißt es lediglich, dass „der" Hohepriester Jesus über seine Jünger und seine Lehre befragte (18,19)[138]. Selbst dem Wort „befragen" (ἐρωτᾶν) ist seine streng juridische Bedeutung durch die mit dem gleichen Verb ausgedrückte Antwort Jesu genommen: Er habe doch frei und offen vor aller Welt geredet und in den Versammlungsstätten der Juden gelehrt. Warum frage der Hohepriester ihn und nicht seine Zuhörer (18,20f)? Ohne dass eine weitere Äußerung Hannas' erwähnt würde, schickt dieser Jesus gefesselt zum Hohepriester Kajaphas (18,24). Für diesen scheint die Verurteilung Jesu längst beschlossene Sache gewesen zu sein – was der oben erwogenen „Beschlussfassung" des Hohen Rates allein auf seine kritische Äußerung hin (11,50.53) entspräche. Jedenfalls folgt darauf nur[139] die Feststellung: „Von Kajaphas brachten sie Jesus zum Prätorium" (18,28). Das heißt, Jesus wurde sogleich der römischen Gerichtsbarkeit übergeben.

7.3. Die Salbung Jesu in Betanien

7.3.1. Die johanneische Redaktion der Markusvorlage

Markus berichtet von einer Salbung Jesu in Betanien am Beginn seiner Darstellung der Passion Jesu, unmittelbar vor der Feier des letzten Mahls Jesu mit seinen Jüngern (14,3–9)[140]. Den Einzug Jesu in Jerusalem

7.3 Die Salbung Jesu in Betanien

(Mk 11,1–10) mit der darauf folgenden Reinigung des Tempel(vorhof)s hatte er lange zuvor geschildert. Zwischen dem feierlichen Einzug und der Salbungsgeschichte steht bei ihm eine Vielzahl von Episoden: Streitgespräche mit führenden Gruppen der Juden, Gleichnisse und insbesondere die lange apokalyptische Rede über das Erscheinen des Menschensohns zum endzeitlichen Gericht und die diesem vorausgehenden Drangsale.

Dem Salbungsbericht hatte Markus eine kurze Notiz über die Bestrebungen der Hohepriester und Schriftgelehrten vorausgeschickt, Jesus mit List in ihre Gewalt zu bringen und zu töten, ohne einen Aufruhr des Volkes während des Paschafests befürchten zu müssen (14,1f).

Johannes situiert die Salbungsgeschichte lange vor dem Bericht über die Passion Jesu im Sinne der Synoptiker. Ein Grund dafür könnte gewesen sein, dass auch bei ihm diese Episode unmittelbar nach dem Bericht über einen Tötungsbeschluss der Mitglieder des Hohen Rates und im Blick auf das unmittelbar bevorstehende Paschafest folgt (11,47–50.55.57)[141]. Besonders merkwürdig erscheint, dass Johannes von dem Einzug in Jerusalem erst nach der Salbung Jesu berichtet. Diesen Einzug selbst gestaltet der Vierte Evangelist aber, zum einen, völlig anders als die Synoptiker. Zum anderen lässt er alle weiteren bei Markus zwischen dem Einzug und den Tötungsplänen stehenden Berichte aus. Die Tempelreinigung hatte Johannes schon in seiner „Vorschau auf das Drama" in einer viel drastischeren Darstellung als bei den Synoptikern berichtet[142]. Gleichnisse und Diskussionen um bestimmte Einzelfragen der Schriftauslegung hinsichtlich des gebotenen Verhaltens, wie sie bei den Synoptikern geschildert sind, finden sich auch sonst nicht im Vierten Evangelium. Eine Aufnahme des Ausblicks auf ein endzeitliches Gericht und der damit verbundenen Katastrophen kam für diesen Evangelisten nicht infrage. Erst in der letzten öffentlichen Rede Jesu lässt sich wieder ein wenigstens impliziter Bezug auf eine wichtige Szene bei den Synoptikern erkennen[143]. Nach den darauf folgenden „Abschiedsreden" Jesu (Kap. 13–17) orientiert sich Johannes für den Zeitraum von der Gefangennahme Jesu bis zu den Erscheinungen des Auferstandenen dann stärker als sonst am Aufbau der synoptischen Evangelien.

Beim Vergleich der johanneischen (12,1–8) mit der markinischen (14,3–9) Darstellung der Salbung Jesu fallen insbesondere die folgenden Details auf. Auch bei Markus (und Matthäus) findet diese Episode wenige Tage vor dem Paschafest in dem nahe bei Jerusalem gelegenen Dorf Betanien statt. Die zeitliche Situierung ist aber eine völlig andere. Markus erwähnt Betanien erstmals bei der Vorbereitung zum Einzug in Jerusalem. Es ist der Ort, wo er danach mit den Zwölfen übernachtete (Mk 11,1.11).

Bei Johannes ist Betanien ebenfalls der letzte Ort vor dem Einzug in Jerusalem. Hier hat dieser Ort aber eine besondere Bedeutung, weil dort Maria und Marta (und wohl auch Lazarus) wohnten (Joh 11,1) und Jesus sein größtes Wunder wirkte. Die drei Geschwister sind dann auch die Gastgeber des Mahls, bei dem Maria Jesus salbte.

Der Text bei Markus beginnt: „Als [Jesus] in Betanien im Haus Simons des Aussätzigen war, kam, als er zu Tische lag, eine Frau mit einem Alabastergefäß voll echtem, kostbarem Nardenöl, zerbrach das Gefäß und goss es über seinem Haupte aus" (14,3). Ob Simon – nur er wird namentlich genannt – der Gastgeber war und die Frau von draußen kam, nicht selbst am Mahl teilnahm, bleibt offen. Markus fährt fort: „Einige aber wurden unwillig und sagten zueinander: Wozu diese Vergeudung des Salböls?" (14,4). Man hätte es doch für viel Geld verkaufen und das Geld den Armen geben können. „Und sie fuhren (die Frau) hart an" (14,5b). Ich übergehe zunächst die Wiedergabe des Handelns der Frau und wende mich den Vorwürfen über das verschwendete Geld zu.

Bei Markus bleibt offen, wer mit „einige" gemeint ist[144]. Johannes schreibt die Kritik Judas, einem der Jünger Jesu zu, sagt aber nicht, dass dieser ungehalten gewesen wäre oder seinen Ärger geäußert hätte. Als Dieb und Kassenwart der Gemeinschaft (vgl. Joh 13,29) habe er nicht an die Armen gedacht, sondern nur an das ihm durch die Salbung entgehende Geld (12,4–6).

7.3.2. Judas Iskariot im Vierten Evangelium

An dieser Stelle legt es sich nahe, einen Blick auf die Darstellung des Judas aus Iskariot bei den Synoptikern und bei Johannes zu werfen. Wo Markus zufolge Judas den Hohepriestern verspricht, Jesus an sie auszuliefern, verlangt er selbst keinen Lohn dafür (14,10f; vgl. Lk 22,3f). Dies fügt erst Matthäus hinzu (26,14f). Als einziger berichtet Matthäus von dem Suizid des Judas. Schon als er erfuhr, dass Jesus zum Tode verurteilt war, reute ihn seine Tat. Er ging zu den Mitgliedern des Hohen Rats und bekannte sein Unrecht, unschuldiges Blut verraten zu haben. Als diese keine Notiz davon nahmen, warf er das erhaltene Geld in den Tempel und erhängte sich (Mt 27,3–5). Geradezu sadistisch beschreibt Petrus das Lebensende des Judas vor der Ersatzwahl für den nun fehlenden zwölften Apostel (Apg 1,18f).

Der johanneische Jesus spricht immer wieder über Judas, hart und erbarmungslos. Schon an der ersten Stelle tritt ein grundlegendes Problem zutage. Im Anschluss an die Rede Jesu nach der Speisung der 5000 kommt

7.3 Die Salbung Jesu in Betanien

es nicht nur zu einem Streit der Juden untereinander, sondern auch zu einer Spaltung unter den Jüngern Jesu. Viele von ihnen zogen sich von ihm zurück (Joh 6,60.66). „Da fragte Jesus die Zwölf: Wollt nicht auch ihr weggehen?" (6,67). Petrus legt daraufhin ein feierliches Bekenntnis zu Jesus als „dem Heiligen Gottes" ab (6,68f). Jesus erwidert: „Habe ich nicht euch, die Zwölf, erwählt?[145] Und (doch) ist einer von euch ein Teufel. Er sprach aber von Judas, dem Sohn des Simon Iskariot; denn dieser sollte ihn verraten: einer der Zwölf" (6,70f)[146].

Jesus wusste von Anfang an, dass Judas ihn verraten würde (6,64). Warum hat er ihn dann in seinen engsten Jüngerkreis aufgenommen und ihm damit Gelegenheit zu seiner furchtbaren Tat gegeben? Diese Frage verschärft sich noch durch Jesu Vorauswissen, welche aus der großen Schar der ihm bislang Nachfolgenden nicht glaubten und sich daher von ihm trennen würden. Deshalb habe er gesagt: „Niemand kann zu mir kommen, wenn es ihm nicht vom Vater gegeben ist" (6,65). Der Vater selbst wäre damit verantwortlich dafür, dass Judas zu Jesus kam. Dies kommt noch klarer in den Abschiedsreden Jesu zum Ausdruck.

In dem „hohepriesterlichen Gebet" (Kap. 17) bittet Jesus den Vater für die ihm von diesem selbst gegebenen Jünger: „Heiliger Vater, bewahre sie in deinem Namen, den du mir gegeben hast, damit sie eins sind wie wir. Solange ich bei ihnen war, habe ich sie bewahrt in deinem Namen, den du mir gegeben hast, und sie behütet, und keiner von ihnen stürzte ins Verderben (ἀπώλετο) außer dem Sohn des Verderbens (ἀπωλείας), damit sich die Schrift erfülle" (17,11f). Während des gemeinsamen Mahls vor dem Paschafest kommt Jesus mehrmals auf Judas zu sprechen und sagt ihm schließlich selbst, dass er der Verräter sei (17,26). Zuvor hatte er das Schriftwort zitiert, das durch seine Tat in Erfüllung gehen müsse: „Der mein Brot isst, hat seine Ferse gegen mich erhoben" (13,18b[147]).

Die Frage, welches Schriftwort in Erfüllung gehen muss, ist im Grunde belanglos. Was zählt ist, dass der Sturz des Judas ins Verderben als die Erfüllung des Willens Gottes betrachtet wird. Judas war von Anfang an für das Verderben prädestiniert. Das ist schlimmer als der von den Synoptikern überlieferte Weheruf Jesu beim letzten Mahl: „Der Menschensohn geht hin, wie die Schrift über ihn sagt. Doch weh dem Menschen, durch den der Menschensohn ausgeliefert wird. Für ihn wäre es besser, wenn er nie geboren wäre"[148]. Dem Vierten Evangelisten zufolge musste, der Vorherbestimmung des Vaters entsprechend, Judas geboren werden, um Jesus zu verraten.

Hat Jesus die ihm vom Vater Gegebenen wirklich alle „bewahrt" und „behütet"? Warum hat er dann zugelassen, dass ausgerechnet der zum

Diebstahl neigende Judas zum Kassenwart bestimmt wurde[149]? Warum wird Judas Iskariot in den schwärzesten Farben gezeichnet, die ein Mensch ersinnen kann? Darauf gibt es vermutlich nur eine Antwort: Johannes brauchte diese dunkle Folie, um die anderen von Jesus erwählten Jünger als vollkommen (ge)rein(igt) zu hinterlassen[150] und damit die Voraussetzungen für eine ganz vom Geist Gottes geleitete Kirche zu schaffen. Nach den Abschiedsreden darf kein Zweifel an der Reinheit der Jünger mehr aufkommen. Mit dem Fortfall der notvollen Stunden in Getsemani entfällt auch die Gelegenheit für die Jünger, ihren Mangel an Solidarität mit ihm zu beweisen[151]. Markus zufolge verließen Jesus bei der Gefangennahme alle seine Jünger und flohen[152]. Der johanneische Jesus sorgt durch eine Demonstration seiner göttlichen Macht dafür, dass den Jüngern die Versuchung zur Flucht erspart bleibt (Joh 18,8). Seltsam, dass Johannes dann ausdrücklich an das oben zitierte Wort Jesu an den Vater erinnert, das hier zur Erfüllung komme: „Ich habe keinen von denen, die du mir gegeben hast, ins Verderben gehen lassen (ἀπώλεσα)"[153] (18,9). Zu ihrem Freibleiben von Schuld haben aber nicht sie durch ihre Treue zu Jesus beigetragen, sondern Jesus selbst hat dies gleichsam über ihren Kopf hinweg verfügt.

7.3.3. Der Sinn der Salbung

Die „Salbung in Betanien" gehört, auch quellenkritisch betrachtet, zu den komplexesten Texten des Vierten Evangeliums. Ich gehe zunächst nur auf die Antwort ein, die Jesus Judas erteilt. Johannes folgt hier fast ausschließlich und teilweise wörtlich der Vorlage bei Markus, lässt aber einige Stücke weg oder stellt sie um. Vor allem den Hinweis auf die ständige Gegenwart der Armen bringt er (stark verkürzt) erst am Ende der Rede Jesu. Umso mehr fällt die völlig andere Formulierung des Sinns der Salbung auf, die am Anfang der Antwort steht. Eine wörtliche Übersetzung ist zwar möglich: „Lass sie, damit sie es für den Tag meines Begräbnisses aufbewahrt"[154]. Doch meinte Jesus etwa, sie möge wenigstens das restliche Öl für sein Begräbnis aufheben?

7.3.3.1. „für den Tag meines Begräbnisses"

Zwei Worte, die Johannes dem Text bei Markus hinzufügt, geben zu denken. Zum einen: Der Evangelist verwendet das Verb τηρεῖν („bewahren") nach dieser Stelle nur noch in streng soteriologischer Bedeutung in den

7.3 Die Salbung Jesu in Betanien

Abschiedsreden Jesu: Jesus hat die ihm vom Vater Gegebenen „bewahrt"; nach seinem Hingang möge der Vater selbst sie in seinem eigenen Namen, den er dem Sohn gegeben hat, bewahren; sie vor dem Bösen bewahren[155]. Zum anderen: Warum lässt es Johannes nicht einfach bei der Vorwegnahme der Salbung beim Begräbnis Jesu bewenden, sondern präzisiert *„für den Tag* meines Begräbnisses"? Zur Beantwortung dieser zweiten Frage sind zunächst die Vorgänge nach dem Tode Jesu zu beachten.

Alle Evangelisten berichten, dass Jesus an einem Freitag starb. Johannes zufolge sind zwei Männer an der Bestattung Jesu beteiligt, die noch am gleichen Tag stattfand. Bei den drei Synoptikern ist es nur einer, Josef aus Arimathäa. Er wird von ihnen als „angesehener Ratsherr" (Mk 15,43), als ein „reicher Mann" (Mt 27,57) oder einfach als „Ratsherr" (Lk 23,50) bezeichnet, von allen aber als gut, gerecht und sogar als „Jünger Jesu" (Mt 27,57). Nachdem ihm auf seine Bitte hin Pilatus den Leichnam Jesu überließ, umwickelte er ihn mit Leinwand, legte ihn in eine aus Fels gehauene Grabstätte und wälzte einen Stein davor.

Johannes stellt diesen Mann (ohne Nennung eines Titels) als einen – aus Furcht vor den Juden nur heimlichen – Jünger Jesu dar (19,38) und fügt dann hinzu: „Auch Nikodemus kam, der früher einmal Jesus bei Nacht aufgesucht hatte. Er brachte eine Mischung aus Myrrhe und Aloe, etwa hundert Pfund" (19,39). Sie umschnürten den Leichnam Jesu fest[156] mit Leinenbinden[157], zusammen mit den wohlriechenden Salben.

Bei den Synoptikern ist nur von Josef aus Arimathäa die Rede, der den Leichnam Jesu mit Leinwand umwickelte; nichts über eine damit zusammen vorgenommene Salbung. Von den Frauen (die mit Jesus von Galiläa gekommen waren: Lk 23,55) schauten Maria von Magdala und eine andere Maria (vgl. Mk 15,47; Mt 27,61), wo Jesus hingelegt worden war. Lukas zufolge bereiteten sie noch am selben Tag Kräuteröle und Salben, mit denen sie so früh wie möglich nach dem Sabbat zum Grab gingen (vgl. 23,56; 24,1). Dem Markustext nach kauften die Frauen solche Öle für die Salbung nach dem Sabbat, bevor sie sich in der Frühe zum Grab aufmachten (vgl. 16,1f). Matthäus berichtet von keiner Salbungsabsicht der Frauen.

Bei Johannes ist von Frauen, die Kenntnis der Grabstätte bekommen hätten, keine Rede, ebenso wenig von einer Salbung, die sie mit ihren Mitteln vornehmen wollten. Erwähnt wird nur – ohne Angabe eines Motivs –, dass Maria von Magdala frühmorgens nach dem Sabbat zum Grab ging (20,1). Wo wäre dann Platz dafür geblieben, dass Maria von Betanien mit dem Rest des aufbewahrten Öls die Salbung des Leichnams Jesu hätte vornehmen können? Etwa zusammen mit den beiden angesehenen Männern aus der Oberschicht des Volkes?

Aber hatte sich Jesus überhaupt Gedanken über sein Begräbnis gemacht? Zunächst einmal fällt die unterschiedliche Menge des kostbaren Öls auf, das Maria und dann Nikodemus für Jesus aufwandten, Maria ein Pfund kostbaren Nardenöls, Nikodemus „etwa hundert Pfund[158]" einer Mischung aus Myrrhe und Aloe. Wie wollte man das alles an einem eng mit Binden umschnürten Leichnam unterbringen? Durch diese Zahlenangabe wollte Johannes aber wahrscheinlich an Worte erinnern, die Jesus über von Menschen erwiesene Ehrungen gesagt hatte. Josef von Arimatäa war wie Nikodemus nur ein „heimlicher" Jünger Jesu. Sie waren innerlich zutiefst von der Macht der Worte Jesu ergriffen und überzeugt davon, dass die von ihm verkündete Wahrheit den Umgang der Ratsherren und Pharisäer mit diesem Menschen Lügen strafte[159]. Und dennoch konnten sie sich nicht von dem Denken „dieser Welt" lösen. Ihr durch Ruhm und Ehrungen erworbenes Ansehen wollten sie nicht aufgeben zugunsten des ganz anderen Lebens, das mit Jesus ans Licht trat. Aber zumindest dem Toten wollten sie „die letzte Ehre erweisen" unter Aufwendung der beachtlichen Mittel, über die sie verfügten.

„Ehrungen von Menschen nehme ich nicht an", hatte Jesus betont (Joh 5,41). Damit ist der Sinn der Antwort, die Jesus dem Judas Iskariot auf seinen Einwand hin gibt, aber noch nicht entschlüsselt. Zu dieser Lösung wird man die Abschiedsreden Jesu in den Blick nehmen müssen, auf die ohnehin der Gebrauch des τηρεῖν für „bewahren" verweist. Zwei Themen werden hier in immer neuen Ansätzen entfaltet: Zum einen die Einheit von Kreuzigung und Aufleuchten der Herrlichkeit Gottes in Jesus, die mit dem Verb δοξάζειν zum Ausdruck gebracht wird, und zum anderen die Frage nach dem Zeitpunkt, in dem Jesus alle diese Worte spricht. Der Evangelist hat Mühe, diesen „weltlich" nicht bestimmbaren „Ort in der Zeit" zu beschreiben.

Im Blick auf das schon vollendete Werk spricht Jesus, an den Vater gerichtet: „Ich bin nicht mehr in der Welt" (17,11a). Auch zu den Jüngern kann Jesus sagen: „Jetzt ist die Herrlichkeit des Menschensohns zum Leuchten gebracht und Gottes Herrlichkeit in ihm aufgeleuchtet"[160]. Und zwar sagt Jesus dies, als er beim Mahl Judas sein verräterisches Vorhaben auf den Kopf zugesagt hatte und dieser darauf sofort in die Nacht hinausging (13,27.30). Diese Einheit von Hingang in den Tod und Hingang zum Vater muss Jesus den Jüngern aber erst noch klarmachen. „Nur noch kurze Zeit bin ich bei euch" (13,33; vgl. 16,16). „Das habe ich zu euch während meines Zusammenseins mit euch gesagt" (14,25). Gleich zu Anfang habe er es ihnen nicht gesagt, denn er war ja bei ihnen. Jetzt aber, da er zum Vater geht, kann und muss er mit ihnen darüber sprechen (vgl. 16,4b.5).

7.3.2 „Mich habt ihr nicht immer bei euch"

Zurück zum Vergleich mit dem bei Markus gebotenen Text. Der Satz: „Denn die Armen habt ihr immer bei euch, mich aber habt ihr nicht immer" findet sich gleichlautend bei Markus (14,7), Matthäus (26,11) und Johannes (12,8). Auf dem Hintergrund dessen, wie Jesus sonst bei den Evangelisten dargestellt wird, wirkt die Bemerkung über die Armen anstößig. Dies insbesondere bei Matthäus, der doch das künftige Gericht über die Menschen von ihrem Verhalten gegenüber den Hungernden, Dürstenden, Obdachlosen und denen, die nichts zum Anziehen haben, abhängig macht. In diesen allen war ihnen Jesus selbst begegnet. Insofern war Jesus genau solange bei ihnen wie die Armen[161]. Möglicherweise hatte Lukas, bei dem das Verhalten gegenüber den Ausgestoßenen und an den Rand der Gesellschaft Gedrängten einen Schwerpunkt seiner Theologie bildet, diese Salbungsepisode deswegen ausgelassen und an ihrer Stelle, wie fast allgemein angenommen, eine ganz andere Erzählung komponiert (7,36–50). Bei Markus ist das Wort Jesu zwar abgemildert. Zwischen den beiden Teilsätzen in V. 14,7 findet sich der Zusatz: „und wenn ihr wollt, könnt ihr ihnen Gutes tun". Lässt sich aber auf Jesus zurückführen, dass er die Sorge um die Armen dem Belieben der Menschen, insbesondere dem seiner Jünger überließ?

Entscheidend für die johanneische Komposition dürfte sein, dass er dieses Wort an das Ende der Salbungsgeschichte stellt. Dann nimmt der zweite Teil des Satzes: „Mich aber habt ihr nicht immer (bei euch)" zentrale Aussagen der Abschiedsreden vorweg. Den ersten Teil ließ Johannes wohl stehen, damit die Verbindung seiner Neugestaltung der Episode mit der synoptischen Tradition sichtbar blieb[162].

Auf diesem Hintergrund ließe sich dann auch verstehen, warum Jesus in seiner Antwort an Judas von einem *„Bewahren* für den *Tag* meines Begräbnisses" spricht und nicht von einer Vorwegnahme des Salbens seines Leibes für das Begräbnis[163]. Der Tag des Begräbnisses ist allgemein ein Tag großer Trauer für die, die dem Verstorbenen besonders nahestanden. Maria von Betanien ging nur noch aus dem Hause, um am Grab ihres Bruders zu weinen (Joh 11,31). Auch Maria von Magdala stand weinend vor dem Grab Jesu (20,11). Am Tag seines Begräbnisses hatte Jesus aber doch in ihrer Gegenwart als letztes Wort vor seinem Tod gesagt: „Es ist vollbracht" (19,30) und damit zusammengefasst, was der Evangelist immer wieder betont: Am Kreuz geschieht die Erhöhung Jesu. Hier kommt die Herrlichkeit Gottes voll zum Leuchten, als Gabe des Vaters an den Sohn, der diese Gabe nun endgültig als das offenbart hat, was sie von Anfang an war: das Werk der Liebe Gottes zur Welt (vgl. 3,14–16).

Die größte Schwierigkeit Jesu, die in den Abschiedsreden immer wieder Ausdruck findet, ist, seine Jünger auf das notwendige Umdenken am Tag seines Abschieds von der Welt und damit auf ihre Führungsrolle in der Kirche vorzubereiten. Die Jünger konnten das Wort Jesu nicht verstehen: „Noch eine kurze Zeit, dann seht ihr mich nicht mehr, und wieder eine kurze Zeit, dann werdet ihr mich sehen" (16,16). Jesus versucht, ihnen diese Rede klarzumachen: „Amen, amen, ich sage euch: Ihr werdet weinen und klagen, aber die Welt wird sich freuen; ihr werdet traurig sein, aber eure Trauer wird sich in Freude verwandeln. Wenn eine Frau gebiert, leidet sie darunter, dass ihre Stunde gekommen ist; aber wenn sie das Kind geboren hat, denkt sie nicht mehr an ihre Not vor Freude, dass ein Mensch zur Welt gekommen ist. So habt auch ihr jetzt Trauer, aber ich werde euch wiedersehen; dann wird euer Herz sich freuen und niemand nimmt euch eure Freude" (16,20–22).

7.3.3.3. Der Kontext der Salbung: Das Gastmahl bei Maria, Marta und Lazarus

Was das Mahl in Betanien angeht, wozu Jesus und seine Jünger eingeladen waren, sind wir noch nicht auf die Frage eingegangen, warum Johannes hier die Schwestern Marta und Maria mit dem auferweckten Bruder als Gastgeber auftreten lässt. Stand bei dieser Zusammenkunft überhaupt der bevorstehende Tod Jesu im Blick? Diese Annahme liegt zwar zum einen nahe, weil Johannes die Salbungsszene der Passionsgeschichte bei Markus entnimmt. Zum anderen wird ja wie bei Markus unmittelbar davor über den Todesbeschluss des Hohen Rates berichtet. Doch dies ist auf den Leser hin geschrieben. Wussten die Geschwister überhaupt Näheres darüber, welchen Gefahren Jesus entgegenging? Bei Johannes ist die Episode auch dadurch stärker von der Vorlage bei Markus abgehoben, dass Marta wie im Sondergut bei Lukas (10,40) die Rolle des Dienens (διακονία) übernimmt (Joh 12,2).

Das Gastmahl bei den Geschwistern folgt (abgesehen von dem Zwischenstück über die jüdische Politik) unmittelbar auf die Erweckung des Lazarus, die abrupt ohne eine Bemerkung z. B. über die Dankbarkeit der Geschwister abschließt (11,44). Dann dürfte der Grundton der Erzählung doch am ehesten sein, dass sich die Geschwister einfach freuen, Jesus zu Gast zu haben, um beim gemeinsamen Mahl dieser Freude und vor allem ihrer Dankbarkeit Ausdruck geben zu können. Die Salbung Jesu durch Maria ist dann als Höhepunkt der hier zum Ausdruck kommenden Freude zu werten: Das ganze Haus wurde von dem Duft erfüllt, der davon ausging[164].

Nun war aber gerade Maria nach dem Tode des geliebten Bruders völlig in Trauer versunken. Wie würde sie sich bei dem Hingang Jesu verhalten? Etwa wie Maria von Magdala? Selbst ihre Schwester Marta, die fest an die Auferstehung am Letzten Tag glaubte, konnte nicht das Wort Jesu begreifen: „Ich bin die Auferstehung und das Leben". Wie sollte sie im Horizont ihres apokalyptisch geprägten Glaubens auch verstehen, dass die Auferstehung und das den Tod überwindende Leben jetzt vor ihr stand? Darum erteilte Jesus auch ihr eine Rüge, als sie seiner Anordnung, den Stein vom Grabe ihres Bruders wegzunehmen, entgegenhielt: Er riecht aber schon (vgl. 11,23–27. 39f).

Das „es" in der Aufforderung Jesu: „Lass sie, damit sie es für den Tag meines Begräbnisses bewahre" (12,7), wäre dann nicht auf das Salböl zu beziehen, sondern auf die mit großer Freude verbundene Salbung bei diesem Mahl zu Ehren dessen, der seine den Tod überwindende Macht an Lazarus bewiesen hatte. Diese Freude möge Maria für den Tag des Begräbnisses Jesu bewahren und nicht dem Gedanken verfallen, dass von dem, der die „Auferstehung und das Leben" ist, nun nichts als der Leichnam eines aller Ehren würdigen Menschen im Grabe verblieb.

7.4. Der Einzug in Jerusalem

Bereits der Aufbau des Vierten Evangeliums macht klar, dass sich „die Geschichte des Leidens Jesu" nicht als ein besonderer Teil von dem übrigen Verlauf abgrenzen lässt. Die Synoptiker schildern einen Weg Jesu, der vom Wirken vor allem in Galiläa schließlich nach Jerusalem, dem Ort seines Leidens, Sterbens und Auferstehens führt. Im Vierten Evangelium wandert Jesus mehrmals zwischen Galiläa und Jerusalem hin und her. Der Bericht von Jesu „Einzug in Jerusalem" kann bei Johannes darum nicht die gleiche Bedeutung haben wie in der Schilderung dieser Szene bei den Synoptikern.

Eine Abhängigkeit von der synoptischen Tradition ist im Einzelnen schwer zu bestimmen. Deutlich steht in allen vier Evangelien aber die Bezugnahme auf zwei Bibelstellen im Vordergrund. Bei den Synoptikern bildet ein nach Ps (118)117,26 zitierter Segenswunsch den Abschluss des feierlichen Einzugs[165]. Eine von Jesus angeordnete, breit dargelegte Vorbereitung des Einzugs steht bei ihnen am Anfang[166]. Dieser Text nimmt mit Sicherheit Bezug auf Sach 9,9. Nur Matthäus (21,4f) und Johannes

(12,14f) weisen aber ausdrücklich durch ein Zitat auf die Erfüllung der Schrift hin.

Völlig anders als bei den Synoptikern sind diese beiden Hauptstücke aber bei Johannes angeordnet und theologisch bestimmt. Bei den Erstgenannten zieht Jesus, von seinen Jüngern und einer großen Volksmenge umgeben, in Jerusalem ein. Es gibt weder Hinweise auf die Jesus in Jerusalem drohende Gefahr noch darauf, dass die Jesus begleitende Menge durch die Wirkung seiner Wunder zustande gekommen war. Beim Vierten Evangelisten muss zunächst der Kontext der Episode berücksichtigt werden. Schon die Berichte über die Auferweckung des Lazarus und die Salbung Jesu standen zwischen Hinweisen auf den Versuch der Juden bzw. ihrer Führer, Jesus habhaft zu werden, und dem Verweis auf den Glauben vieler wegen der Machttaten Jesu[167]. Diese Randbemerkungen werden vor und nach der Schilderung des Einzugs präzisiert, vor allem durch die Betonung, dass das an Lazarus gewirkte Wunder zu der angewachsenen Zahl der Jesus Folgenden geführt hatte (12,9.17f). Zur Interpretation des ganzen Geschehens ist eine Erinnerung an die „Vorschau auf das Drama" nützlich. Schon nach den Worten und Handlungen Jesu bei seinem ersten Aufenthalt in Jerusalem hieß es: „[Es] kamen viele zum Glauben an seinen Namen, da sie die Zeichen sahen, die er tat. Jesus selbst aber vertraute sich ihnen nicht an, denn er kannte sie alle" (Joh 2,23f).

Bei Johannes deutet nichts darauf hin, dass Jesus selbst durch genaue Anweisungen an die Jünger seine Ankunft in Jerusalem als feierlichen Einzug des Königs von Zion und Künder des Friedens für alle Nationen gemäß der Prophetie des Sacharja inszeniert hätte. Von einer Begleitung Jesu durch seine Jünger oder gar durch eine große Schar ist keine Rede. Zu seinem Empfang zog ihm vielmehr eine bereits mit Spannung auf ihn wartende Volksmenge aus Jerusalem mit Palmzweigen entgegen und rief laut: „Hosanna! Gesegnet sei er, der kommt im Namen des Herrn, der König Israels!" (Joh 12,13). Erst danach ist von Jesus die Rede. Er selbst (!) „fand einen jungen Esel und setzte sich darauf – wie es in der Schrift heißt: Fürchte dich nicht, Tochter Zion! Siehe, dein König kommt auf einem Eselfohlen sitzend" (12,14f). Nicht einmal, dass Jesus ihnen entgegenritt, ist erwähnt.

Was lässt sich für den Sinn, in dem Johannes die beiden Schriftstellen referiert, dem Vergleich mit deren Interpretation bei den Synoptikern entnehmen? Bei allen Evangelisten ist in dem Jubelruf der Menge der erste Teil der Psalmstelle wörtlich nach der Septuagintafassung wiedergegeben[168]. Markus fügt hinzu: „Gesegnet sei das Reich unseres Vaters David, das nun kommt" (11,10). Matthäus bringt stattdessen den Bezug auf Da-

7.4 Der Einzug in Jerusalem

vid in den Jubelruf selbst ein: „Hosanna dem Sohn Davids! Gesegnet sei [...]". Dadurch ist der Eindruck eines politischen Missverständnisses des kommenden Reichs vermieden. Lukas wie Johannes tilgen jeden Bezug auf David. Beide nennen aber den Kommenden „König". Lukas fügt diesen Titel in das Zitat selbst ein: „Gesegnet sei der König, der kommt im Namen des Herrn". Johannes fügt dem Zitat hinzu: „der König Israels". Warum?
Jesus hat sich zwar dem Begehren der Juden entzogen, ihn zum König zu machen (6,15). Dass er ein König ist – wenn auch nicht im Sinne der Juden – betont er jedoch eindeutig auf die Frage des Pilatus hin (18,37). Hier geht es darum, dem Jubelruf der Jesus Entgegenziehenden durch das Sach 9,9 entsprechende Verhalten Jesu den richtigen Sinn zu geben. Sacharja spricht von einem König, der gerecht und sanftmütig ist und den Völkern Frieden zuspricht. Johannes verkürzt[169] das Prophetenwort auf das ihm allein wichtig Erscheinende. Aber er führt es durch einen Trostspruch ein, der keine Basis in diesem Wort hat: „Fürchte dich nicht!" Wie ist diese Ergänzung zu verstehen?

Die Volksmenge war Jesus nur deswegen entgegengezogen, weil ihr Augenzeugen von dem an Lazarus gewirkten Zeichen berichtet hatten (vgl. 12,17f). Wegen dieser alles Frühere übertreffenden Wunderkraft sahen sie in ihm wohl den verheißenen Messias, der sie von der Herrschaft der Römer befreien würde. Wie die Geschichte beweisen sollte, war diese politische Erwartung Grund genug, sich zu fürchten. Bei einiger Vertrautheit mit der Schrift hätten die Juden an der Zeichenhandlung Jesu aber ihre Fehlerwartung erkennen können: Dieser Gesalbte des Herrn reitet nicht feierlich hoch zu Ross in seine künftige Residenzstadt ein, über die heidnische Mächte nichts mehr zu bestimmen haben. Von einer Bedrohung der römischen Herrschaft durch diesen König konnte keine Rede sein. Aber nicht einmal die Jünger erkannten zunächst, was hier der Schrift entsprechend geschah, sondern erst, „als seine Macht voll ans Licht gekommen war (ἐδοξάσθη)" (12,16). Die abschließend erwähnte Reaktion der Pharisäer hingegen könnte für das Verständnis des Zuspruchs: „Fürchte dich nicht!" von Nutzen sein: „Die Pharisäer aber sagten zueinander: Ihr seht, dass ihr nichts ausrichtet; alle Welt läuft ihm nach" (12,19). Wieder einmal mussten sie erkennen, dass die gegebene Situation ihnen keine Chance ließ, Jesu habhaft zu werden. Die Art und Weise, wie Johannes den „feierlichen Einzug" schildert und durch den trostvollen Zuspruch unterstreicht, macht aber eines zweifelsfrei klar: Die beabsichtigte Verfälschung des Zulaufs des Volkes zu einer von Jesus ausgehenden Rebellion gegen die Römer entbehrte jeder Grundlage.

7.5. Die Erhöhung des Menschensohns

7.5.1. Zur Herkunft des Titels „Menschensohn" und zu seiner Bedeutung bei Johannes

In dem oft als „letzte öffentliche Rede Jesu" bezeichneten Text (12,20-33) kommt dem Titel „Menschensohn" eine besondere Bedeutung zu. Darum legt es sich nahe, bei dem Versuch einer Interpretation dieser Passage auf die Titel einzugehen, die im Vierten Evangelium Jesus zugesprochen werden bzw. mit denen er sich selbst bezeichnet.

Messias bzw. Christus wird Jesus fast nur von anderen genannt. Am Ende des Prologs (1,17) und im Epilog zum Evangelium (20,30f[170]) wendet die Kirche diesen Titel auf ihn an. Der Täufer betont ausdrücklich, dass nicht er (sondern Jesus) der Christus sei[171]. Andreas nennt seinem Bruder Simon (Petrus) gegenüber Jesus den Messias/Christus (1,41). Einige aus dem Volk haben Jesus als den Christus erkannt (7,41[172]). Im Bericht über die den geheilten Blindgeborenen betreffenden Verhöre der Pharisäer wird der Beschluss der Juden erwähnt, jeden, der Jesus als den Christus bekennt, aus der Synagoge auszuschließen (9,22). Marta glaubt an Jesus als den Christus, den Sohn Gottes, der in die Welt kommt (11,27). Sich selbst bezeichnet Jesus nur im „hohepriesterlichen Gebet" zu seinem Vater als den von ihm gesandten Jesus Christus (17,3). Als die Samariterin zu Jesus von dem erwarteten Messias/Christus spricht[173], antwortet ihr Jesus: „Ich bin es, der mit dir redet" (4,25f).

Ausschlaggebend für das Selbstverständnis Jesu ist dem Vierten Evangelisten zufolge der Titel „Menschensohn". Schon als die ersten Jünger zu Jesus kommen und Natanaël ihn den Sohn Gottes, den König von Israel nennt, spricht Jesus zu ihm und den anderen von sich als dem Menschensohn (1,51). In seiner Rede an den nächtlichen Besucher Nikodemus bezeichnet Jesus sich, den Menschensohn, als den einzigen, der vom Himmel herabgekommen ist und darum in den Himmel aufsteigen kann[174]. Im Anschluss an die Speisung der Fünftausend sagt Jesus denen, die ihm daraufhin gefolgt waren, dass sie ihn nur deswegen suchen, weil sie satt geworden sind. Statt um verderbliche Nahrung sollten sie sich um die Speise mühen, die zum ewigen Leben bleibt und die der Menschensohn ihnen geben wird (6,26f). Den geheilten Blindgeborenen, der den Pharisäern gegenüber furchtlos bekennt, dass nur einer, der von Gott kommt, diese Heilung vollbringen konnte, fragt Jesus, ob er an den Menschensohn glaube. Als Jesus ihm erklärt, dass er selbst es sei, fällt er anbetend vor ihm nieder (9,33.35-38).

7.5 Die Erhöhung des Menschensohnes

Um das für das Johannesevangelium spezifische Verständnis des Menschensohntitels genauer einordnen zu können, ist vor der Interpretation der Texte, die dafür von entscheidender Bedeutung sind, kurz auf die Herkunft und den Gebrauch des Titels einzugehen. Das Danielbuch ist das erste Zeugnis für das Eindringen apokalyptischen Denkens in den Glauben Israels. Im Unterschied zur prophetischen *Eschatologie*, die von einer zum Ziel gelangenden Zukunft der Geschichte auf dieser Erde handelt, entwirft die *Apokalyptik* Bilder von einer zukünftigen Welt, die den Untergang der gegenwärtigen, unrettbar verdorbenen Welt voraussetzt. In diesem Zusammenhang steht auch die erstmalige Erwähnung des „Menschensohns", dem von Gott die ewig währende Herrschaft über alle Völker verliehen wird (vgl. Dan 7,13f). Erst auf dem Wege außerkanonischen jüdischen Schrifttums erhielt der Begriff Menschensohn personale Züge, die es möglich machten, in den synoptischen Evangelien auf Jesus angewandt zu werden.

Das Hauptproblem für die Interpretation des Titels „Menschensohn" in der synoptischen Literatur besteht darin, dass er einerseits seine Grundbedeutung als endzeitlicher Herrscher und Richter beibehält, andererseits aber Selbstbezeichnung Jesu hinsichtlich seines irdischen Wirkens ist. Welches Verhältnis besteht zwischen diesen beiden Bedeutungen? Zwei Stellen bei Markus (8,38 und besonders 14,61f) scheinen vorauszusetzen, dass die hier zum Ausdruck kommende Tradition Jesus eine Identifizierung mit dem zum Gericht kommenden Menschensohn zuschreibt, wobei die letztgenannte besonders deutlich an die Vorgabe im Danielbuch anklingt.

Wie schwierig es ist, die Aussagen über Christus, den Weltenrichter, in den synoptischen Texten miteinander in Einklang zu bringen, zeigen besonders zwei Stellen bei Matthäus, die ich hier einfach gegenüberstelle. An der ersten antwortet Jesus auf die Frage des Petrus nach dem Lohn dafür, dass sie alles verlassen haben und ihm gefolgt sind: „Amen, ich sage euch: Wenn die Welt neu geschaffen wird und der Menschensohn sich auf den Thron seiner Herrlichkeit setzt, werdet ihr, die ihr mir nachgefolgt seid, auf zwölf Thronen sitzen und die zwölf Stämme Israels richten" (Mt 19,28). Auch der zweite Text beginnt mit Blick auf die erhabene Position des Weltenrichters: „Wenn der Menschensohn in seiner Herrlichkeit kommt und alle Engel mit ihm, dann wird er sich auf den Thron seiner Herrlichkeit setzen. Und alle Völker werden vor ihm zusammengerufen werden […]" (25,31f). Danach folgt aber die überraschende Betonung der Grundlage des zu fällenden Urteils: Sie besteht in der Identifizierung des Weltenherrschers mit den Geringsten unter den Menschen, seinen

Brüdern: Was für sie getan (oder unterlassen) wurde, wurde für ihn selbst getan oder nicht getan (Mt 25,31–40).

Im Vierten Evangelium tritt der Menschensohn nur hier und jetzt in Erscheinung: in der gegenwärtigen Begegnung mit dem fleischgewordenen Wort. „Gott hat die Welt so sehr geliebt, dass er seinen einzigen Sohn gab, damit jeder, der an ihn glaubt, nicht zugrunde geht, sondern das ewige Leben hat" (3,16). Dieses Leben kann nur so zu den Menschen kommen, dass das Licht des Wortes das Dunkel überwindet, das die Menschen erfasst hat (vgl. 1,4f). Die Böses tun, wollen ihre Taten aber gegen das Eindringen des Lichts abschirmen und fallen dadurch der Macht der Lüge anheim (vgl. 3,19f). Wenn der Gesandte Gottes nicht von seinem Bemühen ablässt, mit seinem Licht bis zum wahren Kern der sich ihm Verweigernden durchzudringen, gibt es für diese nur eine Konsequenz: Sie müssen das Licht für immer auszulöschen suchen.

Das fleischgewordene Wort ist aber allein zum Zeugnis für die Wahrheit in der Welt. Die letzte Konsequenz der Neinsager führt darum dazu, dass die Gabe des Vaters sich erst in der Selbsthingabe des Sohnes vollendet. Am Kreuz zeigt sich die völlige Einheit zwischen Vater und Sohn, zwischen Gott und seinem Wort. Die auf sich selbst verkrümmten, nur um die Erhaltung des eigenen Lebens besorgten Menschen stehen jetzt einem Leben gegenüber, das sich im Mühen, sie aus diesen Fesseln zu lösen, verschenken kann und darin seine durch nichts zerstörbare Macht an den Tag bringt. Ob der Mensch Zugang zum ewigen Leben gewinnt oder dem Tod als dem Schlusspunkt des von ihm selbst gewählten Lebens verfällt, entscheidet er selbst in seinem Ja oder Nein zu dem, der ihm das Wort Gottes vermitteln möchte. Das Gericht findet hier und jetzt statt. Es bedarf keines zusätzlichen Gerichts in der Zukunft.

7.5.2. Die Offenbarung des Menschensohns in der letzten öffentlichen Rede Jesu

Der Einzug in Jerusalem wurde mit der Passage 12,16–19 abgeschlossen. Der darauf folgende Text 12,20–33 ist aus sehr verschiedenen Stücken zusammengesetzt, die teilweise keinen Bezug zueinander erkennen lassen. Ein äußerer Zusammenhang mit dem davor Gesagten ergibt sich aus der Feststellung der Pharisäer: „alle Welt (ὁ κόσμος) läuft ihm nach" (V. 19) und der unmittelbar darauf folgenden Bemerkung, dass auch einige Griechen, die zum Paschafest gekommen waren, Jesus zu sehen wünschten. Die Art und Weise, wie sie dies zu erreichen suchen, lässt allerdings ver-

7.5 Die Erhöhung des Menschensohnes

muten, dass hier mehr als eine äußere Anknüpfung angedeutet ist. Sie wenden sich mit ihrer Bitte zunächst an Philippus, den sie mit dem Titel „Herr" anreden. Philippus gibt dieses Ersuchen an Andreas weiter, und beide tragen das Anliegen Jesus vor (12,20–22). Dieses komplizierte Vorgehen erweckt den Eindruck, dass die Griechen Jesus, den als zukünftiger König in Jerusalem Einziehenden, nicht selbst anzusprechen wagen, sondern einem seiner Hofbeamten ihren Wunsch vortragen. Wenn dieser zunächst einen weiteren Bediensteten zu Rate zieht, spricht dies dafür, dass Philippus geschmeichelt seine ihm zugetragene Rolle weiterspielt, den „Einzug" also ganz anders als Jesus versteht.

Jesus lässt sich auf dieses ganze Gehabe gar nicht ein. In seiner Antwort geht er stattdessen zu dem eigentlichen Sinn des Geschehens bei seiner Ankunft in Jerusalem über. Die Jünger können es erst verstehen, wenn Jesu Macht voll ans Licht getreten ist (12,16). Um das mit diesem Stichwort ἐδοξάσθη angesprochene Thema wird Jesus immer wieder in den Abschiedsreden kreisen. Aber schon hier schneidet er es an, in einer Konkretheit, die jenen Reden fremd ist. „Die Stunde ist gekommen, dass der Machtglanz des Menschensohns voll aufleuchtet" (12,23)[175]. Es folgen zunächst drei Textstücke, die deutlich machen, dass diese Worte über den Menschensohn auch für die ihm Folgenden gelten werden. Zunächst das Gleichnis vom Weizenkorn, das nur dann, wenn es in die Erde fällt und stirbt, nicht allein bleibt, sondern reiche Frucht bringt[176]. Die nächste Aussage knüpft direkt an eine Vorgabe bei den Synoptikern an[177]. Diese wird aber im Sinne der johanneischen Theologie umgestaltet. Bei dieser Umgestaltung zählt jedes Wort. Die drei Synoptiker stimmen im ersten Teil völlig überein: „Wer sein Leben retten will, wird es verlieren (ἀπολλύειν)". Im zweiten Teil gibt es nur geringfügige Abweichungen. Markus schreibt: „Wer aber sein Leben um meinet- und um des Evangeliums willen verlieren wird, wird es retten"[178]. Johannes formuliert: „Wer sein Leben liebt, richtet es zugrunde (ἀπολλύειν); und wer sein Leben in dieser Welt verabscheut, wird es bis ins ewige Leben bewahren" (12,25)[179].

Die Synoptiker verstehen unter der Sorge um das „Leben" den natürlichen Trieb nach Selbsterhaltung. Dieses Leben als Geschenk Gottes zu lieben, hat nichts Schlechtes an sich. Johannes meint nicht dieses natürliche Leben, sondern einen bestimmten selbstgewählten Entwurf von Leben, eben das „Leben in dieser Welt". Dieses ist nicht mit „Leben auf Erden" gleichzusetzen. Es besteht vielmehr in der auf der Basis von Lüge gebauten Existenz, die, wie oben beschrieben[180], letztlich in eine durch gegenseitiges Hochrühmen dominierte Gesellschaft, eben „in diese Welt" mündet. Diese Existenz zu lieben führt nicht dazu, sie in ferner Zukunft zu verlieren, sondern richtet das Leben schon jetzt zugrunde.

Übergeht man das dritte Teilstück (12,26), das schlecht in diesen Zusammenhang zu passen scheint, so kann man die beiden ersten Texteinheiten als einen Einschub betrachten, der die dann folgende Klärung des in 12,23 Gesagten vorbereitet. Was ist mit „der Stunde" gemeint, in der Jesu Machtglanz voll ans Licht kommen soll? Von der Interpretation der mit 12,27 beginnenden Passage hängt Entscheidendes für das Verständnis des ganzen Evangeliums ab.

Es ist kaum zu bezweifeln, dass Johannes in dieser Passage auf die Nacht in Getsemani anspielt. Warum nimmt er aber schon hier Bezug darauf, nicht wie die Synoptiker erst nach dem letzten Mahl mit seinen Jüngern? An seine in den Abschiedsreden thematisierte Parallele zu diesem Mahl knüpft er ja unmittelbar den Bericht über die Gefangennahme Jesu an.

In den Abschiedsreden spricht Jesus bereits im Rückblick auf seine Erhöhung. Erst hier, wo die Herrlichkeit des Vaters am gekreuzigten Sohn voll sichtbar wird, kommt das ans Licht, was sich schon im gesamten Wirken Jesu als „Machtglanz" offenbarte. Aber vor diesem Rückblick war es nötig, den Punkt zu markieren, an dem der Menschensohn im Vorauswissen des ihm bevorstehenden Leidens dessen ganze Wucht als Mensch bestand. Wie bringt der Evangelist diesen Punkt im Vergleich mit der Schilderung der Nacht von Getsemani bei den Synoptikern zu Wort? Die Synoptiker schildern die Not Jesu in der Nacht, da Jesus bewusst auf die Gefangennahme und das ihn erwartende Todesurteil zugeht[181]. Wo der johanneische Jesus in der letzten öffentlichen Rede auf „die Stunde" zu sprechen kommt, gibt es zumindest einen Anklang an die Todesfurcht, die bei den Synoptikern ergreifend geschildert wird.

„Jetzt ist meine Seele erschüttert[182]. Was soll ich sagen: Vater, rette mich aus dieser Stunde? (V. 27ab). Nein; in diese Stunde bin ich deswegen gekommen [und kann darum nur sagen]: Vater, lass die Herrlichkeit deines Namens erstrahlen" (12,27c.28a[183]). An anderen Stellen sind Gefühlsäußerungen Jesu nicht psychologisch, sondern theologisch zu verstehen[184]. Hier gibt Jesus der Todesfurcht Ausdruck, die er mit allen Menschen teilt. Als das fleischgewordene Wort Gottes weiß er jedoch von vornherein um das Ganze seiner Sendung. Eine Bitte um den Erlass der Vollendung dieses Auftrags käme einem völligen Abfall von seinem eigenen, in Gott gründenden Wesen gleich, selbst wenn er sofort hinzufügte: „Aber nicht mein Wille, sondern der deine geschehe" (Lk 22,42).

Wenn Jesus hier wie an anderen Stellen vom „Namen" Gottes spricht, muss zunächst die allgemein religionsgeschichtliche Bedeutung des „Namens" eines Menschen oder (eines) Gottes im Blick bleiben. Den Namen eines Menschen verfluchen heißt, ihn selbst in seiner ganzen Wirklichkeit der Vernichtung preiszugeben. Nur durch einen Namen ist es möglich, das, was von einer bestimmten Person erkennbar ist, anderen vernehmlich zu machen. Das gilt erst recht von (einem) Gott, dessen eigentliches Wesen immer verborgen bleibt.

Bei Johannes wird stärker als bei den anderen Evangelisten betont, dass nur Jesus der wahre Offenbarer der Wahrheit und Wirklichkeit des Vaters ist. Wenn Jesus daher, mit der ganzen Last seiner Stunde konfrontiert, sagt: „Vater, lass die Herrlichkeit deines Namens erstrahlen", dann heißt das, der Vater möge die Herrlichkeit dessen, was von ihm überhaupt offenbar werden kann, in der Erhöhung seines Sohns am Kreuz ans Licht bringen. Ja, es bedeutet noch mehr. Schon in seiner letzten öffentlichen Rede sagt Jesus: „Wer mich sieht, sieht den, der mich gesandt hat" (12,45). In den Abschiedsreden an seine Jünger kommt dies noch knapper zu Wort: „Wer mich sieht, sieht den Vater" (14,9). Jesus muss die Gabe der Liebe zur Welt, die der Vater dem Sohn aufgegeben hat, bis in seine volle Selbsthingabe hinein zu Ende führen (vgl. 3,14–16). Erst dann kann diese Liebe als das Wesen der Herrlichkeit Gottes ganz an den Tag kommen. „Kein Mensch kann mich sehen und am Leben bleiben" sagt Gott zu Mose (Ex 33,20). In der Sicht des Vierten Evangelisten heißt dies: Der Glaube an Jesus als den Offenbarer Gottes verlangt den Verzicht auf das, was man für das eigentliche Leben hält, um in das sich von Grund auf verströmende ewige Leben Gottes aufgenommen werden zu können (s. Kap. 1.1.2 zu Joh 1,1f).

Das Gewicht des hier von Jesus zu Wort gebrachten Sinns „seiner Stunde"[185] wird dadurch noch weiter hervorgehoben, dass nur an dieser Stelle Gott selbst vom Himmel her spricht. Auf die von Jesus zum Ausdruck gebrachte Entschiedenheit zur vollen Hingabe gibt der Vater zur Antwort: „Ich habe [die Herrlichkeit meines Namens] leuchten lassen und werde sie noch weiter zum Leuchten bringen"[186]. In seinem ganzen, als Machtglanz wahrnehmbaren Werk brachte Jesus durch seine Worte und Zeichen die Herrlichkeit des Vaters zum Leuchten. Voll erkennbar wird sie aber erst, wenn dieses Werk am Kreuz „vollendet ist" (vgl. 19,30).

7.6. Der Sinn der „Erhöhung" Jesu

7.6.1. Die Erhöhung als Gericht und Verheißung

Die Jesus umgebende Menge vernimmt die Stimme Gottes als Donnern. Andere meinen, ein Engel habe zu Jesus geredet[187]. Jesu Antwort auf diese Missdeutungen fasst in wenigen Sätzen den Sinn seines Kommens zusammen: „‚Nicht mir galt diese Stimme, sondern euch. Jetzt ergeht das Gericht über diese Welt; jetzt wird der Herrscher dieser Welt hinausgeworfen werden. Und ich, wenn ich von der Erde erhöht sein werde, werde ich alle zu mir ziehen'. Das sagte er, um darauf hinzuweisen, welchen Todes er sterben werde" (12,30–33).

Die durch gegenseitige Ehrbezeugung zu höchstem Ansehen gelangten Herren dieser Welt meinten, mit der Liquidierung Jesu den Boten wahrer Existenz für immer auszulöschen. Sie dachten, damit das Licht beiseite zu schaffen, das alle Versuche, ihr auf Lüge gebautes Leben dagegen abzuschirmen, zunichtemachte. Die frei bejahte Selbsthingabe Jesu bezeugte ein ganz anderes Leben, das man gegen nichts absichern muss, um es behalten zu können. Indem sich Jesus, seiner Verkündigung wahren Lebens bis zuletzt treu, ans Kreuz nageln ließ, kam die Unbesiegbarkeit des sich in der Liebe zur Welt äußernden göttlichen Lebens voll zum Leuchten. Damit sprachen die ihn dem Tode Ausliefernden das Urteil über ihren eigenen Lebensentwurf und die ganze Welt, die darauf gebaut war. Mit dem Zusammenbruch „dieser Welt" verlor auch der Herrscher dieser Herren, der „Vater der Lüge"[188], seinen Platz in der Welt, die von Gott geschaffen war. Wie ist aber die nach der Ansage des Gerichts unmittelbar folgende Verheißung Jesu zu verstehen, dass er alle zu sich ziehen wird (12,31f)?

An zwei anderen Stellen des Vierten Evangeliums wurde bereits auf die Erhöhung Jesu verwiesen. Der durch die Anknüpfung an die Erhöhung der Schlange in der Wüste rätselhaft wirkende Hinweis (3,14) dient dem rechten Verständnis der „Gabe" (ἔδωκεν) des einzigen Sohns, die sich der Vater zur Rettung der von ihm geliebten Welt abfordert (3,16f). Diese Gabe tritt erst dann in ihrem ganzen Ausmaß zutage, wenn sie der Sohn durch seine bis ins Letzte durchgehaltene Hingabe ans Licht gebracht hat.

Die zweite Erwähnung der Erhöhung Jesu steht innerhalb einer Passage, deren Deutung noch immer umstritten ist (8,21–29). Für das Verständnis der Verse 24b und 28 ist die Frage nach dem zu übersetzenden Text von großem Gewicht. Bisher galt allgemein, dass, dem griechischen

7.6 Der Sinn der „Erhöhung" Jesu

Text[189] entsprechend, zu übersetzen sei: „Wenn ihr den Menschensohn erhöht habt, dann werdet ihr erkennen, dass ich bin"[190]. Hans Förster hat kürzlich gewichtige Argumente dafür vorgebracht, dass diese Interpretation aufgrund einer anderen Lesart des griechischen Textes zu korrigieren und zu übersetzen sei: „… dann werdet ihr (das) erkennen, was ich bin"[191]. Dieser Lesart schließe ich mich im Folgenden an. Wenn die für diese These angeführten Argumente haltbar sind, dann wäre damit ein Fortschritt für die Interpretation der gesamten Passage (8,21–29) erzielt.

Auf die Worte Jesu hin: „Wenn ihr nicht glaubt, was ich bin, werdet ihr in euren Sünden sterben" (V. 24b), stellen die Angeredeten die Frage: „Wer bist du (denn)?". Auf diese Frage, die offenbar auf die Legitimation für sein herausforderndes Auftreten zielt, antwortet Jesus: „Zuerst einmal *das, was ich euch auch sage*[192]" (V. 25). Die Gegner erwarten wohl die Identifizierung Jesu mit einer Person, die als Vermittler des messianischen Heils in Frage kommt, um die von ihm erhobene Behauptung überprüfen zu können. Aber Jesus weiß, dass das mit seinem Gesandtsein identische Sein keiner der den Zuhörern geläufigen Kategorien entspricht. Daher kann sein „Wer" nur auf dem Wege des „Was" seiner Verkündigung erkannt werden. Aus sich selbst heraus tut und sagt er nichts, sondern nur das, was er vom Vater übernommen hat und dieser in ihm wirkt (vgl. 8,28b). Nur dann, wenn sie das erkannt haben, können sie erkennen, was er ist. Und zu dieser Erkenntnis werden die ihn Hörenden erst kommen, wenn sie den Menschensohn erhöht haben werden (8,28a).

Spricht Jesus hier das endgültige Urteil über die Zuhörenden aus? Jesus sagt in der Tat zu denen, die „von dieser Welt" sind, dass sie in ihren Sünden sterben werden (V. 23.24a). Aber er spricht davon als einer naheliegenden Möglichkeit („Denn wenn ihr das nicht glaubt, was ich bin […]", V. 24b). Wodurch würde diese Möglichkeit zur Wirklichkeit? Durch die Kreuzigung? Diese Annahme widerspräche der gesamten neutestamentlichen Verkündigung, die Jesu Tod gerade als Weg zur Rettung der Sünder versteht. Aber das Kreuzigen selbst wird hier auch nicht als der Weg zur vollen, für den rechten Glauben nötigen Erkenntnis dessen verstanden, was und letztlich wer Jesus ist. Nötig ist die Erkenntnis, dass Jesu freiwillige Übernahme des Kreuzes das gegenseitige Zum-Leuchten-Bringen der Herrlichkeit von Vater und Sohn ist. Diese Erkenntnis hat aber eine nur schwer zu erfüllende Voraussetzung. Angesichts eines Lebens, das den Tod geringachtet, müssen die Angeredeten die Nichtigkeit ihres Lebensentwurfs einsehen, den die ständige Sorge um den Verlust des Eigenen plagt.

Auf diesem Hintergrund lässt sich vielleicht die Stelle in der letzten öffentlichen Rede besser verstehen, wo Jesus von seiner Erhöhung spricht (12,32f). Was meint er mit den Worten: „Wenn ich von der Erde erhöht sein werde, werde ich alle zu mir hin ziehen?" Ist dies nur auf die Jünger, auf „die Seinigen" zu beziehen? Diesen Eindruck könnte man von den Abschiedsreden her gewinnen. Erklärt dies aber das Wort „alle"? Wer ist damit gemeint?

Einer nachvollziehbaren Interpretation der Verheißung Jesu an dieser Stelle kann man möglicherweise näherkommen, wenn man einen anderen, nicht weniger rätselhaften Satz hinzuzieht. Am Ende des gesamten Berichts über die Kreuzigung Jesu steht der als Schriftwort zitierte Satz: „Sie werden auf den blicken, den sie durchbohrt haben" (19,37[193]). Wer sind diese „sie", die zu der durchbohrten Seite des hier und jetzt Erhöhten aufblicken werden? Um dieses als Erfüllung der Schrift zitierte Wort der Intention des Vierten Evangelisten entsprechend deuten zu können, wird vor allem der nähere Kontext im Bericht über den Gekreuzigten ins Auge gefasst werden müssen (s. Kap. 9.4.2). Aber schon aufgrund des Zusammenhangs, in dem die zitierte Stelle Sach 12,10 steht, handelt es sich bei denen, die auf den Durchbohrten blicken werden, um solche, die Reue über ihre böse Tat empfinden. Wie die Prophetie des Sacharja muss das Wort als eine Verheißung für die Zukunft verstanden werden. Der durchbohrte Leib selbst wurde ja, der Darstellung des Evangelisten zufolge, schon wenige Stunden nach dem Tode Jesu begraben (19,40). Damit ist die Frage nach dem Wer der auf Jesus Blickenden aber noch nicht geklärt.

7.6.2. Heilsverheißung für die Zukunft

7.6.2.1. Die Erhöhung Jesu als „die Stunde" des Heils

Zunächst ein Rückblick auf die drei Stellen, an denen von der Erhöhung Jesu die Rede ist bzw. er selbst davon redet. An jeder dieser Stellen geht es um ein Geschehen, das über das Leben Jesu auf Erden hinausweist.

1) Am Ende der Rede Jesu mit Nikodemus (3,14–21) wird als Grund für das von Gott verfügte „muss" (δεῖ) der Erhöhung des Menschensohns die Liebe Gottes zur Welt genannt. Sie ist so groß, dass er seinen einzigen Sohn gab und in die Welt sandte, nicht, damit er die Welt richte, sondern damit die Welt durch ihn gerettet werde (3,14b.16f). Der Weg zu dieser Rettung ist der Glaube an diesen einzigen Sohn Gottes.

7.6 Der Sinn der „Erhöhung" Jesu

Ist die Welt, die Gott liebt und zu retten entschieden ist, mit dem von den Juden zur Zeit Jesu bewohnten Stückchen Erde bzw. diesem minimalen Teil der von Gott geschaffenen Welt gleichzusetzen? Dann wäre seine Liebestat vergeblich gewesen. Denn die Juden insgesamt, nicht nur die Hohepriester und ihre Knechte fordern am Ende seine Kreuzigung (19,6.14f). Ausnehmen muss man davon jene – wie Josef von Arimathäa und Nikodemus –, die an Jesus glaubten, sich dazu aber nicht offen zu bekennen wagten (19,38f). Aber ihr Glaube zählt nicht, weil sie ihr Ansehen der Ehre Gottes vorzogen (12,42). Dann bleibt letztlich nur die kleine Schar der zwölf – bzw. nach dem Ausscheiden des Verräters – elf der von Jesus erwählten und von ihm bewahrten Jünger. Diese Feststellung darf man nicht wie vieles andere im Vierten Evangelium als Paradox stehen lassen. Sie führt vielmehr zu der Frage, wie Gott seinen Willen, die Welt zu retten, nach dem Tode Jesu durchsetzt.

2) Auf die zweite Stelle (8,28) sind wir im vorigen Abschnitt näher eingegangen. Wir hatten dort die Auffassung zurückgewiesen, dass mit dem Satz: „Wenn ihr den Menschensohn erhöht habt, dann werdet ihr erkennen […]" gemeint sei: „Ihr werdet dann zwar zu der nötigen Erkenntnis kommen; aber dann ist es zu spät". Gegen diese Interpretation spricht auch, dass selbst die Jünger, die doch von Anfang an Jesus folgten, vor der Erhöhung Jesu noch nicht zur vollen Erkenntnis seines Wesens vorgedrungen waren[194].

Man wird nicht außer Acht lassen dürfen, dass die Jesus vom Vater übertragene Aufgabe erst mit seiner Erhöhung „vollbracht ist" (19,30). Zuvor konnten die nur um ihre eigene Existenz Besorgten die Worte Jesu an sich abprallen lassen in der Annahme, dieser ideologisch verbohrte Prediger werde schon zur Vernunft kommen, wenn seine Tötung beschlossene Sache war. Aber Jesus ließ sich selbst durch den Versuch nicht schrecken, ihm endgültig den Mund zu stopfen. Darum könnte ihnen jetzt klar werden, wie nichtig das von ihnen in Angst und Sorge umklammerte Dasein gegenüber einem Leben ist, das sich bis zuletzt dafür hinzugeben vermag, sie aus ihrer Sackgasse zu befreien.

Diese Annahme, dass gerade durch die Erhöhung Jesu am Kreuz die bisher Verstockten zur Abkehr von ihrem falschen Lebensentwurf geführt werden *könnten*, scheint aber nicht auszureichen. Denn die dritte Stelle weist nicht auf eine bloße Möglichkeit hin, sondern behauptet eine zukünftige Tatsache: „Und ich, wenn ich von der Erde erhöht sein werde, *werde* ich alle zu mir hin ziehen (12,32).

3) Eine Klärung des Problems könnte die genaue Beachtung der einzelnen Akte in dem Textstück 12,23.27–32 erbringen. Im Zentrum dieser

Passage steht das vorbehaltlose Ja des Sohns zum Durchhalten dessen, was ihm nicht nur vom Vater aufgetragen wurde, sondern wozu er sich durch die Fleischwerdung seiner selbst als des ewigen Wortes Gottes entschied (12,27b)[195]. Als Gottessohn weiß er genau, was in dieser „seiner Stunde" auf ihn wartet. Umso tiefer muss er als Mensch(ensohn) die auf ihn zukommende Qual durchleiden. Aber dieser Not darf keine Bitte um Verschonung entspringen, sonst würde der Sohn seinem eigenen Sein als das Wort widersprechen, das nie anders als „auf Gott hin" war (s. Kap.1). Darum sagt Jesus nur: „Vater, lass die Herrlichkeit deines Namens erstrahlen (δόξασόν: 12,28a)". Erst mit dem Kommen „der Stunde" tritt der Machtglanz des Menschensohns voll und ganz ans Licht (δοξασθῇ: 12,23). Zuvor war es möglich, vor allem die in den „Zeichen" Jesu aufleuchtende göttliche Macht als ein Phänomen staunenswerter menschlicher Macht abzutun. Die Stimme vom Himmel unterstreicht die Entschiedenheit Jesu, indem sie die Kontinuität seines gesamten Wirkens als Offenbarung der Herrlichkeit Gottes bis zur völligen Selbsthingabe bestätigt (12,28b).

7.6.2.2. Das „Wann" der alles entscheidenden Stunde

Ist „die Stunde" schon in der hier gegebenen Anspielung auf „Getsemani" gekommen (vgl. Mk 14,32ff; Mt 26,36ff), d. h. nach Johannes: bei dem definitiven Entschluss Jesu, um keine Verschonung zu bitten? Im *theologischen* Sinne: Ja. Was den völligen Einklang der Existenz des Menschensohns mit dem ewigen „auf Gott hin" des Logos angeht, kann nun nicht mehr von einer möglichen Differenz zwischen dem in den Versen 12,23 bis 12,32 betonten „Jetzt" und dem Kommen „der Stunde" die Rede sein. In *zeitlich-geschichtlicher* Perspektive tritt „die Stunde" aber erst mit dem letzten Wort Jesu am Kreuz voll in Erscheinung (19,30)[196].

Diese Differenzierung zwischen einem theologischen und einem zeitlichen Verständnis des „Jetzt" der Stunde Jesu ist für die Interpretation von 12,31f wichtig. In V. 31 ist das „Jetzt" theologisch zu verstehen: Die vollkommene Einheit zwischen dem Willen des Vaters und der definitiven Entscheidung des Sohns ist schon jetzt von Jesus zum Ausdruck gebracht und vom Himmel her bestätigt. Nichts anderes tritt im Zeitpunkt der Erhöhung zutage. Darum kann Jesus sagen: „Jetzt ergeht das Gericht über diese Welt; jetzt wird der Herrscher dieser Welt hinausgeworfen werden". Das gesamte auf Lüge gebaute System, das mit dem Ausdruck „diese Welt" bezeichnet wird, konnte sich mit verstopften Ohren und zugekniffenen Augen bislang noch der Wahrheit der Worte und Zeichen Jesu verschließen. Man brauchte sich nur vorzumachen, der

7.6 Der Sinn der „Erhöhung" Jesu

angeblich von Gott Gesandte würde letztlich an seinem eigenen Leben kleben wie sie. Nun ließ sich dieser Gesandte aber selbst durch den über ihn verhängten Tod nicht davon abbringen, ein ganz anderes, der ewigen Wahrheit Gottes entspringendes Leben zu bezeugen. Jetzt gibt es für sie keinen Ausweg mehr aus ihrer Sackgasse. Für den eigentlichen Herrscher „dieser Welt", den Vater der Lüge (8,44), bleibt nun, da sein „diese Welt" fesselndes Lügengewebe zerfetzt ist, kein Platz mehr in der von Gott geschaffenen und von ihm bis zur Hingabe seines einzigen Sohns geliebten Welt (vgl. 1,3; 3,16).

Mit 12,32 findet ein Wechsel von der theologischen zur zeitlichen Perspektive statt. Was über den gerechten Grund für das über diese Welt ergehende Gericht zu sagen war, ist gesagt. Noch nicht zu Wort gekommen ist aber, was der Sohn selbst als am Kreuz Erhöhter tun wird, damit nach seiner Rückkehr zum Vater Gottes Heilswille für die ganze Welt sich auch weiterhin durchsetzt: „*Und ich*, wenn ich von der Erde erhöht werde, werde *ich* alle zu mir hin ziehen"[197]. Man wird die Voranstellung des „Und ich" beachten müssen. Es wird ja nicht einfach gesagt: „Und wenn ich […], werde ich […]". Vielmehr wird damit ein Handeln Jesu eingeleitet, das über das „Jetzt" des Gerichts hinausgeht, auch wenn das dazu Gesagte seine Geltung behält. Jesus bleibt gerade vom Kreuz her aktiv. Weil jetzt das ihm Aufgetragene vollbracht ist, ergeht von nun ab sein vorher verkündetes Wort als unausweichlicher[198] Anspruch an alle zu glauben. Jesus kann nicht nur einen schon verwesenden Toten ins Leben zurückholen (11,39). Sein Wort: „Ich bin die Auferstehung und das Leben" (11,25a) hat er, der keinen Tod zu fürchten braucht, nun unter Beweis gestellt. Dadurch gewinnt auch seine Verheißung: „Wer an mich glaubt, wird leben, auch wenn er stirbt" (11,25b) neue Überzeugungskraft. Man wird also das „alle" in 12,32 weniger auf die schon Glaubenden zu beziehen haben als auf Menschen, die bisher mit fragwürdigen Argumenten dem Anspruch zu glauben ausgewichen oder ihm überhaupt noch nicht begegnet sind.

Diese Deutung muss sich allerdings der Frage stellen, *wie* der Erhöhte und zum Vater Zurückgekehrte dieses „Ziehen" ausführen kann. Eine zufriedenstellende Antwort darauf ist nur dann möglich, wenn diejenigen, die Jesus vom Anfang seines Wirkens an gefolgt sind, dieses Wirken und den darin gegebenen Anspruch auf Glauben nach dem Tode Jesu glaubwürdig fortsetzen. Dieses Thema wird im Anschluss an die letzte öffentliche Rede Jesu ausführlich in seinen „Abschiedsreden" behandelt.

Das den Bericht über das Geschehen am Kreuz abschließende Prophetenwort: „Sie werden auf den blicken, den sie durchbohrt haben" (19,37) dürfte ähnlich zu verstehen sein. Nach Jesu Hingang setzt sich sein Zeugnis in den die Wahrheit seiner Botschaft Bezeugenden fort. Auch sie treffen auf Menschen, die sich der Aufdeckung des über ihr böses Tun geworfenen Lügenmantels widersetzen. Auch sie stehen unter der Forderung, für das ihnen von Jesus anvertraute Wort bis in den Tod hinein einzutreten. Aber die ihnen aufgetragene Verkündigung ist umfassender als das, was Jesus in seinem Erdenleben zu sagen vermochte. Sie können durch ihre Bereitschaft zur vollen Selbsthingabe auf die Erhöhung am Kreuz verweisen, wodurch Jesu Werk erst „vollbracht", an ihr Ziel gelangt war. Hier erst erschien seine Macht in ihrem ganzen Glanz und Gewicht.

Dieses „Plus" derer, die Jesu Verhältnis zum ewigen Leben Gottes bezeugen, gegenüber dem, was Jesus selbst vor seinem Hingang zu sagen vermochte, lässt sich an Beispielen aus der Geschichte veranschaulichen. Menschen versuchen, schon und noch immer, ihr übles Tun durch Lüge zu übertünchen. Heute wie immer schon wissen sich diejenigen, die durch den falschen Schein der ihnen zuteil gewordenen Ehrungen an die Macht gekommen sind, gegen die wenigen abzusichern, die es wagen, sich für die von den Machthabern Unterdrückten einzusetzen. Wenn diese „Wenigen" aber bei ihrem auf alle weltliche Gegenmacht verzichtenden Einsatz den Tod auf sich nahmen, dann wurden schon manches Mal in der Geschichte viele Menschen von dem Starren auf sich selbst befreit. Ihr Blick richtete sich nun auf den, der sie durch seine freie Inkaufnahme ihres Versuchs, den Ruf zu gerechtem Handeln für immer loszuwerden, von der Versklavung durch die Herren dieser Welt losgekauft hatte.

Von diesem Gesichtspunkt her hätte sich das „Jetzt" der Vollendung von Gottes Auftrag an den von ihm in die Welt gesandten Sohn zwar in seinem biologischen Tod ereignet. Es bliebe als Stunde der Entscheidung aber für alle Zeit und alle Menschen bestehen. Alle, die Jesus bei seiner Erhöhung am Kreuz „zu sich hin zieht", müssen sich der Aufforderung stellen, den Blick auf den auszuhalten, den sie selbst durchbohrt haben.

C. Die Abschiedsreden Jesu

8. Liebe als Einheit der Kirche in der Einheit von Vater und Sohn

Die fast allgemein mit dem Titel „Die Abschiedsreden Jesu" überschriebenen Kapitel 13–17 bilden den größten Komplex im Vierten Evangelium, der sich sprachlich wie inhaltlich deutlich von den übrigen Teilen abhebt. Auf die noch immer höchst kontroverse Diskussion um den Aufbau dieser Kapitel und den Zusammenhang zwischen den einzelnen Textstücken kann hier nicht näher eingegangen werden. Im Zentrum steht zweifellos die Vorbereitung der Jünger auf ihre zukünftige Aufgabe nach der Rückkehr Jesu zu seinem Vater. Schwierigkeiten bereitet vor allem das Verständnis der Grundlage dieser Unterweisung, die Jesus mit Bezug auf sein Verhältnis zum Vater entfaltet. Ich versuche zunächst den Zusammenhang dieses Bezugs mit den zuvor gemachten Aussagen über die Vollendung von Jesu Leben und Werk deutlich zu machen.

8.1. Rückblick auf die zentralen Begriffe für die am Kreuz offenbare Herrlichkeit

Für das Verständnis der vollen Einheit von Vater und Sohn in der Herrlichkeit Gottes, die in der Erhöhung Jesu am Kreuz ans Licht kommt, ist zunächst an den Gebrauch der zentralen Begriffe ὑψοῦν (erhöhen), δόξα (Ansehen, Herrlichkeit) und δοξάζειν („verherrlichen"[199]) zu erinnern. Wir hatten in Kap. 5.1.3 versucht, den Sinn dieser Begriffe bei Johannes im Rückgriff auf den ersten Teil des vierten Gottesknechtlieds (Jes 52,13–53,3a) zu erschließen. Die Verben ὑψοῦν und δοξάζειν (beide im Passiv) werden dort nur zu Beginn des Liedes im Blick auf die Vollendung des sich für die Sünder hingebenden Knechts verwendet (52,13). Durch das Wort δόξα wie die von ihm abgeleiteten Verben und ihm analogen Substantive wird dann aber das gerade Gegenteil von Ansehen und Herrlichkeit umschrieben: die durch sein Leiden völlig entstellte Gestalt dieses Knechts, wegen der ihn die Menschen verachten (52,14–53,3a). Dieser Verachtung wird aber das Erstaunen vieler Völker und das Verstummen von Königen über seine nun erhabene Erscheinung entgegengestellt; und zwar werden jetzt solche zum Sehen kommen, denen noch keine Kunde von ihm zuteilwurde, und zum Verstehen, die nicht (von ihm) gehört haben (52,15).

Der Vierte Evangelist übernimmt den Gebrauch von ὑψοῦν und δοξάζειν zu Beginn dieses Lieds vom leidenden Gottesknecht für seine Darstellung der Vollendung von Jesu Werk. Weniger leicht zu erkennen ist, dass auch er den Begriff δόξα und das dazu gehörende Wortfeld zunächst in seiner negativen Verwendung aufnimmt, dieser Sichtweise dann aber scharf entgegensetzt, was Ansehen und Ehre wirklich ausmacht (s. Kap. 5.2; 6.2).

Das Verb „erhöhen" erscheint an zentralen Punkten des öffentlichen Wirkens Jesu. Schon im Gespräch mit Nikodemus leitet es die Aussagen über die Liebe Gottes zur Welt ein, zu deren Rettung er seinen einzigen Sohn in diese Welt sendet (3,14b.16f). Am Ende des öffentlichen Wirkens wird betont, dass bei der Erhöhung Jesu das Gericht über diese Welt ergeht. Der göttliche Liebeswille ist damit aber nicht abgetan. Denn dann wird Jesus selbst „alle zu sich hin ziehen" (12,32). Schon vorher wurde inmitten der Streitgespräche angedeutet, dass sich angesichts der Erhöhung des Menschensohns das Schicksal seiner Gegner entscheidet. Bei der Kreuzigung Jesu werden sie erkennen, was und wer Jesus ist. Wenn sie auch dann nicht zum Glauben an ihn kommen, werden sie in ihren Sünden sterben (8,24–28) (s. Kap. 7.6.2 zu Joh 8,24–28).

Warum findet sich das Verb „erhöhen" weder in den Abschiedsreden noch in den darauf folgenden Kapiteln? Schon seit dem Beginn der Auseinandersetzung Jesu über das rechte Verständnis der Wirklichkeit Gottes ließ sich ahnen, dass am Ende der Versuch stehen würde, das in die Selbstverfinsterung der Menschen einfallende Licht für immer auszulöschen. Das Wort „erhöhen" bringt zum Ausdruck, dass auf diese Weise nicht das Scheitern der Sendung Jesu zu erreichen war. In seiner Hingabe bis in den Kreuzestod kam vielmehr die Liebe Gottes zur Welt offen an den Tag. In den Abschiedsreden wird das, was das Wort „erhöhen" meint, gleichsam von innen her durch die Verwendung des Verbs δοξάζειν entfaltet. Von seiner Grundbedeutung her bezeichnet es das Zur-Geltung-Bringen der Wirkung von Licht: durch den mit δοξάζειν bezeichneten Akt wird jemand für andere sichtbar in die δόξα, in den Glanz gestellt, der von einem Licht ausgeht.

Im Vierten Evangelium lässt sich anhand des Gebrauchs dieses Verbs die enge Zusammengehörigkeit des in den Kapiteln 11 und 12 Berichteten mit dem in den Abschiedsreden Gesagten erkennen. Als Jesus von der Erkrankung seines Freundes Lazarus erfährt, sagt er: „Diese Krankheit ist nicht auf den Tod gerichtet, sondern auf die Herrlichkeit (δόξα) Got-

8.1 Rückblick auf zentrale Begriffe

tes. Durch sie soll der Machtglanz des Sohnes Gottes ans Licht kommen" (11,4)[200]. Die Auferweckung des Lazarus bringt eine Macht zum Leuchten, die Jesus nur von der Herrlichkeit Gottes her empfangen haben konnte. In der Lazarusgeschichte ist das zum Leuchten Kommen von Jesu Macht als *Ziel* des von ihm gewirkten Zeichens dargestellt[201], noch nicht als ein vollendetes Geschehen. Sein an Marta gerichtetes Wort: „Ich bin die Auferstehung und das Leben" (11,25) zeigt sich hier zwar an seiner Kraft, einen schon verwesenden Toten ins Leben zurückzuholen. Erst in seinem Sieg über den eigenen Tod kommt dieser Machtglanz aber voll an den Tag. Erst darin wird auch offenbar, dass seine Verheißung *ewigen* Lebens für jeden, der lebt und an ihn glaubt (11,26), keine bloße Behauptung ist. Lazarus wurde ja nur in ein Leben zurückgeholt, das wieder genommen werden kann (vgl. 12,10f)

Das Geschehen, in dem der Machtglanz Jesu endgültig zutage tritt, kommt im zwölften Kapitel zur Sprache. Die Art und Weise, wie Jesus in Jerusalem „einzieht", steht im krassen Gegensatz zu dem jubelnden Empfang der ihn als „König von Israel" feiernden Menge. Erst als der Machtglanz Jesu endgültig ans Licht gekommen war[202], verstanden die Jünger, was sich hier ereignet hatte (12,16)[203]. In diesem Ereignis ist die danach folgende Rede Jesu symbolisch vorweggenommen: „Die Stunde ist gekommen, dass der Machtglanz des Menschensohns zum Leuchten gebracht wird (δοξασθῇ: 12,23)". Dies geschieht in dem Augenblick, da sich die volle Einheit zwischen Vater und Sohn erweist.

Aus Liebe zur Welt gab Gott seinen einzigen Sohn, damit er die Welt rette (3,16f). Die Menschen ziehen aber trotz der ihnen durch Jesus angebotenen Befreiung von ihrer Selbstverfinsterung diese von ihnen gewählte Existenz dem Licht vor. Daher muss Jesus den Tod auf sich nehmen, um die Wahrheit seiner Verkündigung des Heilswillens des Vaters zu bezeugen. Nur durch die Hingabe von allem, worüber Jesus verfügt, an Gottes Liebe zur Welt kann der Logos auch im menschlichen Fleische sein wahres Wesen zeigen: Schon vor dem Werden der Welt war er nichts als „auf Gott hin" (s. Kap. 1.1.2 zu Joh 1,1f). Trotz des vollen Bewusstseins der ihm bevorstehenden Qualen darf daher für keinen Augenblick Jesu natürlicher Wunsch nach Bewahrung vor dem Kreuzestod in sein Ja zum Willen des Vaters eindringen. Er sagt nur: „Vater, lass die Herrlichkeit deines Namens erstrahlen" (12,28)[204]. Auf diesem Hintergrund lässt sich der Gebrauch des Verbs δοξάζειν in den Abschiedsreden wohl am besten erfassen.

8.2. Das „hohepriesterliche Gebet" Jesu

In den Abschiedsreden bereitet Jesus seine Jünger darauf vor, den ihm vom Vater gegebenen Auftrag nach seinem Tode weiterzuführen. Die Voraussetzungen für die Erfüllung dieses Auftrags sind in den Kapiteln 13–16 teilweise sehr verstreut und mehrfach wiederholt wiedergegeben. In dem meist mit dem Titel „Das hohepriesterliche Gebet" überschriebenen Kapitel 17 werden die wichtigsten Voraussetzungen hingegen knapp umrissen. Vor allem zeigt der Evangelist hier, wie das Wesen und Ziel der den Jüngern anvertrauten Sendung in dem ursprünglichen und bleibenden Verhältnis zwischen Gott und seinem Wort begründet sind. Das lässt sich besonders an zwei Stellen erkennen, wo zum einzigen Mal im ganzen Evangelium auf Joh 1,1f, den Anfang des Prologs, Bezug genommen wird. Was dort mit dem Begriff ἀρχῇ bezeichnet ist, kommt hier durch die Ausdrücke „bevor die Welt war"[205] bzw. „vor der Grundlegung der Welt"[206] zur Sprache.

Zu Beginn des „hohepriesterlichen Gebets" (17,1–5) scheint es nur um das Verhältnis zwischen Vater und Sohn zu gehen. Die Begriffe δοξάζειν und δόξα sind hier schlechthin zentral. Jesus betet zum Himmel gewandt: „Vater, die Stunde ist da. Bringe die Herrlichkeit deines Sohns ans Licht, damit der Sohn deine Herrlichkeit erstrahlen lassen kann"[207]. Dieser Vers kommt Jesu letzter Rede vor dem Volk nahe, wo er im Vorblick auf die unmittelbar bevorstehende „Stunde" nicht um Errettung aus dieser Stunde bittet, sondern sagt: „Vater, lass die Herrlichkeit deines Namens erstrahlen" (12,27f). Nun ist die Stunde da. Der Sohn kann die Herrlichkeit seines Vaters aber nur dann erstrahlen lassen, wenn ihn der Vater am Kreuz in die Einheit mit seiner Herrlichkeit führt.

Schon mit Vers 4 tritt nun ein Problem zutage, das die gesamten Abschiedsreden durchzieht[208]. Von welchem „Ort" her spricht Jesus, sei es zu seinem Vater oder den Jüngern? Noch in seinem Erdenleben, das mit seinem letzten, am Kreuz gesprochenen Wort endet (19,30), oder danach, auf dem „Rückweg" zu seinem Vater? Jesus sagt schon jetzt, er habe auf Erden die Herrlichkeit des Vaters ans Licht gebracht (ἐδόξασα), indem er das ihm übertragene Werk vollendet. Dieses Werk ist doch erst am Kreuz vollbracht. Jesus fährt aber fort: „Und nun, Vater, bringe du mich bei dir mit der Herrlichkeit zum Leuchten [δόξασόν], die ich bei dir hatte, bevor die Welt war" (17,5). Wie ist diese Bitte zu verstehen? Gibt der Sohn etwa seiner Erwartung Ausdruck, nun endlich die Welt einschließlich seiner Jünger hinter sich lassen zu können, um so in die Gemeinschaft zwischen Gott und dem Logos in jenem ewigen Jetzt der ἀρχῇ zurückzukehren, zu der nichts, was wird und vergeht, Zutritt hat (vgl. 1,3)?

8.2 Das „hohepriesterliche Gebet" Jesu

Dieser Deutung widerspricht aber klar der unmittelbar darauf folgende Übergang zu den Bitten, die Jesus für seine Jünger an den Vater richtet und schließlich im Hinblick auf deren Zukunft als seinen Willen zum Ausdruck bringt: „Vater, ich will, dass [alle], die du mir gegeben hast, dort bei mir sind, wo ich bin. Sie sollen meine Herrlichkeit sehen, die du mir gegeben hast; denn du hast mich [schon] vor der Grundlegung der Welt geliebt" (17,24). Jesus erbittet die Rückkehr in die ursprüngliche Herrlichkeit, um die Seinen, die der Vater ihm gegeben hat, dorthin mitzunehmen. Diese „Herrlichkeit" wird nun aber näher bestimmt: sie ist das Leuchten der Liebe, in der Gott sich selbst „im Anfang" zum Ausdruck brachte.

Aus dieser Liebe ist aber auch alles hervorgegangen, was durch das Wort ins Leben kam. Auch wenn dieses Gewordene sich in Finsternis verliert, fällt es nicht aus der Liebe Gottes heraus. Darum musste das Wort Fleisch werden. Als einziger Sohn des Vaters wurde es gesandt, damit es die Welt rette. Vom Beginn der Schöpfung an war das Wort das Licht der Menschen (1,4). Darum kann die Welt nur dann gerettet werden, wenn sie bereit ist, das Licht in das Dunkel dringen zu lassen, mit dem sie ihr böses Tun zu verbergen sucht (3,16.19f).

Der Teil der Menschen, der als „diese Welt", oft aber auch einfach als „die Welt" bezeichnet wird, wies das Licht jedoch mit aller Kraft zurück. Das ging so weit, dass man das Licht für immer auslöschen wollte. Hat auf diese Weise der Liebeswille Gottes zu der in Finsternis verlorenen Welt sein Ziel nicht erreicht? Wir verwiesen in Kap. 7.6.2 auf Stellen, die auf ein auch weiterhin verheißenes Heil für die Welt hindeuten. Wird dies aufgrund des in den Abschiedsreden Gesagten hinfällig? Hier heißt es ja, dass Jesus für die bittet, die ihm Gott gegeben hat, und „nicht für die Welt" (17,9)?

Doch der weitere Verlauf der Bitten Jesu (17,10ff) geht in eine ganz andere Richtung. Jesus ist nicht mehr in der Welt, da er auf dem Weg zu seinem Vater ist. Die Jünger aber sind in der Welt. Solange Jesus bei ihnen war, hat er sie im Namen seines Vaters bewahrt. Nun möge der Vater selbst sie bewahren, damit sie eins sind wie er eins ist mit dem Vater. Diese Bitte zielt letztlich aber auf die Rettung der Welt. Weil die Jünger ebenso wenig wie Jesus selbst von der Welt sind, werden auch sie von der Welt gehasst. Jesus bittet den Vater aber nur, dass sie vor dem Bösen bewahrt werden, nicht, dass er sie aus der Welt nimmt. Denn: „Wie du mich in die Welt gesandt hast, so habe auch ich sie in die Welt gesandt" (17,18). Jesu Bitte um die Rückkehr in die volle Herrlichkeit, die er beim

Vater hatte, bevor die Welt war, läuft schließlich auf die Rettung der Welt hinaus, die Jesus selbst noch nicht vollenden konnte: „Ich bitte nicht nur für diese hier, sondern auch für [alle], die durch ihr Wort an mich glauben. Alle sollen eins sein: Wie du, Vater, in mir bist und ich in dir bin, sollen auch sie in uns sein, damit die Welt glaubt, dass du mich gesandt hast" (17,20f).

Die Einheit der Jünger untereinander soll der immer schon in der Liebe zwischen Vater und Sohn gründenden Einheit gleichgestaltet werden, „damit die Welt erkennt, dass du mich gesandt hast und [die Meinen] liebst, wie du mich liebst" (17,23).

8.3. Soteriologie und Ekklesiologie in den Abschiedsreden

In den ersten Versen des „hohepriesterlichen Gebets" schien es nur um die Herrlichkeit des Sohns zu gehen (17,1b–5). Aber die Bitten waren auf die Zukunft der Jünger Jesu gerichtet. Ihre Zugehörigkeit zu Jesus bewahren sie nur dann, wenn sie in Einheit miteinander ihren Lebensort in der Einheit von Vater und Sohn finden (17,6–17).

Doch auch mit dieser Konzentration auf die Jünger war das Ziel des Gebets noch nicht erreicht. Sie sind *Jünger* Jesu, damit Jesus sie so in die Welt senden kann, wie der Vater ihn in die Welt gesandt hat (17,18.20–23). Ihren Sinn als Gesandte erfüllen sie nur dann, wenn durch ihr die Einheit von Vater und Sohn spiegelndes Miteinander die Welt glauben bzw. erkennen kann (V. 21.23), dass Jesus von Gott in die Welt gesandt wurde.

Diese Gedankenfolge in Kap. 17 entspricht dem Wesen der johanneischen Christologie, wie sie schon im Gespräch mit Nikodemus zum Ausdruck kam: Aus Liebe zur Welt hat Gott seinen einzigen Sohn in die Welt gesandt, damit sie durch ihn gerettet werde. Zu dieser Rettung ist aber erforderlich, dass die von Jesus Angesprochenen an ihn als den von Gott Gesandten glauben (3,16f). Da nur wenige in der Welt zu diesem Glauben fanden, muss die Sendung des Sohnes in die Welt durch die Jünger Jesu weitergetragen werden. Sonst bliebe der zur Rettung der Welt entschiedene Wille Gottes unerfüllt.

Seltsam mutet nun an, dass in den übrigen Kapiteln der Abschiedsreden (Kap. 13; 14; 15; 16) die Rettung der Welt als Ziel der von Jesus berufenen Jüngergemeinschaft fast gar nicht zur Sprache kommt. Man gewinnt den Eindruck einer Esoterik, die nur noch um die Belehrung der Jüngergemeinde über ihr angemessenes Verhältnis zu Jesus und darüber zu Gott kreist. Das geht so weit, dass Jesus auf die Frage eines der Jünger,

8.3 Soteriologie und Ekklesiologie in den Abschiedsreden 111

warum er sich nur ihnen offenbaren will und nicht der Welt, gar nicht eingeht, sondern einfach seine Rede über die Liebe fortsetzt (14,22f). Unmittelbar vor dem Aufbruch aus dem Abendmahlssaal zur Übergabe seiner selbst an den „Herrscher der Welt" steht zwar eine Formulierung, die an 17,23 erinnert: „Über mich hat [dieser Herrscher] keine Macht, aber die Welt soll erkennen, dass ich den Vater liebe und so handle, wie es mir der Vater aufgetragen hat" (14,30b.31a). Dieses Wort handelt aber (wie schon 8,28) nur vom Verhältnis der Welt zu Jesus selbst, nicht von deren Verhalten seinen Jüngern gegenüber.

Man wird zwar voraussetzen dürfen, dass die Belehrung der Jünger ihrer Sendung an die Welt dient. Nur über eine Lebensführung, die der Liebe zwischen Vater und Sohn entspricht, werden sie zur Erfüllung ihrer Aufgabe befähigt. Das könnte implizit vor allem mit der Bildrede vom Weinstock und den Reben gesagt sein, wenn sich das „Fruchtbringen" auf ihre zukünftige Tätigkeit in und vor der Welt bezieht (15,1–8). Die Auslegung geht aber fast allgemein dahin, dieses Fruchtbringen auf das Zur-Reife-Kommen der Jünger zu beziehen. Für diese Deutung scheint auch der abschließende Vers zu sprechen: „Die Herrlichkeit meines Vaters kommt dadurch ans Licht, dass ihr reiche Frucht bringt und meine Jünger werdet". Hier herrscht ein anderer Grundgedanke vor als etwa in der letzten Rede Jesu vor der Öffentlichkeit: „Wenn das Weizenkorn nicht in die Erde fällt und stirbt, bleibt es allein. Wenn es aber stirbt, bringt es reiche Frucht" (12,24). Dieses Bildwort weist in die Richtung der Verheißung Jesu, dass er, von der Erde erhöht, alle zu sich ziehen wird (12,32).

Bei den Synoptikern hat nach der Auferstehung Jesu der heilige Geist vor allem die Funktion, den Aposteln bei ihrem Auftreten in der Welt beizustehen[209]. In den Abschiedsreden tritt dies weitgehend in den Hintergrund. Schon Joh 7,39 wurde der Geistempfang nach dem Weggang Jesu den an ihn Glaubenden vorhergesagt. Dies wird nun in Bezug auf die Unterweisung der Jünger entfaltet. Der mehrmals als Paraklet bezeichnete heilige Geist oder „Geist der Wahrheit"[210] hat insbesondere die Aufgabe, den Jüngern das klarzumachen, was sie noch nicht verstanden haben[211].

Teil der Jüngerunterweisung ist aber auch, sich darauf gefasst zu machen, dass man mit ihnen umgehen wird, wie schon Jesus selbst behandelt wurde. In diesem Zusammenhang kommt dem zu ihnen gesandten Geist eine ähnliche Rolle bei der Verkündigung zu, wie sie bei den Synoptikern dargestellt wird. Zunächst steht noch einmal der Hass im Vordergrund, mit dem die Welt Jesus begegnet ist, dem aber auch die Jünger ausgesetzt sein werden (15,18–25). Darauf folgt ein Wort, in dem das Zeugnis des

Geistes für Jesus mit dem Zeugnis verbunden ist, das die Jünger für Jesus ablegen: „Wenn aber der Beistand (Paraklet) kommt, den ich euch vom Vater aus senden werde, der Geist der Wahrheit, der vom Vater ausgeht, dann wird er Zeugnis über mich ablegen. Und auch ihr legt Zeugnis ab, weil ihr von Anfang an bei mir seid" (15,26f). Danach wird die Gefährdung der von Jesus in die Welt Gesandten genauer beschrieben: „Das habe ich euch gesagt, damit ihr euch nicht zum Abfall verleiten lasst. Sie werden euch aus der Synagoge ausstoßen, ja es kommt die Stunde, da jeder, der euch tötet, meint, Gott einen heiligen Dienst zu leisten. Das werden sie tun, weil sie weder den Vater noch mich erkannt haben. Ich habe es euch aber gesagt, damit ihr euch, wenn die Stunde kommt, daran erinnert, dass ich es euch gesagt habe" (16,1–4a).

Abgesehen von dem „hohepriesterlichen Gebet" behandeln die Abschiedsreden nicht unmittelbar die Frage, wie die ganze von Gott geliebte Welt gerettet werden kann, sondern mit dem, was für die Jüngergemeinschaft nach dem Weggang Jesu unabdingbar ist. Über eine angemessene Weitergabe dessen, wozu Jesus gesandt war, kann erst gesprochen werden, wenn das Maß geklärt ist, an dem sich die Jünger als im Namen Gottes Gesandte zu orientieren haben. Insofern sind nach der Erhöhung Jesu die soteriologischen Fragen nur in Verbindung mit der Frage nach dem Fundament anzugehen, worauf die Kirche als Kirche Jesu Christi gegründet ist.

Der Vierte Evangelist schreibt für eine christliche Gemeinde, die in den für sie grundlegenden Prinzipien offenbar von manchen Leitgedanken abweicht, die in anderen, schon länger bestehenden Teilkirchen als wesentlich galten. Das zeigt schon die Art und Weise, wie er mit Traditionen umgeht, die als ihm bekannt vorausgesetzt werden dürfen. Ein zentrales Anliegen für den Vierten Evangelisten ist jedoch das Bemühen, das für ihn spezifische Verständnis von Kirche in Einklang mit dem zu bringen, was gegen Ende des ersten Jahrhunderts in den einflussreichsten Teilkirchen schon als verbindlich galt. Dazu gehörte wohl die Anerkennung der Vorrangstellung des Petrus gegenüber den anderen Aposteln, auch über dessen Tod hinaus. Angesichts der minimalen Rolle, die der Vierte Evangelist den Jüngern im allgemeinen zugesteht, ist es ist erstaunlich, welche Beachtung Petrus als in der Schar der Zwölf herausragender Jünger auch bei ihm findet. Das Ziel, das er damit verfolgt, wird aber nur dann deutlich, wenn man das Verhältnis berücksichtigt, das Petrus zu dem Jünger hat, „den Jesus liebte". Darauf wird in Kap. 11.2–11.3 näher einzugehen sein.

D. Passion und Auferstehung Jesu

Die Ausführungen über Jesu Passion und Auferstehung weichen merklich von der Darlegung sowohl des öffentlichen Wirkens Jesu in den Kapiteln 2–12 wie auch von dem Duktus der Abschiedsreden in den Kapiteln 13–17 ab. Das lässt sich nicht zuletzt bei einer Analyse der Beziehung dieser Ausführungen zur synoptischen Tradition erkennen. Von herausragender Bedeutung ist diese Analyse vor allem für das Verständnis der johanneischen Darstellung des Leidens Jesu; denn gerade diese hat durch ihre Aufnahme in die Liturgie die Haltung der Kirche gegenüber den Juden unheilvoll geprägt. Als Höhepunkt der Feier des Karfreitags ist der gesungene Vortrag dieser Leidensgeschichte schon seit dem 5. Jahrhundert belegt. Im Mittelalter erwuchsen daraus die ersten Passionsspiele. Nicht zuletzt die zahlreichen Vertonungen – vom 16. bis zum jetzigen Jahrhundert – trugen dazu bei, dass sich die „Johannespassion" als die geschichtlich zutreffende Darstellung des Leidens Jesu tief ins Gedächtnis schrieb.

Seit dem Beginn der historischen Kritik wuchs die Einsicht, dass Johannes hier wie in seinem Evangelium generell keine historische Wiedergabe des wirklich Geschehenen darbietet und diese auch nicht vermitteln will. Er intendiert vielmehr, durch eine tiefgreifende theologische Reflexion auf das über dieses Geschehen Berichtete das daran Wesentliche ans Licht zu bringen. Um diese Intention zu erfassen, ist der Vergleich mit den synoptischen Darstellungen der Passion Jesu von großem Belang.

9. Was bleibt von einer „Passion" Jesu im Vierten Evangelium?

9.1. Die „Verhaftung" Jesu und sein „Verhör" vor dem jüdischen Gericht

Bei der Darstellung dessen, was bei den Synoptikern als Verhaftung Jesu und sein Verhör vor dem jüdischen Gericht überliefert ist, hält sich Johannes an den Rahmen des bei Markus gebotenen Texts. Umso mehr befremdet der Inhalt, mit dem er diesen Rahmen füllt.

Markus zufolge findet die *Gefangennahme* Jesu in Getsemani, also noch an demselben Ort statt, wo Jesus angesichts des ihm bevorstehenden Grauens zu seinem Vater betet, während die Jünger trotz mehrmaliger Mahnung zu wachen in Schlaf verfallen. Auf die abschließende Aufforderung: „Steht auf! Lasst uns gehen!"[212] – mit dem Hinweis: „Seht, der mich ausliefert, naht sich!" (Mk 14,42) – folgt unmittelbar der Bericht von der Ankunft des Judas mit seinem Gefolge (14,43).

Bei Markus kommt Judas mit einer von den Hohepriestern, Schriftgelehrten und Ältesten entsandten, mit Schwertern und Knüppeln ausgerüsteten Schar (14,43b). Schon hier weicht Johannes beträchtlich von dem bei Markus zu findenden Text ab: „Judas nun holte die Kohorte und (Gerichts)diener der Hohepriester und der Pharisäer und kommt dorthin mit Fackeln, Laternen und Waffen" (18,3). Dass Judas „*die* Kohorte" (eine Abteilung römischer Soldaten) mit sich nahm, aber nur eine nicht näher bestimmte Menge von jüdischen Abgesandten, ist auffallend. Dies scheint nur unter der Voraussetzung verständlich, dass zuvor Juden in hoher Position dem römischen Statthalter mitgeteilt hatten, ein für die bestehende politische Ordnung gefährlicher Mann befinde sich mit gewaltbereiten Anhängern in der Stadt. Man habe nun erfahren, wo er ohne Auflauf des von ihm aufgewiegelten Volks ergriffen werden könne. Dazu sei es aber nötig, eine Abteilung von Soldaten bereitzustellen, die zusammen mit jüdischen Gerichtsdienern bei der nächsten sich bietenden Gelegenheit sofort zu seiner Gefangennahme aufbrechen könnten. Schon hier erhebt sich die Frage, worauf der große Einfluss des Hohen Rates auf Pilatus zurückzuführen ist, der sich dann in dem über Jesus gefällten Todesurteil und bei dem Begräbnis zeigt (s. Kap. 7.2; 7.3.3).

Besonders schwer ist die grundlegende Umdeutung nachzuvollziehen, die Johannes mit der bei Markus geschilderten Verhaftung selbst vornimmt. Markus zufolge wurde Jesus, nachdem seine Identität mit dem Gesuchten durch den als Zeichen verabredeten Judaskuss festgestellt war, sogleich verhaftet (Mk 14,44–46). Bei Johannes geht Jesus, im klaren Bewusstsein von allem, was ihm bevorstand, den Ankommenden mit der Frage entgegen: „Wen sucht ihr?" (Joh 18,3–4). Von dem bei Markus ausführlich geschilderten Judaskuss und einer Festnahme ist nichts geblieben. Nur im Anschluss auf die Antwort der Gefragten: „Jesus von Nazaret" und die Entgegnung Jesu: „Ich bin (es)" wird nebenbei erwähnt: „Auch Judas, der ihn auslieferte, stand bei ihnen (Joh 18,5).

Rätselhaft bleibt vor allem, was darauf geschieht. Auf die Entgegnung Jesu hin weichen die zur Verhaftung Gekommenen zurück und stürzen zu Boden. Jesus stellt seine Frage noch einmal und erhält dieselbe Antwort. Darauf erwidert er: „Ich habe euch gesagt, dass ich es bin. Wenn ihr also mich sucht, dann lasst diese gehen!" (18,8) Der Evangelist ergänzt: „So sollte sich das Wort erfüllen, das er gesagt hatte: Ich habe keinen von denen verloren, die du mir gegeben hast" (18,9).

In den Zeichen, die Jesus zuvor gewirkt hatte, zeigte sich der ihm zur Offenbarung der Wahrheit verliehene Machtglanz. Was hier geschieht, erinnert eher an Mythen, in denen ein Gott auf Erden seine unbeschränkte Macht zur Geltung bringt, nur um ein ihm selbst genehmes Ziel durchzusetzen. Ein Erklärungsversuch geht dahin, dass – wie in den Abschiedsreden gesagt – Jesus bereits „verherrlicht" ist und nun in seiner ganzen göttlichen Vollmacht auftritt. Damit würde aber der schon am Ende des Gesprächs mit Nikodemus deutlich hervorgehobene Sinn der Sendung Jesu (3,14–16) und die gesamte Soteriologie des Johannesevangeliums infrage gestellt. Jesu Erhöhung fände nicht *am* Kreuz, sondern beim Abheben *vom* Kreuz statt. In der letzten öffentlichen Rede Jesu hatte der Evangelist hingegen eigens betont, dass Jesus die Art seines Todes meinte, als er von seiner „Erhöhung *von* der Erde"[213] sprach (12,32f).

Die den eben zitierten Versen vorausgehenden Ausführungen könnten aber den Weg zu einem angemessenen Verständnis der eigenartig wirkenden Demonstration von Macht in 18,4–8 weisen. Wir hatten in Kap. 7.6.2.2 einen theologischen und einen zeitlichen Sinn von der „gekommenen Stunde" unterschieden. Im *theologischen* Sinn ist diese Stunde nicht nur gekommen, sondern in ihrem Jetzt schon erfüllt, als die volle Einheit Jesu mit dem Vater in dem johanneisch reflektierten Ja des Sohns auch zu seiner letzten Selbstentäußerung zutage tritt (12,23.27f). Darum kann auch davon gesprochen werden, dass *jetzt* das Gericht über diese Welt ergeht und der (Teufel als) Herrscher über diese Welt hinausgeworfen wird (12,31). *Zeitlich* betrachtet, beginnt diese Stunde in dem Augenblick, als Judas sich endgültig von Jesus trennt und vom gemeinsamen Mahl in die Nacht hinausgeht (13,30f). Vor der Aufforderung: „Steht auf! Lasst uns (weg)gehen [von hier]!" (14,31b) stehen Sätze, die das mit der Verhaftungsszene gegebene Problem einer Lösung zuführen könnten: „Ich werde nicht mehr viel mit euch reden; denn es kommt der Herrscher der Welt. Über mich hat er keine Macht, aber die Welt soll erkennen, dass ich den Vater liebe und so handle, wie es mir der Vater aufgetragen hat" (14,30–31a). Da die 18,2f geschilderte Ankunft des Judas wohl als Fortsetzung dieser Stelle zu betrachten ist, wird sich der Hinweis auf das „Kommen des Herrschers dieser Welt" auf die Ankunft des Judas beziehen. Schon zu Beginn des gemeinsamen Mahles hatte der Teufel Judas den Verrat Jesu ins Herz gegeben (13,2). Als Judas den ihm von Jesus gereichten Bissen Brot genommen hatte, „fuhr der Satan in ihn" (13,27)[214]. Er wurde damit Teil des Herrschers dieser Welt, der keine Macht über Jesus hat.

Die Aussagen über Judas in der Verhaftungsszene beschränkt Johannes auf zwei Details. Der Verräter führt eine offenbar schon bereitstehende bewaffnete Gruppe zu dem ihm bekannten Aufenthaltsort Jesu. Dann wird nebenbei auf seine eigentlich selbstverständliche Anwesenheit hingewiesen, bevor die Ohnmacht der zur Gefangennahme Gekommenen angesichts der zwei Worte Jesu: „Ich bin (es)" grell zutage tritt. Hier geht es nicht um ein Zeichen für die von Jesus verkündete Wahrheit, sondern für die Nichtigkeit von allem, was der bereits Hinausgeworfene frühere Machthaber der Welt noch gegen den Gesandten ausführen möchte. Jesus begibt sich selbst aus dem einzigen Grund in die Hände der zu seiner Festnahme Entsandten, um das zu erfüllen, was ihm der Vater aufgetragen hat. Dementsprechend sagt er noch einmal am Ende der Verhaftungsszene zu Petrus: „Soll ich den Kelch nicht trinken, den mir mein Vater gegeben hat?" (18,11b).

Kompliziert bleibt diese Szene dennoch durch die Verknüpfung von drei Themen. Die Demonstration der Nichtigkeit vom Teufel dirigierter Aktionen gegen Jesus geht über in seine Anweisung, die Jünger unbehelligt gehen zu lassen (18,8). Damit sollte das (zum Vater) gesprochene Wort Jesu erfüllt werden: „Ich habe keinen von denen verloren, die du mir gegeben hast" (18,9)[215]. Als ein drittes Thema kann man die Art und Weise betrachten, wie Johannes die bei Markus zu findende Notiz über den Schwerthieb „eines der Dabeistehenden" zu einer eigenständigen „Petrusepisode" umarbeitet[216].

Von einem *Verhör* und gesetzmäßigen Prozess Jesu vor dem höchsten jüdischen Gericht kann bei Johannes im Unterschied zu den Synoptikern keine Rede sein. Dieses Problem wurde bereits in Kap. 7.1–7.2 behandelt. Interessant ist ein wohl bewusst eingefügtes Detail. Bei Markus ist von einer Fesselung Jesu während der Gefangennahme und Übergabe an den Hohepriester keine Rede. Erst nach dem Urteilsspruch des Hohen Rats wird gesagt, dass Jesus vor der Überlieferung an Pilatus gefesselt wurde (Mk 15,1). Johannes zufolge wurde Jesus von der Kohorte und ihrem – erst hier erwähnten – Kommandanten sowie den Gerichtsdienern der Juden festgenommen und gefesselt, als sie ihn zu Hannas führten (18,12)[217]. Auch bei der Übergabe von Hannas zum Hohepriester Kajaphas wird eigens gesagt, dass Jesus gefesselt war (18,24). Bei der Überführung zum Prätorium wird eine Fesselung Jesu nicht erwähnt.

9.2. Jesus und Pilatus

Die Pilatusszene ist bei Markus sehr gedrängt überliefert. Schon Matthäus und Lukas haben diese Episode in erweiterter Form wiedergegeben, deren Details aber keine größeren Probleme für die Interpretation darstellen. Alle vier Evangelisten stimmen darin überein, dass Pilatus trotz der heftig vorgetragenen Anklagen der Juden bzw. ihrer Führer betont, nichts an Jesus zu finden, was ihn als Statthalter Roms zu einer Verurteilung berechtigte. Dennoch gibt er der heftigen Forderung, ihn zu kreuzigen, schließlich nach.

9.2.1. Der Grund der Anklage: Königsprätention

Die breite Schilderung der Pilatusszene bei Johannes bietet dagegen erhebliche Verständnisschwierigkeiten. Der Markustext dürfte ihm wie schon Matthäus und Lukas vorgelegen haben. Darum empfiehlt es sich, auch hier die inhaltlich grundlegend andere Fassung soweit möglich im Vergleich mit der bei Markus gegebenen herauszuarbeiten.

Es setzt in Erstaunen, mit welcher Dreistigkeit die Hohepriester[218] auf die sachliche Frage des römischen Präfekten nach dem Grund der Anklage antworten: „Wenn er kein Übeltäter wäre, hätten wir ihn dir nicht ausgeliefert (18,30)". Schon hier lässt der Evangelist durchblicken, dass die religiösen Herrscher des jüdischen Volks auch Pilatus gegenüber eine beachtliche Machtposition gewonnen hatten. Denn Pilatus weist die Ankläger in keiner Weise wegen ihrer Unverschämtheit zurecht. Es scheint, dass Johannes Pilatus absichtlich nach dem Gegenstand der Anklage fragen ließ, um das freche Auftreten der Vertreter des jüdischen Volks gleich zu Anfang des Prozesses vor der römischen Gerichtsbarkeit hervorheben zu können. Denn wie die erste von Pilatus an Jesus gerichtete Frage, ob er der König der Juden sei, zeigt, musste ihm der Grund der Anklage bereits bekannt gewesen sein[219]. Auch die Feststellung, dass Pilatus in Rücksichtnahme auf eine jüdische Vorschrift zu ihnen herauskam, wirkt befremdend (18,28). Denn damit gestand er den Juden implizit das Recht zu, das römische Prätorium als Ort der Verunreinigung betrachten zu dürfen. Warum sagte er ihnen nicht: Dann wartet mit eurer Anklage gefälligst bis zu einem Zeitpunkt, an dem ich euch ohne Verstoß gegen eure religiösen Bräuche als Appellationsinstanz in dem dafür vorgesehenen Gerichtsgebäude empfangen kann und will?

Auf diese Weise erhält Jesus immerhin die Möglichkeit, allein mit dem Präfekten sprechen zu können, ohne dass sich dabei die Hohepriester ständig einmischen[220]. Die erste Frage des Pilatus (Joh 18,33) ist im Deutschen schwer zu übersetzen. In der wörtlichen Wiedergabe von „σὺ εἶ ὁ βασιλεὺς τῶν Ἰουδαίων;" durch: „*Du* bist der König der Juden?" scheint ein ironischer Unterton mitzuschwingen. Dies ist sicherlich nicht intendiert. Wählt man wie in den meisten Übersetzungen die Formulierung: „Bist du der König der Juden?", dann passt dazu schlecht die anschließende Frage Jesu: „Sagst du das von dir aus, oder haben es dir andere über mich gesagt?" (18,34). Denn darin ist vorausgesetzt, dass die Frage des Pilatus zugleich eine Feststellung enthält.

Die Entgegnung des Präfekten macht klar, dass von seiner Seite aus kein Verdacht besteht, Jesus intendiere wie die Zeloten eine Rebellion gegen die Besatzungsmacht (18,35). Jesus kann nun eine präzise Antwort auf die gestellte Frage geben: Wenn sein Königtum „von dieser Welt" wäre, dann würden seine Soldaten kämpfen (nicht etwa gegen Rom, sondern), dass er nicht den Juden ausgeliefert würde. Er kann darum auch auf die anschließende Frage des Pilatus hin sagen, dass er in der Tat ein König sei: „Ich bin dazu geboren und in die Welt gekommen, dass ich für die Wahrheit Zeugnis ablege. Jeder, der aus der Wahrheit ist, hört auf meine Stimme" (18,37). Mit dem Wort des Pilatus: „Was ist Wahrheit?" (18,38a) schließt der erste Teil des Gesprächs des Pilatus mit Jesus ab.

In dem darauf folgenden Abschnitt (18,38b–19,5) nimmt Johannes mit relativ leichten Veränderungen bei Markus vorgegebene Texte auf. Zum Paschafest pflegte Pilatus den Juden einen Gefangenen ihrer Wahl freizugeben[221]. Sie fordern nicht, wie Pilatus vorschlägt, Jesus, sondern den „Räuber"[222] Barabbas freizulassen. Die nun folgende Passage (19,1–5) hat schon immer Kopfzerbrechen bereitet. Pilatus unternimmt einen weiteren Versuch, die Juden davon zu überzeugen, dass Jesus im Sinne der staatlichen Gerichtsbarkeit nicht schuldig ist. Er unterwirft ihn einer schlimmen Folterung und führt ihn danach der Menge vor, um sie milder zu stimmen: „Seht, [das ist] der Mensch [den ihr als einen Thronprätendenten dem Tode überantworten wollt]!" (vgl. 19,5). Natürlich erreicht er damit das Gegenteil. Die Meute hat Blut gerochen und lechzt nach mehr. Die Hohepriester sehen, dass Pilatus ihrem Ansinnen machtlos gegenübersteht, und schreien zusammen mit ihren Untergegebenen: „Ans Kreuz, ans Kreuz mit ihm!" Pilatus gerät völlig aus dem Konzept und antwortet darauf – im Widerspruch zu dem geltenden Gesetz –, sie sollten ihn selber kreuzigen, weil er keine Schuld an ihm finde (19,6).

Johannes geht es in diesem Einschub (19,1–5) letztlich nicht darum, Pilatus als einen konfusen und untauglichen Statthalter darzustellen. Die Folterungsszene entspricht teilweise wörtlich der grauenvollen Behandlung, der, Markus zufolge, Jesus *nach* seiner schließlich doch von Pilatus verfügten Übergabe zur Kreuzigung unterworfen wurde (15,15b–19). Bei ihm beginnt damit der Bericht über das Leiden Jesu bis hin zu seinem letzten Schrei am Kreuz. Johannes hingegen wollte Jesus auch auf seinem Weg zum Kreuz als den im Vollbesitz seiner Kraft Handelnden darstellen. Nun erscheint aber auch in seiner Darstellung der Misshandlung, die Pilatus anordnet, um Jesus zu retten, der Menschensohn durchaus als Leidender. Dieses Leiden macht Jesus jedoch nicht zum Opfer der den Gesandten Gottes verfolgenden Teufelsmacht. Es gehört vielmehr zu den Versuchen des obersten Richters in Judäa, dem Volk die Unschuld Jesu zu beweisen. Durch diese Umstellung eines bei Markus vorgegebenen Texts gelingt es dem Vierten Evangelisten zugleich, den Verdacht zu entkräften, sein Bericht über die Passion Jesu sei durch und durch vom Doketismus bestimmt.

9.2.2. Ein neuer Anklagegrund: Sohn Gottes

Die Antwort der Juden leitet bereits den zweiten Teil des Gesprächs zwischen Pilatus und Jesus ein: „Wir haben ein Gesetz, und nach dem Gesetz muss er sterben, weil er sich zu [ohne Artikel!] Sohn Gottes gemacht hat" (19,7). Diese Antwort, genauer: „dieses Wort", nämlich die Beanspruchung des Titels „Sohn Gottes" für sich, löst in Pilatus eine „noch größere Furcht" aus. Er wendet sich wieder Jesus zu und fragt: „Woher bist du?" (19,8–9a).

Zunächst zu der Behauptung der Hohepriester[223]. Sie gehen nicht auf das unverständliche Ansinnen des Präfekten ein, sie selbst sollten Jesus kreuzigen, sondern halten sich der Form nach streng an die Gesetzeslage (vgl. 18,31). Aber sie mussten einsehen, dass ihre Behauptung, Jesus als selbsternannter König der Juden könne eine drohende Gefahr für die römische Staatsgewalt sein, bei Pilatus nicht verfing. Nun änderten sie ihre Strategie. Aber was ist mit ihrer neuen Behauptung gemeint?

In den Sitzungen des Hohen Rats, in denen es um die Möglichkeit der Liquidierung Jesu ging, war von der nun Pilatus gegenüber erhobenen Anklage nie die Rede[224]. Der Titel „Sohn Gottes" wurde Jesus fast ausschließlich von anderen zugesprochen, etwa von dem Täufer (1,34) oder Natanaël, der damit aber Jesus als „König von Israel" bezeichnet (1,49). Der Evangelist gebraucht den Titel am Ende der Rede von der Liebe des Vaters, der seinen einzigen Sohn zur Rettung der Welt (hin)gibt (3,16.18).

Jesus selbst spricht von sich als „Sohn Gottes" ein einziges Mal innerhalb eines Streitgesprächs (10,36)[225]. In dieser Diskussion (10,22–38) treffen mehrere Perspektiven aufeinander. Die Juden wollen endlich Klarheit darüber haben, ob Jesus der Messias ist (10,24). Jesus spricht von den Werken, die er im Namen seines Vaters vollbringt. In diesem Zusammenhang sagt er: „Ich und der Vater sind eins" (10,30). Die Juden werfen ihm darauf Gotteslästerung vor, weil er, ein Mensch, sich selbst zu Gott mache (10,33). Wer Jesus keinen Glauben schenkte, konnte seinen Anspruch auf die völlige Identität seines Lehrens und Wirkens mit dem Willen des Vaters so deuten, dass er sich damit „zum Sohn Gottes *mache*".

Was ging den römischen Präfekten aber diese innerjüdische Querele an? Wie konnte dieses Wort über die Selbsternennung Jesu zum Sohn Gottes ihn in „noch größere Furcht" versetzen? Die Annahme liegt nahe, dass Johannes hier wie häufig in seinem Evangelium Worte und Aussagen bewusst mehrdeutig verwendet. Das ist wohl schon bei der Frage des Pilatus: „Was ist Wahrheit?" der Fall. Theologisch betrachtet, beweist er damit, dass er nicht zu denen zählt, die „aus der Wahrheit sind" und darum „(auf) die Stimme" des Gottgesandten hören[226]. Pilatus versteht diese Worte aber nicht in der von Jesus gemeinten Bedeutung. Seine Frage deutet eher auf einen Popularskeptizismus hin, wie er sich etwa bei Cicero findet. Eine zumindest oberflächliche Kenntnis dieses auch und vor allem politisch einflussreichen Denkers wird man bei römischen Statthaltern dieser Zeit voraussetzen dürfen. Jedenfalls half ihnen eine skeptische Einstellung, ihren Auftrag in der ausgesprochen pluralistischen Welt zu erfüllen, der das römische Imperium zur Zeit des Hellenismus ausgesetzt war.

Unter der Annahme einer möglichen Doppeldeutigkeit der jetzt von den Juden erhobenen Anklage gegen Jesus lässt sich die „noch größere

Furcht" des Pilatus von seiner Karriere her verstehen. Er hatte sein Amt (26/27–36/37) in der Regierungszeit des Tiberius (14–37) inne, war von ihm zum Präfekten ernannt worden und stand wohl bis zum Tode dieses Herrschers in seiner Gunst. Tiberius war nach Augustus der zweite römische Kaiser. Der Senat hatte Caesar zum „*Divus* Iulius Caesar" erhoben, ihm also göttliche Verehrung zuerkannt. Dementsprechend bezeichneten sich seine Nachfolger Augustus und Tiberius als „Divi filius" und ließen sich göttliche Verehrung gefallen, ohne sie jedoch zu fordern. Im Osten des Reiches wurde dieser Titel durch θεοῦ υἱός wiedergegeben. Johannes verfasste sein Evangelium wohl noch während der Regierungszeit Domitians (81–96) oder bald danach. Dieser Kaiser akzeptierte nicht nur seine göttliche Verehrung, sondern forderte bzw. förderte sie in hohem Maße. Dadurch war auch der christliche Glaube bedroht, der sich als neue Religion besonders in Kleinasien mehr und mehr bemerkbar machte. Schon deswegen dürfte dem Evangelisten die religiöse Verehrung, die den römischen Kaisern von Anfang an zuteilwurde, zumindest in Grundzügen bekannt gewesen sein.

Unter dieser Annahme bietet der zweite Teil des Gesprächs zwischen Jesus und Pilatus wertvolle Details für das Verständnis der johanneischen Gesamtkonzeption. Es ist nicht ohne Weiteres klar, warum Pilatus fragt: „Woher (πόθεν) bist du?" Die Art und Weise, wie Jesus darauf reagiert, ist hingegen gut zu verstehen. Er gibt darauf keine Antwort (19,9b)[227]; denn diese ging doch bereits aus der Erklärung seines Königtums hervor (18,36–37). Ärgerlich hält ihm Pilatus darauf vor, dass er völlig seiner Macht ausgeliefert sei (19,10). Jesus entgegnet: „Du hättest keine Macht über mich, wenn es dir nicht von oben (ἄνωθεν) gegeben wäre; darum hat der eine größere Sünde, der mich dir ausgeliefert hat" (19,11).

Jesus bezieht das „von oben" sicher auf Gott. Er sagt damit aber auch, dass die richterliche Macht des Präfekten in diesem Prozess eine wirkliche Macht ist, die ihm Gott gewährt. Pilatus wurde zur Erfüllung des an Jesus ergangenen Auftrags als einzigem in der Welt diese Macht verliehen. Darum muss sich ihr Jesus im Sinne des von Gott bestimmten δεῖ fügen. Er tritt hier nicht wie zuvor in der Szene seiner „Verhaftung" als der alleinige Akteur auf.

Pilatus dürfte das „von oben" hingegen auf das ihm vom Kaiser Tiberius, einem „Sohn Gottes", verliehene Amt bezogen haben. Wenn Jesus sich selbst zu einem Sohn Gottes machte, war seine eigene Karriere damit in Gefahr. Darum überfiel ihn nun eine noch größere Furcht. Die Antwort Jesu schien ihn aber überzeugt zu haben, dass ihm die nun vorgebrachte Behauptung der Juden von dem Angeklagten selbst her keinen Grund

zur Furcht bot. Hatte Jesus doch ausdrücklich die Macht bejaht, die dem Präfekten „von oben" gegeben war – sei es im Sinne seiner römischen Vorgesetzten oder von dem Gott selbst, an den Jesus glaubte. Darum versuchte Pilatus erneut, ihn freizulassen (19,12a).
Anders sah die Sache von Seiten der Juden aus (19,12b). Ihren Anführern scheint der im östlichen Raum des Reiches durch θεοῦ υἱός wiedergegebene Titel des Kaisers „divi filius" bekannt gewesen zu sein. Dafür spricht schon die Drohung, dass Pilatus „kein Freund des Kaisers" sei, wenn er Jesus freiließe. Man wird dabei auch berücksichtigen müssen, dass die Gunst des Kaisers bei der Ämterverleihung im Allgemeinen mit einem „do ut des", der klassischen Strategie sozialen Verhaltens verbunden war. Den höchsten religiösen und derzeit auch politischen Führern des Judentums war dieses Verhalten bei der Verleihung von hochrangigen Positionen aus der eigenen Praxis nur zu vertraut. Ihnen dürfte deshalb daran gelegen haben, die näheren Umstände möglichst genau zu erfahren, durch die ein ihnen vorgesetzter Statthalter zu seiner Macht und Würde gekommen war. Pilatus scheint gewusst zu haben, dass Juden Unregelmäßigkeiten auf seinem „Weg nach oben" bekannt waren. Nur von daher wäre letztlich die bei Johannes dargestellte Willfährigkeit ihnen gegenüber zu begreifen, schon bei der Verhaftung Jesu[228], schließlich bei ihrem Verlangen im Anschluss an die Kreuzigung Jesu[229] und vor allem jetzt, als er ihn den Juden zur Kreuzigung auslieferte (19,16), obwohl dies seiner Überzeugung von der Unschuld Jesu widersprach.

9.2.3. Der Sinn des ständigen Wechsels zwischen „draußen" und „drinnen"

Zu Beginn des Abschnitts „Jesus und Pilatus" (Kap. 9.2.1) hatten wir auf die befremdende Nachgiebigkeit des römischen Präfekten gegenüber einem innerreligiös begründeten Verhalten der Juden hingewiesen: Warum ließ er sich darauf ein, die anklagende Partei außerhalb des Prätoriums aufzusuchen, anstatt auf der Prozessführung in dem von der römischen Besatzung dafür bestimmten Amtsgebäude zu bestehen? Noch auffälliger ist das dann folgende ständige Hin und Her zwischen „draußen" und „drinnen" während des Prozesses. Dahinter steht offensichtlich eine gezielte literarische Komposition des Evangelisten, mit der er eine bestimmte Intention verfolgt.

Pilatus geht zu den das Prätorium nicht betretenden Juden hinaus[230]. Dann geht er wieder in das Amtsgebäude hinein[231] und ruft Jesus zu sich.

9.2 Jesus und Pilatus 123

Nach dem ersten Gespräch mit ihm geht er wieder zu den Juden hinaus[232]. Nach der – offenbar im Inneren des Amtsgebäudes vorgenommenen – Geißelung Jesu geht er wieder hinaus[233], um den Juden den schuldlosen Menschen vorzuführen. Jesus, von der Folter gezeichnet, musste deswegen nach draußen gehen[234]. Nach dem dann von den Juden vorgebrachten neuen Argument geht Pilatus wieder zu Jesus (der sich also inzwischen wieder im Prätorium befindet) hinein[235]. Nach der seine Furcht wohl mildernden Antwort Jesu (19,11) scheint Pilatus gewillt, den Angeklagten freizulassen. Als er aber von draußen die Juden schreien hört, er sei kein Freund des Kaisers, wenn er Jesus freilasse (19,12), lässt er diesen Gedanken fallen. Er führt Jesus hinaus[236] und setzt sich auf den Richterstuhl, den wir uns wahrscheinlich ebenfalls außerhalb des Prätoriums vorzustellen haben[237]. Die dort von ihm geäußerten Worte zugunsten Jesu sollen wohl nur die alsbald erfolgende Übergabe zur Kreuzigung bemänteln.

Auch Markus benutzt das Wort ἔξω, um die Jesu Wort und Handeln nicht Verstehenden als die da „draußen" von denen abzuheben, die um ihn geschart sind[238]. Aber ein spezifischer, einen bestimmten Ort markierender Gebrauch von „draußen" und „drinnen" findet sich allein bei Johannes, und zwar verbunden mit einem ständigen Wechsel zwischen diesen Bereichen, der von literarischem Geschick zeugt. Welche Intention ist mit diesem Wechsel verbunden?

Behält man das ganze Evangelium von seinem Prolog an im Blick, dann gibt es eine schlüssige Antwort auf diese Frage. Das „Draußen" ist der Ort der Finsternis, die sich gegen das vom Wort des Lebens ausgehende Licht der Menschen versperrt (Joh 1,4–5). Dies ist der Standort der selbsternannten Herren Israels. Ihren falschen Schein von Autorität nutzen sie schonungslos aus, um die Volksmenge zu einer Gewalttat aufzuhetzen, die den Vertreter des römischen Imperiums dem Gelächter preisgibt.

Drinnen im Prätorium findet kein eigentliches Verhör Jesu durch den Vertreter Roms statt, sondern geradezu ein Dialog auf gleicher Augenhöhe. Auch hier leuchtet das gottgesandte Licht in die Welt, die also über die Welt der Juden hinausreicht. Vergleicht man diesen Dialog mit den zuvor geschilderten innerjüdischen Streitgesprächen, so fällt auf, wie sorgfältig Pilatus zuhört. Dass Jesus ein wirklicher König der Juden sei, lässt er als Möglichkeit gelten. Schließlich hatte nicht lange zuvor fast dreißig Jahre lang Herodes als König unter und zumeist durchaus im Sinne der römischen Herrschaft regiert. „Dein Volk und die Hohepriester haben dich an mich ausgeliefert", sagt Pilatus (18,35). Wenn sein Königtum von dieser Welt wäre, hätten seine Soldaten dafür gesorgt, dass er „nicht den Juden ausgeliefert" würde, sagt Jesus (18,36). Beide stehen sich nicht als Gegner gegenüber. Als Jesus von sich als König spricht, der zum Zeugnis für die Wahrheit in die Welt gekommen ist, fragt Pilatus lediglich: „Was ist Wahrheit?", bevor er nach draußen zu den Juden geht und sagt, dass er keine Schuld an ihm finde (19,38). Aus Furcht, die Drohungen der Juden könnten schließlich zum Verlust seiner Position führen, zieht er am Ende doch die Finsternis dem Lichte vor.

9.3. Rückblick auf „diese Welt"

Mit dem Satz: „Der mich dir auslieferte, hat darum größere Sünde" (19,11b) beendet Jesus nicht nur seine Erwiderung auf die von Pilatus betonte Macht über ihn. Es ist auch sein letztes Wort vor Vertretern dieser Welt. Wie ist dieses Wort zu verstehen? Auch Pilatus ist schuldig. Aber er handelt nicht aus einer Macht heraus, die er sich selbst anmaßt, sondern aufgrund eines ihm vom Kaiser verliehenen Amtes. Die höchste Obrigkeit der Juden ist hingegen durch wechselseitiges Hochrühmen zum falschen Schein ihrer Autorität gelangt (s. Kap. 5.2–5.3). Das Maß, wonach die Größe der Sünde bemessen wird, entspricht der Definition der Sünde am Ende des Gesprächs zwischen Jesus und Nikodemus: „Jeder, der Böses tut, hasst das Licht und kommt nicht zum Licht, damit seine Taten nicht aufgedeckt werden" (3,20; s. Kap. 4.2).

Gibt es auch Entsprechungen zwischen dem Gespräch Jesu mit Pilatus und dem mit Nikodemus? Zunächst einmal fällt auf, dass diese beiden Dialoge die einzigen längeren Gespräche im Johannesevangelium sind, die Jesus mit einer einzelnen Person führt. In beiden ist Jesus indirekt mit der Macht der Herren über das jüdische Volk konfrontiert. Pilatus spielt eigentlich nur eine Nebenrolle im Netz dieser Macht, das auch ihn umfängt. Nikodemus wird vom Evangelisten als einer jener Herren eingeführt. Er gehört der Gruppe der Pharisäer an. Sein Titel „ἄρχων der Juden" kennzeichnet ihn wohl als Mitglied des Hohen Rats, also ihrer obersten Gerichtsinstanz (Joh 3,1)[239]. Nikodemus sucht Jesus bei Nacht auf. Er beginnt mit der Feststellung: „Rabbi, wir wissen, du bist ein Lehrer, der von Gott gekommen ist; denn niemand kann die Zeichen tun, die du tust, wenn nicht Gott mit ihm ist" (3,2). Jesus wird hier als „Lehrer" angesprochen; und auch Jesus selbst betrachtet den nächtlichen Besucher als solchen (3,10).

Nikodemus gibt seiner Ansicht Ausdruck, dass Jesus wegen der in Jerusalem gewirkten Zeichen (vgl. 2,23) ein von Gott gekommener Lehrer sein muss. Er spricht nicht von seiner persönlichen Überzeugung. Die

9.3 Rückblick auf „diese Welt"

Formulierung „wir wissen" (οἴδαμεν) ist als eine Schlussfolgerung aus dem zu verstehen, was die für das Judentum maßgebliche Tradition über solche Zeichen sagt. Der Gebrauch des Plurals deutet darüber hinaus darauf hin, dass sich Nikodemus als Repräsentant der Männer versteht, die für den rechten Glauben in Israel verantwortlich sind. Außer in den an Nikodemus selbst gerichteten Worten spricht auch Jesus hier im Plural von denen, für die seine Darlegungen bestimmt sind (3,7.11.12). Schon mit der – wohl als Frage zu verstehenden – Feststellung des Nikodemus deutet sich aber eine Inkonsequenz an. Er sagt, was die das jüdische Volk Führenden aufgrund von Schrift und Tradition über Jesus wissen *sollten*. Aber er kommt des Nachts zu Jesus. Im Zusammenhang mit den anderen Stellen, wo Nikodemus genannt wird, ist dies wohl als heimlich zu werten. Seine Überzeugung als Lehrer wird zwar von einigen in der Führungsschicht geteilt, nicht aber von denen, die hier das Sagen haben. Mit diesen möchte er nicht in Konflikt geraten[240].

Einen inhaltlichen Bezug des Gesprächs Jesu mit Pilatus zu dem mit Nikodemus scheint der Evangelist durch die Verwendung des mehrdeutigen Wortes ἄνωθεν in beiden Fällen anzudeuten. Beide Gesprächspartner verstehen es „dem Fleische" (3,6) bzw. dem „Denken dieser Welt" nach (19,8.10). Nikodemus fragt, wie denn jemand „von neuem" geboren werden könne. In seiner Antwort weist Jesus auf das Geborenwerden „aus dem Geist (πνεῦμα)" hin (3,5–8). Hier wie auch in der Unterredung mit Pilatus gibt der Verweis auf das ἄνωθεν eine Antwort auf die Frage nach dem Woher (πόθεν). Pilatus möchte wissen, „woher" Jesus stammt, um die neue Anklage der Juden richtig einordnen zu können (19,9).

Im Gespräch mit Nikodemus gebraucht Jesus dieses Wort, um den Übergang vom Verständnis des ἄνωθεν als „von Neuem geboren" werden zu der Geburt aus dem Geist vorzubereiten: „Der Wind (πνεῦμα) weht, wo er will; du hörst sein Brausen, weißt aber nicht, woher (πόθεν) er kommt und wohin er geht. So ist es mit jedem, der aus dem Geist (πνεῦμα) geboren ist" (3,8).

Die an Nikodemus gerichteten Worte münden in zentrale Aussagen über den Grund dafür, warum Jesus, der einzige Sohn Gottes, in diese von Finsternis bedeckte Welt gekommen ist, und wie diese von Gott geliebte Welt gerettet werden kann: durch den Glauben an das in die Finsternis gesandte Licht (3,13–21). Um zum Glauben an dieses Licht zu kommen, bedarf es einer Neugeburt aus dem Geist, der weht, wo er will. Der Erklärung des Wesens dieser Neugeburt dient das gesamte Evangelium. An den Anfang und das Ende dieser Verkündigung vor der Welt sind aber zwei Personen gestellt, denen es nicht gelingt, sich von dem Geiste Gottes aus „dieser Welt" reißen zu lassen. Der Grund für dieses Misslingen liegt darin, dass sie nicht auf die hohe Position verzichten wollen, die sie in dieser Welt bekleiden. „[...] sogar von den führenden Männern (ἀρχόντων) kamen viele zum Glauben an ihn; aber wegen der Pharisäer bekannten sie es nicht offen, um nicht aus der Synagoge ausgestoßen zu werden[241]. Denn sie liebten den Ruhm (δόξα) der Menschen mehr als die Ehre (δόξα) Gottes" (12,42f).

Nikodemus fürchtet, bei einem offenen Bekenntnis zu Jesus als Künder der Wahrheit seine ruhmreiche Position zu verlieren, die ihm wohl auch zu einem beträchtlichen Wohlstand verholfen hatte. Wie hätte er sonst bei seinem Versuch, Jesus wenigstens nach seinem Tode die „letzte Ehre" zu erweisen, eine solche für den Zweck der Bestattung in diesem Fall untaugliche Menge kostbarsten Salböls (19,39f) mitbringen können? (s. Kap. 7.3.3) Pilatus fürchtet, dass die jüdische Oberschicht über eine gute Kenntnis von zweifelhaften Seitenwegen in seiner Karriere verfügt. Fügt er sich nicht ihren gegen Gesetz und Moral verstoßenden Forderungen, dann könnte dies den Verlust seines Amtes zur Folge haben. Beide ziehen den Schein von Autorität dem Licht vor, das sie zum Einstehen für ihr besseres Wissen ruft.

Im ganzen Johannesevangelium ist nur von einem Menschen die Rede, der wirklich wiedergeboren wird (s. Kap. 5.5 zu Joh 9). Der von Jesus geheilte Blindgeborene kommt von Anfang an zu der Einsicht, dass das ihm zuteilgewordene Geschehen sich nur als Zeichen der Kraft Gottes erklären lässt. An dieser Einsicht hält er trotz aller aufwendigen Versuche der Pharisäer fest, ihm das bisher stärkste Argument gegen Jesus zu entlocken. Selbst im Bewusstsein, aus der Gemeinschaft des Gottesvolkes Israel verstoßen zu werden, widersteht er nicht nur dem raffinierten Vorgehen der geistlichen Herren Judäas. Dieser Mensch wagt es sogar, an ihrem angemaßten Heiligenschein zu rütteln und ihnen spöttisch entgegenzutreten. Er wurde in eine Welt der Finsternis hineingeboren, in die er sich nicht selbst verfangen hatte. In diese für ihn gleichsam natürliche Welt hatte Gott ihn versetzt, damit er durch das ihm von Jesus geschenkte Licht denen, die der Evangelist „diese Welt" und auch „die Welt" nennt, den Schleier ihrer verlogenen Macht vom Gesicht reißen konnte.

Betrachtet man von dem zentralen neunten Kapitel aus die Gespräche Jesu mit Nikodemus und Pilatus als den Rahmen um das öffentliche Wirken Jesu, dann bekommt der Begriff der Welt, die der Finsternis verfallen ist, klarere Konturen. „Diese Welt" ist nicht – wie schon der Prolog zu suggerieren scheint – mit „den Juden" gleichzusetzen (s. Kap. 2.3). Sie umfasst auch das römische Imperium bzw. das, was von diesem in der Gestalt des Präfekten von Judäa beim Vierten Evangelisten in den Blick kommt. Es geht ihm nicht um einen korrekten Bericht dessen, was sich zur Zeit Jesu zugetragen hat. Er versucht vielmehr aus dem, was ihm überliefert wurde, den Kern des von Jesus Offenbarten zu sezieren. Da ist auf der einen Seite „die Welt". Der Evangelist versteht darunter das Produkt derer, die ihr böses Tun vor dem Licht verbergen, um nicht ihre im Geflecht gegenseitigen Rühmens erlangte Führungsposition aufs Spiel zu setzen. *Diese* Welt ist und bleibt die Macht, vor der sich der Mensch zu bewähren hat, um von Gott gerettet werden zu können.

9.4. Der Gekreuzigte

Mit der Pilatusszene ist für Johannes die Auseinandersetzung Jesu mit den Feinden des Lichts ans Ende gelangt. Sie treten im Grunde gar nicht mehr in Erscheinung. Der Evangelist blickt auf die letzten Schritte Jesu zur Vollendung seines vom Vater erteilten Auftrags aus der Perspektive des bereits Erhöhten zurück. Um diese Perspektive deutlich zu machen, ist weiterhin ein Vergleich mit dem wichtig, was aus der synoptischen Tradition als Johannes bekannt vorausgesetzt werden kann. Dies ist als Grundgerüst zunächst wieder das Markusevangelium. Was den Inhalt angeht, benutzt er dessen Text wie zuvor aber nur als Material, dem er Teile für seine eigene Gestaltung entnimmt. Stärker als bisher tritt neben Weglassungen und Hinzufügungen jetzt die andere Anordnung ähnlicher Textstücke hervor.

9.4.1. Kreuzigung und Kleiderverteilung

Pilatus hatte Jesus den Juden zur Kreuzigung *ausgeliefert*[242]. Der nächste Satz lautet: „Sie übernahmen (παρέλαβον) nun Jesus" (19,16b). Der Sache nach können damit nur die römischen Soldaten gemeint sein. Aber von der Wortwahl und einer früheren Äußerung des Pilatus her gesehen (19,6), liegt hierin eine Anspielung auf die Juden als die eigentlichen Täter. Stärker in die Augen springt, dass Jesus selbst sein Kreuz trägt. Alle drei Synoptiker berichten, dass ein gewisser Simon von Kyrene gezwungen wird, das Kreuz Jesu zu tragen[243]. Die johanneische Fassung braucht jedoch nicht doketistisch gewertet zu werden. Denn bei Markus und Matthäus folgt der Aufbruch zur Kreuzigung unmittelbar nach der Folterung und Verspottung Jesu durch die Soldaten. Johannes hatte diese Episode aber schon als Zwischenstück in den Versuch des Pilatus hineingenommen, Jesus freizulassen. Es liegt hier also eine geraume Zeit zwischen den beiden Handlungen[244].

Der Weg führt in allen vier Evangelien zur „Schädelstätte", hebräisch „Golgota". Dahin wird Johannes zufolge Jesus aber nicht „gebracht" (φέρουσιν: Mk 15,22). Er „geht [dorthin] hinaus" (ἐξῆλθεν: Joh 19,17). Schon an dieser Stelle bemerkt der Evangelist: „(Dort kreuzigten sie ihn und) mit ihm zwei andere, auf jeder Seite einen, in der Mitte aber Jesus" (19,18)[245]. Bei den Synoptikern werden die „zwei anderen" näher als „Räuber" bzw. „Verbrecher" bezeichnet[246].

Unmittelbar danach nennt Johannes den Kreuzestitel „Jesus von Nazaret, der König der Juden", der bei den Synoptikern in leicht veränderter Form ebenfalls erst später erwähnt wird[247]. Diesen Titel nutzt der Vierte Evangelist zur Komposition einer weiteren Kontroverse zwischen Pilatus und den Hohepriestern (19,19–22). Seine Hinzufügung, dass der Titel in hebräischer, lateinischer und griechischer Sprache abgefasst war und von vielen Juden gelesen wurde (19,20), könnte soteriologische Bedeutung haben. Der Hinweis auf die Mehrsprachigkeit ist vielleicht im Sinne der in den Abschiedsreden erläuterten Sendung der Jünger in die Welt zu verstehen[248].

Ausgelassen ist (wie bei Lukas) der bei Markus (15,23) und Matthäus (27,34) zu findende Hinweis auf ein Jesus vor der Kreuzigung gereichtes Getränk, das dieser aber nicht nahm. In allen Evangelien wird erwähnt, dass nach der Kreuzigung die Soldaten die Kleidung Jesu unter sich verteilten[249]. Bei den Synoptikern gibt es dazu nur eine kurze Notiz. Auch sie bemerken, dass die Verteilung erfolgt, indem man über die Kleidungsstücke (ἱμάτια) ein Los wirft (βάλλειν κλῆρον bzw. κλήρους: Lk 23,34). Niemand von ihnen verweist aber darauf, dass dies gemäß der Schrift geschah[250], obwohl gerade der Psalm 22 (21 LXX) in der Leidensgeschichte mehrmals zumindest anklingt.

Johannes bietet statt der kurzen Notiz eine ausführliche Schilderung der Kleiderverteilung. Diese sei geschehen, „damit die Schrift erfüllt werde (πληρωθῇ)" (19,24b). Der entsprechende Psalmvers wird dann wörtlich nach der Septuaginta zitiert. Dabei fällt auf, dass der Inhalt der Schilderung weit über das zitierte Wort hinausgeht[251].

9.4.2. Schriftzitate im johanneischen Passionsbericht

Schon an dieser Stelle erscheint mir ein genauerer Blick auf die unterschiedliche Behandlung der Schriftstellen wichtig, die gerade in den Berichten über das Leiden Jesu eine große Rolle spielen. Keiner der Synoptiker macht diese Stellen als Zitate kenntlich. Im Hinblick auf *Markus* dürfte dies damit zusammenhängen, dass die ihm vorliegende Passionsgeschichte wie auch ein Teil der von ihm tradierten Wunderberichte zur Zeit der frühen Debatten zwischen Judenchristen und jüdischen Gelehrten abgefasst wurden. Für beide Teile waren solche „Anspielungen" ohne weiteres als Verweise auf die Schrift erkennbar. *Lukas* schreibt (besonders) für philosophisch Gebildete im römischen Reich, wie sich nicht zuletzt an seiner Umformung der Reaktion des Hauptmanns angesichts des letzten Wortes Jesu zeigt[252]. Für diese Adressaten war die Verifikation von Schriftverweisen ohne Belang[253]. Bei *Matthäus* setzt die im Zusammenhang des Leidens Jesu fehlende Angabe der Schriftstelle jedoch in Erstaunen. Vor allem er beweist doch Gesagtes oder Geschehenes ständig durch ein Schriftwort. Dies geschieht wohl zumeist aus apologetischen Gründen. In der neuen Situation nach der Zerstörung Jerusalems standen sich Juden und Christen in wachsendem Maße feindlich gegenüber. Darum musste Matthäus zeigen, dass in der Geschichte Jesu die Voraussagen in den Schriften Israels zur Erfüllung kamen. Die von Markus überlieferte Geschichte des Leidens Jesu wollte er aber möglichst unangetastet stehenlassen. Die schriftkundigen Juden hätten ja erkennen können, dass hier fast jedes Detail dem in der Schrift Gesagten entsprach[254].

Johannes verweist auch vor dem Bericht über die Kreuzigung auf die Erfüllung von Schriftstellen, ohne dass dahinter allerdings ein systematischer Leitgedanke zu stehen scheint[255]. In Schriftverweisen zu Geschehnissen während und unmittelbar nach der Kreuzigung wird hingegen eine klare Zielsetzung erkennbar. Schon angesichts der Ausführlichkeit, mit der Johannes die Verteilung der Kleidung schildert, kann man sich fragen, ob er wegen dieses Ziels Markus nicht eine genauere Lektüre der Schrift entgegenhalten will. Diese Frage stellt sich mit Sicherheit beim nächsten Zitat[256].

Hinter dem bei allen Evangelisten erwähnten Essigtrank[257] steht wahrscheinlich die Äußerung der Klage in Ps (69)68,22: „Sie gaben mir Galle zur Speise / und für den Durst gaben sie mir Essig zu trinken"[258]. Keiner der Synoptiker spricht von einem Durst des Klagenden. Gerade dieser Durst wird aber von Johannes zu Beginn seiner Anknüpfung an den Psalm betont:

"(...) da Jesus wusste, dass nun alles vollendet (τετέλεσται) war, sagte er, damit sich die Schrift erfüllte (τελειωθῇ): Mich dürstet. Ein Gefäß voll Essig stand da. Sie steckten einen Schwamm mit Essig auf einen Ysopzweig und hielten ihn an seinen Mund. Als Jesus von dem Essig genommen hatte, sprach er: Es ist vollendet (τετέλεσται)! Und, indem er das Haupt neigte, gab er seinen Geist auf" (19,28–30).

Außer der Erwähnung des Durstes erinnert bei Johannes nur noch das Wort „Essig" an den Psalmvers. Deutlich ist hingegen die Anknüpfung an den Text bei Markus (und Matthäus) zu erkennen[259]. Worin liegen dann aber die Gemeinsamkeiten und die Unterschiede zwischen Markus und Johannes[260].

Klar zutage liegt zunächst, dass der Vierte Evangelist das für die Synoptiker im Blick auf den Gekreuzigten zentrale Geschehen völlig übergeht. Dazu gehört zunächst der Spott der „Vorübergehenden", der Hohepriester (mit Verweis auf den am Kreuz angebrachten Titel[261]) und der mit Jesus Gehängten (Mk 15,29–32). Nachdem Jesus (Psalm 22,2a auf Aramäisch betend) seinen Schrei der Gottverlassenheit: „Eloi, Eloi, lema sabachtani" ausgestoßen hatte (Mk 15,34), folgen noch schlimmere Lästerungen. Einige der Dabeistehenden drehen dem da Hängenden auch noch sein letztes Wort im Munde um und sagen: „Hört, er ruft nach Elija!" (15,35). Die hebräische Fassung „Eli, Eli [...]" hätte ein Jude, den zitierten Psalm missachtend, allenfalls noch auf Elija deuten können, nicht aber das „Eloi". Anderen Gleichgesinnten, die etwas weiter entfernt waren, konnte diese Behauptung aber einleuchten, weil der Prophet Elija im Volk als Nothelfer galt. „Da lief einer, füllte einen Schwamm mit Essig, steckte ihn auf ein Rohr und reichte ihn Jesus zu trinken. Dabei sagte er: Lasst uns doch sehen, ob Elija kommt und ihn herabnimmt!" (Mk 15,36). Unmittelbar danach folgt der Satz: „Mit einem lauten Schrei hauchte Jesus aber (seinen Lebensatem) aus" (15,37[262]).

Das implizite Psalmzitat steht hier innerhalb der vorgeblichen Annahme eines an Elija gerichteten Hilferufs. Jesus, bereits im Sterben begriffen, konnte nicht den Wunsch geäußert haben, seinen Durst zu stillen. Die Aktion geht von den Spöttern aus. Im Sinne von gegorenem Wein ist ὄξος hier vielleicht als Volksgetränk[263] zu verstehen. Jedenfalls wird zumeist angenommen, dass man Jesus den Trank gab, um seinen Tod hinauszuzögern und damit seine Schmerzen zu verlängern. Wegen des von den Spöttern nicht erwarteten plötzlichen Todes konnte Jesus aber nicht davon trinken.

Wie ist demgegenüber das bei Johannes zu findende Zitat zu verstehen? Es ist zunächst einmal die einzige Stelle im Hinblick auf die Kreuzi-

9.4 Der Gekreuzigte

gung, an der sich eine Beziehung des Evangeliums nach Johannes zu dem des Markus erkennen lässt. Eine Verspottung Jesu, seine beiden Schreie vom Kreuz und die Reaktion des Hauptmanns sind nicht erwähnt. Erst der Hinweis auf die *bei* dem Kreuz stehenden Frauen (Joh 19,25) könnte an die *von fern* zuschauenden Frauen anknüpfen, die Markus aber erst nach dem Tode Jesu erwähnt (15,40).

Dem Vierten Evangelisten zufolge ist der am Kreuz Erhöhte der allein Handelnde. Schon die bei Markus nur implizit erkennbare Schriftstelle von der Kleiderverteilung wird von Johannes zitiert und mit anderen Akzenten wiedergegeben. Dies gilt auch für den Halbvers im Klagepsalm 69 über den Essig als das einzige, was man dem Durstenden zu trinken gibt[264]. Nicht irgendwer hält Jesus den Trank unaufgefordert hin. Jesus selbst sagt: „Mich dürstet". Im Unterschied zum Markustext nimmt Jesus den ihm in einem Schwamm an den Mund gehaltenen Essig zu sich, obwohl auch hier gleich danach zusammen mit Jesu letzter Äußerung sein Tod berichtet wird (Joh 19,28–30).

Warum folgt Johannes mit diesen Schriftworten dem Markustext, zwar recht genau dem dort gegebenen Aufbau entsprechend, aber inhaltlich erheblich von der Vorgabe abweichend?

Jesus vollendet hier den ihm vom Vater gegebenen Auftrag. Er trinkt den Kelch, den ihm der Vater gegeben hat (vgl. 18,11b). Etwas anderes dürfte aber wichtiger sein. Jesus spricht die Worte: „Mich dürstet", als er wusste, dass schon alles vollbracht war. Der griechische Text lautet: εἰδὼς ὁ Ἰησοῦς ὅτι ἤδη πάντα τετέλεσται, ἵνα τελειωθῇ ἡ γραφή, λέγει· διψῶ. Im Allgemeinen wird τελειωθῇ hier durch: „(damit die Schrift) *erfüllt werde*" übersetzt. Dieses Verständnis von τελειοῦν bietet sich aber an keiner Stelle im Neuen Testament an. Für das „Erfüllen" von Schriftworten wird fast immer πληροῦν (Passiv) verwendet. Dies trifft auch auf Johannes zu. Darüber hinaus bezeichnet Johannes sonst durch τελειοῦν das Vollbringen des Jesus vom Vater aufgetragenen Werks (4,34; f.36; 17,4) und verwendet das Verb τελεῖν nur hier für das Vollbrachtsein dieses Auftrags (19,28.30). Die Art und Weise, wie der Vierte Evangelist das Schriftzitat einführt, macht deutlich, dass er das Vollbringen des Werks Jesu bewusst mit dem Zum-Ziel-Kommen der Schrift verbindet[265].

Berücksichtigt man die unterschiedliche Perspektive in den beiden Berichten über den Tod Jesu, dann lässt sich eine merkwürdige Parallele zwischen ihnen feststellen. Schon bei Markus war mit der im Gebet zu Gott geschrienen Frage nach dem Warum der Gottverlassenheit das Jesus aufgetragene Werk vollendet: Er geht im Glauben an Gott in die vom Menschen nie auslotbare Tiefe der Liebe Gottes hinein. Was zwischen dem ersten lauten Ruf (ἐβόησεν φωνῇ μεγάλῃ: Mk 15,34) und dem im lauten Schrei (ἀφεὶς φωνὴν μεγάλην: Mk 15,37) ausgehauchten Lebensatem liegt, ist eine Sache der Spötter, die nichts mit der Beziehung des Sohnes zum Vater zu tun hat[266] – außer dem impliziten Verweis auf Psalm 69,22. Diesen Verweis greift Johannes auf und entfaltet ihn zwischen dem Wort über das Wissen Jesu, dass bereits alles vollendet ist, und diesem ins Wort gefassten Wissen (vgl. Joh 19,28a mit 19,30a). Der Evangelist nutzt das Psalmwort, um zwischen den beiden Hinweisen auf das von Jesus vollbrachte Werk zu betonen, dass damit auch der Sinn der Schriften Israels ans Ziel gelangt ist. Markus berichtet im Blick auf das grauenvolle Vollbringen von Gottes Willen. Johannes versucht, das Wesentliche an diesem Geschehen aus der Perspektive des Erhöhten im Blick auf die vollbrachte Rettung der Menschen darzustellen. Doch lässt sich das Wesentliche der Rettung des Menschen durch Jesus unter Abstraktion von dem unsäglichen Leiden sagen, in dem Jesus die Liebe des Vaters zur Welt vollbringt (vgl. Joh 3,16f)?

Unmittelbar nach dem Bericht über den Tod Jesu folgt bei Johannes nun eine Passage, für die es bei den Synoptikern keinerlei Entsprechung gibt (19,31–37). Am Ende der geschilderten Handlungen stehen zwei weitere Schriftzitate (19,36f). Die Geschehnisse, auf die sich die Zitate stützen, wirken seltsam. „Die Juden" treten an Pilatus mit der Bitte heran, die Körper der Gekreuzigten nicht während des Sabbats am Kreuz bleiben zu lassen, der überdies „ein hoher Festtag"[267] sei. Ihre Beine sollten darum zerschlagen und (ihre Leichen dann) weggeschafft[268] werden (19,31). Ohne Erwähnung, dass Pilatus dieser Bitte stattgibt (dies ist hier einfach vorausgesetzt), kommen die Soldaten und zerschlagen den beiden mit Jesus zusammen Gekreuzigten die Beine, nicht aber Jesus, da sie sahen, dass dieser schon tot war. Stattdessen (um ganz sicher zu gehen?) stößt einer der Soldaten mit einer Lanze in seine Seite (19,32–34a).

Dass Pilatus, der schon der Forderung der Juden, Jesus zu kreuzigen, nur widerwillig nachgegeben hatte, sich überhaupt auf dieses Ansinnen einließ und zu dessen Erfüllung auch noch seine Soldaten abkommandierte, ist unwahrscheinlich. Diese Darstellung ist auch schwer in Einklang zu bringen mit dem danach folgenden Bericht über das Begräbnis Jesu. Dort gibt Pilatus der höflichen Bitte Josefs von Arimathäa statt, den Leichnam Jesu wegnehmen zu dürfen (19,38) – den die Soldaten doch schon mit den Leichen der Mitgekreuzigten fortgeschafft haben sollten. Wenn die Soldaten feststellten, dass Jesus schon tot war, hätten sie ihn einfach vom Kreuz genommen, oder, falls noch Unsicherheit darüber bestand, auch seine Beine wie die der beiden anderen zerschlagen. Warum

9.4 Der Gekreuzigte

sollte sich einer von ihnen der Mühe unterziehen, noch seine Lanze zur Verifikation des Todes einzusetzen?

Man kann sich schwer des Eindrucks erwehren, dass der Evangelist hier Fakten konstruiert hat, die als Basis für seine beiden letzten Schriftzitate dienen konnten. Dann besteht die Hauptaufgabe für die Interpretation der Passage aber darin, diese Zitate richtig zu deuten. Das erste lautet: „Denn das ist geschehen, damit sich das Schriftwort erfüllte: ‚Man soll an ihm kein Gebein zerbrechen'" (19,36)[269]. Der Sinn dieses Zitats dürfte sein, dass nicht nur – wie 19,28 betont – die *Schrift* Israels an ihr Ziel gelangt ist, sondern auch der jüdische *Kult*. Dessen Zentrum war die Paschafeier, bei der ursprünglich die Schlachtung und der Verzehr des Lamms am selben Tage stattfanden (vgl. Ex 12,8.10). An die Stelle dieses blutigen, an einem Lamm vollzogenen Ritus tritt die Tötung dessen, der bis in seine Selbsthingabe den ihm vom Vater gegebenen Auftrag erfüllt. Selbst nach dem Tode des ihnen zur Befreiung aus „dem Hause der Knechtschaft" Gesandten missachten die Juden das ihnen von Gott gegebene Gesetz, indem sie das Zerschlagen seines Gebeins verlangen. Wenn der Evangelist hier auf den ursprünglichen Vollzug der Paschafeier verweist, nimmt er vielleicht auch die von ihm geübte Kritik an der auf Jerusalem zentrierten Macht der jüdischen Theokratie[270] auf[271].

Der letzte, ebenfalls als Schriftwort zitierte Satz im Bericht über das Geschehen am Kreuz lautet: „Sie werden auf den blicken, den sie durchbohrt haben" (19,37[272]). Wie die von Johannes herangezogene Prophetie des Sacharja muss das Wort als eine Verheißung für die Zukunft verstanden werden; denn der durchbohrte Leib Jesu selbst wurde ja schon wenige Stunden später, fest mit Binden umwickelt (19,40), begraben[273].

10. Von der Bestattung bis zum Ostermorgen

Für die Berichte über die Geschehnisse nach dem Tod Jesu bis zum Ende der Erscheinungen des Auferstandenen wird die Frage nach der Abhängigkeit des Vierten Evangeliums von den Synoptikern noch schwieriger als zuvor. Ein fast allgemeiner Konsens besteht darüber, dass Johannes die Evangelien des Markus und des Lukas, nicht aber das des Matthäus gekannt hat. Darüber hinaus scheint Johannes Markus eine größere Nähe zu den Ursprüngen der christlichen Tradition zuzutrauen als Lukas. Die Berichte des Markus nutzt er auf weiten Strecken als Grundgerüst für den Aufbau seiner eigenen Darstellungen, nicht aber das Evangelium des Lukas. Nachweisliche Inanspruchnahmen dieses Textes beziehen sich fast ausschließlich auf lukanisches Sondergut. Man gewinnt den Eindruck, dass bereits Johannes das Evangelium des Lukas „redaktionskritisch" gelesen hat und er darin einen Verwandten für seine eigene Bearbeitung traditioneller Vorgaben erkennt. Lukanische Texte dienen ihm noch mehr als die des Markus gleichsam als Steinbruch, dem er wichtige Motive für seine eigenen Kompositionen entnimmt. Diese Beobachtungen sind im Folgenden an Einzelbeispielen zu überprüfen.

10.1. Die beteiligten Frauen

Bei allen Evangelisten werden Frauen als Augenzeugen dessen genannt, was sich am Ende des Lebens Jesu ereignet[274]. Dass sie dies „von Weitem" wahrnehmen, berichten die Synoptiker. Nur Markus scheint damit aber (im Vorblick auf das Versagen der Frauen am leeren Grab?) einen Gegensatz zu dem bekennenden Hauptmann andeuten zu wollen, der beim Sterben Jesu diesem unmittelbar gegenüberstand. Die Namen und die Anzahl der von allen Evangelisten aufgeführten Frauen variieren. Bei keinem fehlt aber Maria von Magdala. Nur Johannes erwähnt die Mutter Jesu, die mit den anderen Frauen *bei* dem Kreuz Jesu stand. Während in seinem Evangelium außer Maria von Magdala danach keine Frau mehr vorkommt, spielen bei den Synoptikern die als Augenzeugen der Kreuzigung genannten Frauen für den Fortgang der Ereignisse eine beträchtliche Rolle. Schon bei ihrer ersten Erwähnung wird gesagt, dass sie Jesus von Galiläa aus gefolgt waren. Erst nach der von Josef aus Arimathäa vorgenommenen Bestattung Jesu ist allerdings wieder von ihnen die Rede.

Markus (und mit leichten Änderungen auch Matthäus und Lukas) zufolge wurde Jesus noch am Abend nach seiner Kreuzigung, vor dem Anbruch des darauf folgenden Sabbats, durch Josef von Arimathäa, einem angesehenen Mitglied des Hohen Rats, bestattet. Er kaufte (ein) Leinentuch (σινδών), mit dem er den Leichnam fest umwickelte[275], legte ihn in ein Felsengrab und wälzte einen Stein davor (Mk 15,42–46). Von einer Salbung mit wertvollen Kräuterölen ist nicht die Rede. Maria von Magdala und eine andere Maria beobachteten, wohin er gelegt wurde (15,47). Als der Sabbat vorüber war, gingen (Markus und Lukas zufolge) die Frauen mit wohlriechenden Kräuterölen (ἀρώματα) zum Grab, um Jesus zu salben. Die naheliegende Frage wird nicht gestellt, wie sie denn Jesu Leib salben wollten, der doch mit dem Leinentuch geradezu eingeschnürt war.

Johannes weicht erheblich von der Schilderung der Synoptiker ab. Außer Josef von Arimathäa kommt auch Nikodemus, der eine ungeheure Menge von Kräuterölen mitbrachte[276]. Mit diesen zusammen wird der Leichnam Jesu von ihnen umwickelt. Beim Vergleich mit dem Markustext (15,46) fallen zwei Änderungen auf. Zum einen verschärft der Vierte Evangelist das „feste Umwickeln" des Leibes dadurch, dass er stattdessen das Verb δεῖν verwendet. In der Bedeutung von „fesseln" kommt dieses Wort, dem vorherrschenden Sprachgebrauch entsprechend, bei ihm im Zusammenhang der Gefangennahme Jesu und seiner Weiterleitung an Kajaphas (18,12.24) vor. Außerdem gebraucht er es hier (19,40) und in dem Bericht über die Totenerweckung des Lazarus (11,44) im Sinne von „fest umschnüren". Soll damit an diese Geschichte erinnert werden? Dafür spräche auch, dass der Leichnam Jesu bei seiner Bestattung mit in der Antike als wertvoll angesehenem Leinen umwickelt wird. Markus (15,46) verwendet (wie Matthäus und Lukas) dafür das Wort σινδών („Leinentuch"), Johannes statt dessen ὀθόνιον („Leinenbinde"). Die Füße und Hände des Lazarus wurden nur mit κειρίαι („Binden" ohne Hinweis auf den Wert des Materials) fest umschnürt. Näher liegt aber, dass Johannes durch einzelne Worte eine Verbindung der Bestattung Jesu sowohl mit der Lazarusgeschichte als auch den Geschehnissen am Ostermorgen (s. Kap. 11.3) herstellen wollte.

10.2. Maria von Magdala am Grabe Jesu

Im Mittelpunkt der Ereignisse am Ostermorgen steht im Grunde nur eine Gestalt: Maria von Magdala. Sie kommt frühmorgens zum Grab. Woher sie von dem Ort der Grabstätte wusste, wird nicht erwähnt, ebenso wenig der Grund ihres Gangs zum Grabe. Dem gegebenen Erzählzusammenhang entsprechend kann sie jedenfalls nicht zum Salben gekommen sein. Als sie sah, dass der Stein vom Grab weggewälzt war, lief sie zu Simon Petrus und dem Jünger, den Jesus liebte, und sagte: „Sie haben den Herrn aus dem Grab weggenommen, und wir (!) wissen nicht, wohin sie ihn gelegt haben" (Joh 20,1f)[277]. Der dann folgende Bericht über den Wettlauf der beiden Jünger zum Grabe (20,3–10; s. Kap. 11.3) wirkt (mit V. 2) wie ein Einschub in die in sich zusammenhängende Erzählung „Maria von Magdala am Grabe Jesu" (20,1.11–18).

Maria hatte gesehen, dass der Stein weggewälzt war (20,1). Nun steht sie draußen vor dem Grab und weint. Erst während ihres Weinens beugt sie sich in die Grabhöhle vor, um hineinzuschauen (20,11). Ist ihr Weinen allein der Vermutung zuzuschreiben, dass der Leib Jesu aus dem Grab entfernt wurde? Oder war schon ihr Gang zum Grabe, für den kein Motiv genannt wird, von dem Wunsch zur Klage darüber bestimmt, dass ihr geliebter Meister ihr entrissen wurde?

Maria sieht zwei Engel im Grabe sitzen, die sie fragen: „Frau, was weinst du?" (20,12f). Hierfür findet sich eine Parallele nur bei Lukas. Dort ist im Unterschied von Markus und Matthäus nicht nur von *einem* Jüngling oder Engel, sondern von *zwei* Männern (in leuchtenden Gewändern) die Rede (Lk 24,4). Nur dort werden die Frauen mit der vorwurfsvollen Frage konfrontiert: „Was sucht ihr den Lebenden bei den Toten?"[278] Außer der genannten Frage erfahren wir nichts mehr von den beiden Engeln. Bei Johannes steht plötzlich, von Maria noch unerkannt, Jesus hinter ihr. Er nimmt den Vorwurf in der Frage der Engel bei Lukas durch zwei Fragen in einer Weise auf, die stark an den zitierten Text bei Lukas erinnert.[279] Gibt es noch weitere Anklänge an das Evangelium des Lukas, was die Darstellung der Maria von Magdala bei Johannes angeht?

10.3. Maria von Magdala und Maria von Betanien

Nur bei Lukas ist von einem Besuch Jesu und seiner Jünger in einem namentlich nicht benannten Dorf die Rede, wo sie von einer Frau namens Marta freundlich aufgenommen und bewirtet wurden. Sie hatte eine Schwester mit Namen Maria, die sich Jesus zu Füßen setzte und seinen Worten zuhörte (Lk 10,38–42). Johannes macht von diesem Besuch an zwei Stellen – sehr freizügig – Gebrauch. Lukas hatte die Geschichte von einer im Blick auf Jesu Begräbnis vorgenommenen Salbung ausgelassen, Elemente daraus aber in eine andere Episode seines Sonderguts über-

10.3 Maria von Magdala und Maria von Betanien

nommen, in der Jesus auch von einer Frau gesalbt wird (Lk 7,36–50)[280]. Wie bei Markus (14,3) bleibt auch hier die (nun als Sünderin gekennzeichnete) Frau anonym.

Johannes nimmt Bezug auf beide von Lukas ohne Ortsangabe dargestellte Szenen in ebenfalls zwei Berichten, die er aber in Betanien lokalisiert: die Salbung Jesu (12,1–8)[281] und die von ihm komponierte Geschichte von der Auferweckung des Lazarus (11,1–44; s. Kap. 6). In beiden Berichten sind Marta und Maria die handelnden Personen.

Was besonders auffällt ist zunächst, dass sowohl in den beiden bei Lukas als auch in den beiden bei Johannes dargestellten Episoden die *Füße* Jesu eine Rolle spielen. Während Markus zufolge die Frau das Salböl über das Haupt Jesu ausgießt (Mk 14,3), salbt Maria von Betanien – wie die Sünderin im Haus des Pharisäers (Lk 7,38) – die Füße Jesu (Joh 12,3). Bei Lukas setzt sich Maria dem Herrn zu Füßen (Lk 10,39). In der Geschichte von der Wiedererweckung des Lazarus fällt Maria ihm zu Füßen (Joh 11,32).

Das Motiv des *Weinens* entspricht in der Erzählung von der Sünderin durchaus dem behandelten Thema (Lk 7,38). In der Lazarusperikope wird das Weinen der Maria geradezu als ihr Charakteristikum hervorgehoben. Merkwürdig wirkt bereits die umgekehrte Bewertung der beiden Schwestern im Vergleich mit dem Anknüpfungspunkt bei Lukas. Dort wird das Handeln der um das Wohl der Gäste besorgten Marta von Jesus als zweitrangig gegenüber dem Zuhören der zu Füßen Jesu sitzenden Maria betont (Lk 10,41f). In der Lazarusgeschichte erhält Marta theologisch eine höhere Beurteilung als Maria. Marta geht Jesus entgegen und äußert ihm gegenüber ihren tiefen Glauben an ein Leben nach dem Tod, allerdings im apokalyptischen Horizont der allgemeinen Auferstehung der Toten am Letzten Tag. Die Versicherung Jesu, er selbst sei „die Auferstehung und das Leben", vermag sie nicht so zu verstehen, dass er hier und jetzt schon Herr über den Tod ihres Bruders ist (Joh 11,23–27).

Maria saß währenddessen im Hause. Auf die heimliche Nachricht ihrer Schwester hin, Jesus sei da und rufe sie, stand sie eilends auf und ging hinaus. Eine nachgeschobene Bemerkung über die Juden, die bei ihr waren, um sie zu trösten, macht deutlich, dass sie das Haus nur noch verließ, um am Grabe ihres Bruders zu weinen. Als Jesus sah, dass wie sie auch alle anderen glaubten, in dieser Situation könnten Tränen nur noch wegen des Hingangs des Lazarus vergossen werden, packte ihn tiefer Grimm (11,28–38).

Erzähltechnisch gesehen, ist Maria die Hauptfigur in dieser Geschichte. Nur sie – nicht Marta – wird zu Beginn vorgestellt, und zwar mit den Worten: „Maria aber war es, die den Herrn mit Salböl gesalbt und seine

Füße mit ihrem Haar getrocknet hatte; ihr (!) Bruder Lazarus war krank" (11,2). Der Verweis auf die erst später erfolgende Salbung scheint völlig fehl am Platz. Ist er als „kirchliche Redaktion" einzuklammern oder könnte er ein weiteres Beispiel dafür sein, wie Johannes durch paradox erscheinende Äußerungen seine Adressaten zu einer genaueren Lektüre aufscheuchen will? Für die zweite Annahme spricht eine weitere befremdend wirkende Angabe in der Salbungsgeschichte selbst. Die lukanische Schilderung des Handelns der reumütigen Sünderin erscheint ohne weiteres nachvollziehbar: Ihre Tränen fielen auf die Füße Jesu. Sie trocknete sie mit ihrem Haar, küsste sie und salbte sie mit dem mitgebrachten Salböl (Lk 7,38). Maria von Betanien hingegen salbte (ohne zu weinen) die Füße Jesu mit kostbarem Nardenöl, trocknete sie mit ihrem Haar, und das Haus wurde von dem Duft (ὀσμή) des Öls erfüllt (Joh 12,3)[282]. Jemand mit einer Allergie gegen stark duftende Wohlgerüche hätte das griechische Wort, semantisch ebenfalls richtig, wohl mit „Geruch" übersetzt. Das Verb ὄζειν („riechen", „duften"), von dem das Substantiv ὀσμή abgeleitet ist, kommt in der Lazarusgeschichte vor. Auf die Anweisung Jesu, den Stein vom Grab des Lazarus wegzunehmen, erwidert Marta: „Herr, er riecht (ὄζει) aber schon" (11,39)[283]. Jesus rügt sie darauf wegen ihres mangelnden Verständnisses des von ihm Gesagten (11,40).

Schon häufiger wurde wegen dieses Wortgebrauchs hier eine bewusste Verbindung zwischen den beiden Episoden vermutet. Die Geschichte von der Erweckung des Lazarus endet unerwartet abrupt (11,44). Keine Reaktion der Zeugen des Wunders wird erwähnt, nicht einmal eine Äußerung der Freude der beiden Schwestern, ihren geliebten Bruder nun wieder in die Arme schließen zu können. Wie in Kap. 7.3.3 näher ausgeführt, kann die johanneische Version der „Salbung zum Begräbnis" als eine Fortsetzung der Lazarusgeschichte verstanden werden. Sie ist von dieser nur durch einen Zwischenbericht (11,45-57) getrennt. Marta wird hier – wohl im Anklang an Lk 10,38-42 – nur als diejenige erwähnt, die bei dem festlichen Mahl Jesus „bedient". Lazarus darf als Statist mit den anderen zu Tische liegen (12,2). Wie bei Lukas (10,38-42) und in dem Bericht über die Erweckung des Lazarus steht auch hier Maria im Mittelpunkt.

Sie ist jetzt nicht mehr völlig in Tränen aufgelöst, weil der Tod ihr den geliebten Bruder entrissen hat. Stattdessen kennt aber der Ausdruck ihrer Freude kein Maß. Markus (14,6-9) hatte das Tun der Frau wohl deswegen besonders hoch gewertet, weil sie schon zu diesem Zeitpunkt das, was sie besaß, für die bei den Juden übliche Salbung des Verstorbenen aufwendete. Die Frauen hingegen, die den Leib Jesu am dritten Tag nach seinem

10.3 Maria von Magdala und Maria von Betanien

Tode salben wollten, waren wie zuvor schon die Jünger unverständig und ergriffen wortlos die Flucht (Mk 16,8).

Im Vierten Evangelium bleibt keiner der Jesus von Galiläa gefolgten Frauen eine Möglichkeit, den Leichnam Jesu zu salben. Das hatten schon gleich nach seinem Tode zwei zur Führungsschicht gehörende Männer übernommen. Was die Frauen angeht, hören wir nur, dass Maria von Magdala ohne Angabe eines Motivs zum Grabe gekommen war. Während sie dastand und weinte, wurde sie von den zwei Engeln im Grabe und danach auch von dem hinter sie tretenden Auferstandenen gefragt, warum sie denn weine (Joh 20,11.13.15).

Wer diesen Text liest, denkt unwillkürlich an die nach dem Tode ihres Bruders ständig weinende Maria von Betanien. Könnte eine bewusste Anspielung an Maria von Magdala in der Intention des Evangelisten gelegen haben, der ja die verschiedensten Textstücke in Kommunikation miteinander zu bringen vermag? Johannes formuliert das (bei ihm an Judas gerichtete) Wort Jesu in der Salbungsgeschichte anders als Markus: „Lass sie, damit sie es für den Tag meines Begräbnisses bewahre" (Joh 12,7). Bei dem Versuch einer Interpretation dieses schwer verständlichen Wortes Jesu (s. Kap. 7.3.3) hatten wir zwei Details hervorgehoben. Zum einen kann sich das Wort „bewahren" kaum auf das Salböl (bzw. den davon verbliebenen Rest) beziehen. Die Salbung war noch am Todestag Jesu durch Josef von Arimathäa und Nikodemus vorgenommen worden. Im Gegensatz zu dem vergleichbaren Bericht bei den Synoptikern wird deren Tun von Johannes negativ bewertet. Hier handeln Menschen, denen das menschlichen Ehrungen zu verdankende Ansehen wichtiger war als die Ehre Gottes. Worauf ist das „es" (αὐτό), das Maria von Betanien „bewahren" soll, dann zu beziehen?

Zum anderen ist zu berücksichtigen, dass der Vierte Evangelist sich nicht auf das *Begräbnis* Jesu, sondern auf den *Tag* seines Begräbnisses bezieht: auf den Tag, an dem er am Kreuz erhöht wurde; auf den Tag, an dem er in den herrlichen Glanz der Liebe des Vaters zurückkehrte, die ihm schon vor der Grundlegung der Welt zuteilwurde. Dorthin, in die ursprüngliche Einheit von Vater und Sohn, will er auch seine Jünger mitnehmen. Und, am Kreuz erhöht, wird er *alle* zu sich hin ziehen (s. Kap. 8.2; 7.6.2 zu Joh 17,5.20–24; 12,32).

Die bisher erwähnten Details aus den Erfahrungen Marias von Magdala am Ostermorgen helfen, die Entstehung des „Osterglaubens" im Sinne des Vierten Evangelisten besser einzuordnen. Wie stellt sich für Johannes dieser entscheidende Schritt des Glaubens dar?

E. Der Fortgang der Sendung Jesu in der Kirche

11. Erhöhungstheologie im Rahmen des Auferstehungsglaubens

11.1. Zum grundsätzlichen Problem

Johannes vertritt im Kern eine „präsentische Eschatologie". Über Heil und Unheil des Menschen entscheidet sein Verhalten zu dem hier und jetzt begegnenden Gesandten Gottes bzw. zu den für die Weitergabe dieser Sendung ermächtigten Boten. Die Entscheidung findet nicht erst in der Zukunft, am „Letzten Tage" statt. Was die kirchliche Tradition im Beibehalten apokalyptischer Rede als „Auferstehung Jesu von den Toten" bezeichnet, geschieht beim Vierten Evangelisten in der Erhöhung Jesu am Kreuz[284]. Damit steht Johannes vor einem schwer zu lösenden Problem. Er will mit seiner Gemeinde im Raum des Glaubens, der im Miteinander der Teilkirchen zumindest in Grundzügen bereits zu sprachlich fixierten Bekenntnisformen geführt hatte, eine tiefer reflektierte Form dieses Bekenntnisses vertreten. Darum hält er an der schon vor Paulus zur Geltung gekommenen Überlieferung von der „Auferstehung Jesu am dritten Tage (gemäß der Schrift)"[285] fest.

Dies zeigt sich schon bei Jesu erstem Auftreten in Jerusalem. Jesus spricht vom Niederreißen des Tempels und seinem Wiederaufbau in drei Tagen. Der Evangelist fügt hinzu: „Er aber meinte den Tempel seines Leibes" (Joh 2,19.21). Wir hatten in Kap. 3.2.2 die Szenen in Kana (Joh 2,1–11) und dann in Jerusalem (Joh 2,13–21) als kompositorische Einheit und „Vorschau" auf das ganze von Johannes entfaltete Drama bezeichnet. Eine Bestätigung für diese Sicht der Dinge findet sich in dem die Tempelworte Jesu abschließenden Vers: „Als er von den Toten auferstanden war, erinnerten sich seine Jünger, dass er dies gesagt hatte, und sie glaubten der Schrift und dem Wort, das Jesus gesprochen hatte" (Joh 2,22).

Auf welche ihm aus der Tradition bekannten Texte[286] konnte Johannes bei dem Versuch zurückgreifen, seiner Erhöhungstheologie im Rahmen des bereits als Bekenntnis formulierten Auferstehungsglaubens einen gemeinkirchlich vertretbaren Ausdruck zu geben? Schon Matthäus und Lukas standen hinsichtlich der Berichte von der Auferstehung Jesu vor einem beträchtlichen Problem. Das Markusevangelium endet mit einem Paradox. Die Frauen, die zum Grabe Jesu gekommen waren, erhalten zwar von dem wie ein Engel erscheinenden Jüngling im Grabe den Auftrag, die Botschaft von der Auferstehung Jesu seinen Jüngern zu überbringen. Sie fliehen aber voll Schrecken und Entsetzen und sagen niemandem etwas davon (Mk 16,7f). Wie kann es dann zum Glauben der Kirche an die Auferstehung Jesu gekommen sein? In der Logienquelle, aus der Matthäus und Lukas schöpften, wird nichts über die Auferstehung Jesu berichtet. Ein Vergleich beider Evangelien zeigt, dass sie unabhängig voneinander sehr verschiedene Wege zur Beantwortung der in ihren gemeinsamen Quellen offengebliebenen Frage wählten.

Was mögliche Anknüpfungspunke für das Vierte Evangelium angeht, fällt es schwer, überhaupt eine Gemeinsamkeit mit dem des Matthäus feststellen. Anklänge an das Lukasevangelium gibt es gerade auch in dieser Frage durchaus. Wie sind sie zu beurteilen? Bevor wir diese Frage weiterverfolgen, sollte aber erst ein Blick auf das wohl wichtigste Beispiel dafür geworfen werden, wie Johannes die für ihn spezifische Theologie unter sorgfältiger Achtung des gemeinkirchlich Geltenden vertritt.

11.2. Petrus und „der Jünger, den Jesus liebte"

11.2.1. Petrus

Gleich die erste Stelle, an der im Johannesevangelium Petrus vorkommt, erscheint rätselhaft. In den synoptischen Evangelien wird bei der Berufung der ersten Jünger Simon (Petrus) stets vor seinem Bruder Andreas erwähnt[287]. Johannes zufolge gehen zunächst zwei Jünger des Täufers hinter Jesus her (1,35–39). Erst im Anschluss an ihr Gespräch mit Jesus wird nachgetragen, dass Andreas, der Bruder des Simon Petrus, einer von diesen beiden war (1,40). Andreas trifft dann zuerst seinen Bruder Simon, sagt ihm: „Wir haben den Messias gefunden „und führt ihn zu Jesus (1,41–42a). Vielleicht tritt hier Simon nur deshalb nach Andreas in Erscheinung, um das Gewicht der dann folgenden Worte Jesu hervorzuheben[288]: „Jesus blickte ihn an und sagte: Du bist Simon, der Sohn des Johannes; du wirst Kephas [Fels] genannt werden, das heißt übersetzt: Petrus" (1,42b).

Abgesehen von dem hier (wie dann auch 1,47–50) thematisierten Vorauswissen Jesu setzt in Erstaunen, dass Joh 1,42b die einzige Stelle in den Evangelien ist, in dem Kephas als Name des Petrus erwähnt wird. Außerdem kommt dieses aramäische Wort für „Fels" im Neuen Testament nur in den Briefen vor, wo Paulus (überhaupt) von Petrus redet – im Brief an die Galater und im Ersten Korintherbrief[289]. Kephas gilt Paulus bei seinem ersten Besuch in Jerusalem als der Wichtigste unter denen, „die vor mir Apostel waren" (Gal 1,17f).

Was meint Jesus mit seinem an Simon (Petrus) gerichteten Wort? Verleiht er selbst ihm diesen Namen als Ehrentitel, schon hier oder später?[290] Dafür bietet das Vierte Evangelium aber keinen Anhaltspunkt. Ist hier eine Voraussage für die Zeit nach der Rückkehr des Sohnes zum Vater anzunehmen, z. B. für die (historisch gut bezeugte) Führungsrolle, die Petrus in der Frühzeit der Kirche in Jerusalem zugestanden wurde? Während über die anderen ersten Jünger Jesu etwas Näheres gesagt wird – z. B. im Dialog mit Jesus –, erfahren wir an dieser Stelle nichts Weiteres über Petrus als das eine von Jesus an ihn gerichtete Wort.

Das erste, was wir aus dem Munde des Petrus vernehmen, steht an einem zentralen Punkt im Evangelium, wo es zu einer Scheidung zwischen den Jüngern kommt, die nicht weiter mit Jesus gehen wollen, und jenen, die bei ihm bleiben (Joh 6,60–71). Jesus fragt die Zwölf: „Wollt auch ihr weggehen?" (6,67) Petrus ergreift für alle das Wort[291]: „Herr, zu wem sollen wir gehen?[292] Du hast Worte des ewigen Lebens" (6,68). Eine schönere Antwort, die ein Jünger an Jesus richtet, ist schwer zu finden.

Danach wird Petrus erst wieder in den Abschiedsreden erwähnt. Hier erscheint er geradezu als Mittelpunkt der Jüngerschaft und als derjenige, der Jesus mit seinem ganzen Herzen nahe sein will. Dies wird in zwei Szenen[293] entfaltet: bei der Fußwaschung (13,6–9) und dann im Anschluss an das Wort Jesu: „Wo ich hingehe, könnt ihr nicht gelangen" (13,33b). Petrus stellt darauf die Frage: „Herr, wohin gehst du?" Jesus antwortet: „Wohin ich gehe, dorthin kannst du mir jetzt nicht folgen. Du wirst mir aber später folgen. Petrus sagte zu ihm: Herr, warum kann ich dir jetzt nicht folgen? Mein Leben will ich für dich hingeben. Jesus entgegnete: Du willst für mich dein Leben hingeben? Amen, amen, ich sage dir: Noch ehe der Hahn kräht, wirst du mich dreimal verleugnen" (13,36–38).

Die schwierige Frage nach der Bedeutung des Wortes „später" kann in unserem Zusammenhang ausgeklammert werden. Klar ist hingegen die Haltung des Petrus. Als Hintergrund für die Frage, was der Ausdruck „der Jünger, den Jesus liebte" bedeutet, könnte man nachgerade sagen: Petrus ist der Jünger, der Jesus liebte – mit der ganzen Kraft, die in seiner Verfügung steht. Jesu Voraussage seiner Verleugnung macht aber sogleich klar, dass zu einer unbedingten Nachfolge Jesu menschliche Kraft nicht ausreicht.

11.2 Petrus und „der Jünger, den Jesus liebte" 143

Seine Entschlossenheit zur Nachfolge bis in den Tod stellt Petrus gleich bei der ersten Gelegenheit unter Beweis: in der (johanneischen Version der) Verhaftungsszene (s. Kap. 9.1). Jesus hatte schon ein ungehindertes Fortgehen der Jünger erwirkt. Nur er selbst lässt sich gefangen nehmen. Petrus will Jesus aber nicht allein lassen. Darum schlägt er unnötiger- und unsinnigerweise mit seinem Schwert drein (18,10). In dem Vorwurf Jesu: „Soll ich den Kelch nicht trinken, den mir mein Vater gegeben hat?" (18,11b) kann man wohl (eher als an Mk 10,38) einen Anklang an die von Johannes übergangene Kritik des Petrus in der Szene bei Cäsarea Philippi erkennen. Dort folgt unmittelbar auf das Messiasbekenntnis die äußerst scharfe Zurückweisung dieses Jüngers, weil er Jesus von seinem Gang in den Tod zurückhalten will: „[…] du hast nicht das im Sinn, was Gott will, sondern was die Menschen wollen" (Mk 8,33b).

Bei der Schilderung der dreimaligen Verleugnung Jesu durch Petrus folgt Johannes weitgehend Markus, mit einigen bemerkenswerten Änderungen. Markus zufolge konnte Petrus Jesus ohne Weiteres bis in den (Innen-)Hof (αὐλή) des hohepriesterlichen Palastes folgen. Dort setzt er sich mit den Dienern zusammen an ein Feuer, um sich zu wärmen (Mk 14,54). Erst nach dem Verhör Jesu wird die dreimalige Verleugnung Jesu durch Petrus berichtet (14,66–72). Die erste erfolgt auf die Bemerkung einer Magd (παιδίσκη) hin. Nach dieser ersten Lüge geht Petrus in den Vorhof (προαύλιον) hinaus. Dort leugnet er noch zweimal, bevor der Hahn zum zweiten Mal kräht (14,72).

Johannes beschreibt umständlich, wie schwierig es für Petrus war, überhaupt in den Hof (αὐλή) des Hohepriesters zu gelangen. Als Petrus dank der Hilfe eines anderen Jüngers schließlich von der Magd (παιδίσκη), die das Tor hütete, hineingelassen wurde, leugnete Petrus ihr gegenüber das erste Mal. Dann begab er sich zu den Dienern, die sich an einem Feuer wärmten (Joh 18,15–18). Nach der kurzen Befragung durch Hannas, einen der Hohepriester, und der Übergabe an Kajaphas werden dann die beiden anderen Verleugnungen vor dem Hahnenschrei erwähnt (18,25–27).

Für die Komposition des schwierigen Zugangs zum Hof dürften zwei Intentionen Johannes geleitet haben. Zum einen wollte er wohl ähnlich wie Markus die blamable Tatsache unterstreichen, dass Petrus schon das „Verhör" durch eine Magd nicht bestand. Zum anderen konnte der Evangelist der Verurteilung Jesu zum Tode ohne jeglichen Prozess (s. Kap. 7.2) dadurch noch eine ironische Note geben, dass er beschrieb, wieviel Mühe Petrus hatte, um überhaupt an den Ort der über ihn ergehenden Inquisition zu kommen. Im Übrigen fällt auf, wie Johannes die bei Markus dramatisch erzählte Geschichte der Verleugnung auf das für ihn Wesentliche kürzt[294].

11.2.2. Der Jünger "den Jesus liebte"

Im Unterschied zu Petrus erfahren wir von dem nur im Vierten Evangelium vorkommenden „Jünger, den Jesus liebte" sehr wenig. Er tritt – abgesehen von dem Nachtragskapitel 21 – nur an drei Stellen in Erscheinung: 13,23–26; 19,26–27; 20,2–10. Da er in einem bestimmten Verhältnis zu Petrus steht, wird allgemein angenommen, dass Johannes durch seine Einführung eine ekklesiologische Aussage machen wollte. Wie wird dieser Jünger selbst aber näher dargestellt?

An der ersten Stelle, beim letzten Mahl Jesu mit seinen Jüngern, heißt es: „Einer von seinen Jüngern lag bei Tische „im Schoß" (oder: „an der Brust") Jesu; den hatte Jesus lieb" (Joh 13,23). Die Grundbedeutung des hier verwandten Wortes κόλπος ist „Wölbung" bzw. „Höhlung". Ob damit etwas gemeint ist, das nach außen oder nach innen gebogen ist, kann nur aus dem Kontext erschlossen und gelegentlich aus der Sicht des Betrachtenden benannt werden[295]. Dem entspricht, auf Personen angewandt, die doppelte Bedeutung „Schoß" oder Brust im Sinne von „Busen"[296].

Im säkularen Gebrauch kann κόλπος ähnlich wie im Deutschen „Schoß" im oberflächlichen Sinn bedeuten: Eine große Menge (von etwas) wird man euch in den Schoß (εἰς τὸν κόλπον) legen (vgl. Lk 6,38). Auf Personen angewandt, ist „Schoß" (auch abgesehen von der speziellen Bedeutung „Mutterschoß") ein Raum der Geborgenheit. Engel tragen Lazarus „in Abrahams Schoß" (εἰς τὸν κόλπον). Im übertragenen Sinn kann mit κόλπος das Innerste des Menschen bezeichnet werden[297].

Der Kontext des ersten Satzes über den „Lieblingsjünger" Jesu lässt wenig Raum für die Übersetzung von ἐν τῷ κόλπῳ durch er lag „an der Brust" Jesu. Jesus hatte davon gesprochen, dass einer von seinen Jüngern ihn verraten würde. Darauf wurden alle sehr verwirrt. Petrus ergriff die Initiative und gab dem Jünger, den Jesus liebte, durch ein Zeichen zu verstehen, er möge Jesus fragen, von wem er spreche. Da beugte sich dieser Jünger zurück zur Brust (ἐπὶ τὸ στῆθος) Jesu und fragte ihn (13,25)[298]. Warum beschreibt der Evangelist anschaulich (und zu Missverständnissen reizend) die Position dieses Jüngers bei Tisch, bevor er sagt, dass Jesus ihn liebte?

Der Grund dafür dürfte sein, dass er dadurch das Verhältnis zwischen der Sendung Jesu durch den Vater und deren Weitergabe an den geliebten

11.2 Petrus und „der Jünger, den Jesus liebte"

Jünger genauer klären will. Den Ausdruck κόλπος verwendet Johannes (nur noch) ein zweites Mal, am Ende des Prologs, und zwar ebenfalls in einer eigenartigen Beschreibung, diesmal der Beziehung des Sohnes zum Vater. Dort heißt es: „Niemand hat Gott je gesehen. Der einzige [Sohn Gottes[299]], der zum Herzen des Vaters hingewandt ist[300], er hat ihn uns offenbart[301]. Im Anklang an Joh 13,23 wird εἰς m. Akk. hier zumeist wie ein ἐν m. Dat. verstanden („im Schoß" oder „an der Brust"). Johannes verwendet Präpositionen aber fast immer in ihrem eigentlichen Sinn. Wie πρὸς m. Akk. bei ihm stets einen bestimmten Richtungssinn hat (und darum am Anfang des Prologs nicht durch „bei", sondern „auf – hin" zu übersetzen ist; s. Kap. 1.1 zu Joh 1,1), so gilt dies auch für εἰς m. Akk. Die Beziehung des einzigen Sohns zum Vater ist nicht statisch, als ein Ruhen aufzufassen, sondern als eine dynamische Relation.

Dieser Sachverhalt kommt noch deutlicher in den Blick, wenn man im Auge behält, dass der Ausdruck μονογενής bei Johannes nur im Prolog (1,14.18) und im Anschluss an das Gespräch mit Nikodemus vorkommt (3,16.18). Dort wird das Ziel der Sendung Jesu genau beschrieben: „So sehr hat Gott die Welt geliebt, dass er seinen einzigen Sohn (hin)gab, damit jeder, der an ihn glaubt, nicht zugrunde geht, sondern das ewige Leben hat" (3,16). Am Abschluss des Prologs bringt die Metapher εἰς τὸν κόλπον zum Ausdruck, dass das ewige Wort auch in der Geschichte das bleibt, was es schon vor aller Zeit war: auf das Innerste Gottes gerichtet, auf Gottes Liebe zum Sohn wie zur Welt. Wie im „hohepriesterlichen Gebet" betont wird[302], gilt dieses Ziel der Sendung Jesu auch für die von ihm in die Welt gesandten Jünger. Schon an der ersten Stelle, wo das Verhältnis des „Lieblingsjüngers" zu Jesus konkret ausgestaltet wird, dürfte die Metapher κόλπος auf eine besondere Funktion dieses Jüngers bei der Sendung in die Welt verweisen.

11.2.3. Die Rolle der Mutter Jesu bei seinem „letzten Testament"

Die besondere Funktion des von Jesus geliebten Jüngers wird dann an der einzigen Stelle betont, wo Jesus überhaupt (das Nachtragskapitel 21 einbegriffen) etwas zu ihm sagt: in seinem letzten, vom Kreuz her gesprochenen Testament. Auch diese Stelle ist rätselhaft genug. Die Mutter Jesu wird zusammen mit anderen Frauen genannt, die bei dem Kreuz Jesu standen (Joh 19,25; s. Kap. 10.1). Im nächsten Vers erfahren wir dann, dass der Jünger, den Jesus liebte, bei ihr stand. Zu seiner Mutter sagt Jesus: „Frau, siehe, dein Sohn" (19,26b). Dann sagt er zu dem Jünger: „Siehe, deine Mutter". Der Evangelist fügt hinzu: „Von jener Stunde an nahm sie der Jünger zu sich" (19,27).

Warum wird hier zur Klärung der besonderen Aufgabe dieses Jüngers Jesu Mutter zu ihm in Beziehung gebracht, die doch an der einzigen Stelle, wo sie sonst noch erwähnt ist, ein Missverstehen der Sendung Jesu an den Tag legte? (2,3f) Wenn diese hier wie dort einfach als „Frau" angeredete Mutter am Anfang und am Ende des Wirkens Jesu in Erscheinung tritt, ohne dass eine persönliche Beziehung des Sohns zu seiner Mutter zumindest anklingt, könnte dahinter aber eine besondere theologische Intention des Evangelisten stehen.

Die Mutter Jesu ist die erste Person, die in der Darstellung seines Wirkens zu Wort kommt, Jesu Antwort sein erstes Wort am Anfang seiner Wirksamkeit. Nach den vom Kreuz her an seine Mutter und an den Jünger gerichteten Worten folgt vor dem Tode Jesu (abgesehen von der Notiz über die durch ihn vollbrachte Vollendung der Schriften Israels; vgl. Kap. 9.4.2) nur noch sein Wort: „Es ist vollbracht" (19,26f.30). Die Mutter Jesu wusste bei der Hochzeit von Kana um die Kraft ihres Sohns, Wunder zu wirken. Aber sie übersah, dass Jesus diese Kraft nicht verliehen war, um bei einer solchen Feier den Bräutigam vor einer Blamage zu bewahren.

Verblüffend ist jedoch, dass die Mutter nach dem harten Verweis: „Was ist meine, und was ist deine Sache, Frau?" (2,4) nicht erschrocken verstummt, sondern selbst aktiv wird. Sie gibt den Dienern knapp und klar die Anweisung: „Was er euch sagt, das tut" (2,5). Hatte sie das Wort Jesu im Prinzip richtig gedeutet in der Annahme, dass er nicht einfach den von ihr geäußerten Wunsch abschlagen wollte? Dies legt ja auch der Fortgang des Geschehens nahe, das zum ersten Aufleuchten der Herrlichkeit Jesu führt (2,11). Aber ihre Bemerkung: „Sie haben keinen Wein (mehr)" hatte er zu Recht als ein Ansinnen kritisiert, bei landesüblichen Festen als Thaumaturg aufzutreten. Sollte ihre Anweisung an die Diener aus dieser Einsicht erfolgt sein, dann stand sie dem Sinn des Auftrags nicht fern, den Gott ihrem Sohn zusammen mit der Kraft, Wunder zu wirken, zumutete. Jedenfalls zog sie die richtige Konsequenz: Den Anordnungen ihres Sohnes hatte man ohne Zögern zu folgen. Damit könnte sich eine Brücke zu der Szene beim Kreuz zeigen: Testamentarisch verfügt der am Kreuz Erhöhte, dass der Jünger, den Jesus liebte, in seiner eigenen Mutter die Frau sieht, die den richtigen Weg für das Weitertragen der ihrem Sohn aufgetragenen Sendung weisen wird.

11.3. Der „Wettlauf" zum Grabe als Schlüsselereignis

Schon an der ersten Stelle, wo von dem Jünger, den Jesus liebte, die Rede ist, wird Wichtiges über sein Verhältnis zu Petrus gesagt. Petrus erkennt ihn ohne jedes Anzeichen von Missgunst als einen Jünger an, dem Jesus ein den übrigen Jüngern verborgenes Wissen verleiht. Wie ist auf diesem Hintergrund die Besichtigung des leeren Grabes Jesu zu verstehen, zu dem sich diese Jünger nach dem erregten Bericht der Maria von Magdala aufmachen (20,2–10)?

Beide *eilen* zum Grab. Nun ist es aber der Jünger, den Jesus liebte, der Petrus zuvorkommend behandelt. Er läuft zwar schneller als dieser, gelangt als erster zum Grab, schaut hinein und sieht die Leinenbinden[303] liegen, geht aber nicht ins Grab. Erst Petrus, der nach ihm eintrifft, geht hinein. Auch er sieht die Leinenbinden dort liegen, dazu auch das Schweißtuch (σουδάριον), das um den Kopf Jesu gewickelt war. Dieses lag aber nicht bei den Leinenbinden, sondern zusammengewickelt daneben an einer besonderen Stelle. Die darauf folgenden Verse 20,8f sind für das Verhältnis der beiden Jünger zueinander und damit für das johanneische Verständnis von Kirche von Bedeutung. Noch wichtiger ist das darin Gesagte aber hinsichtlich des Problems, wie Johannes seine Auffassung der Erhöhung Jesu in das schon damals formulierte Bekenntnis der Kirche zur Auferstehung Jesu einzuordnen vermag. Um dieser Frage näherzukommen, soll zunächst nach einer Beziehung dieser Grabesszene zum Begräbnis Jesu wie auch zu der Erweckung des Lazarus gefragt werden.

Dafür dürften einige in diesen Szenen vorkommende Ausdrücke aufschlussreich sein. Die wertvollen Leinenbinden, mit denen die beiden wohlhabenden Ratsherren den vom Kreuz genommenen Leib Jesu umwickelten (19,40), werden auch in dem nun leeren Grab gefunden. Vom Leichnam des Lazarus heißt es nur, dass er in Binden (κειρίαι) gehüllt war. Das Schweißtuch (20,7) hingegen wird nicht bei der Bestattung Jesu erwähnt, wohl aber bei der Auferweckung des Lazarus (11,44).

Von noch größerem Belang ist die Verwendung des Verbs δεῖν sowohl in der Lazarusgeschichte als auch beim Begräbnis Jesu. In der Bedeutung von „fesseln" kommt dieses Wort, dem vorherrschenden Sprachgebrauch entsprechend, bei Johannes im Zusammenhang der Gefangennahme Jesu und seiner Weiterleitung an Kajaphas (18,12.24) vor. Im Sinne von „fest binden", „zusammenschnüren" steht das Verb bei der Auferweckung des Lazarus. Seine Hände und Füße waren mit Binden so fest umschnürt, dass Jesus andere auffordern musste, ihn davon zu befreien (11,44). Warum umschnürten aber die beiden Ratsherren auch den Leib Jesu so eng, bevor sie ihn im Grab niederlegten (19,40)? Es scheint, dass Johannes damit bewusst an die von Lazarus selbst nicht zu lösenden „Fesseln" anknüpft, die Jesus bei seiner Auferstehung aus dem Grabe einfach von sich wirft. Hinzu kommt der Hinweis auf das Schweißtuch. Der Kopf des Lazarus war bei seinem Heraustreten aus dem Grab damit noch umwickelt. Die beiden Jünger sehen dieses Tuch an einer anderen Stelle als die Binden liegen, und zwar zusammengewickelt[304].

Von dem Jünger, den Jesus liebte, wird gesagt: „Dann ging auch der andere Jünger, der zuerst am Grabe angekommen war, hinein, und sah und glaubte" ([...] καὶ εἶδεν καὶ ἐπίστευσεν: 20,8). Man wird vielleicht beachten müssen, dass in diesem Zusammenhang drei verschiedene Verben für „sehen" verwendet werden. Der erste Blick des „anderen" Jüngers von außen ins Grab wird mit βλέπειν bezeichnet, dem allgemeinen Wort für „sehen", „wahrnehmen" (V. 5). Das Sehen des Petrus im Inneren der Grabhöhle ist ein θεωρεῖν (V. 6), ein genaueres Hinschauen. Für das Sehen des anderen Jüngers im Inneren des Grabes wählt Johannes mit ἰδεῖν ein Verb, das wie im Griechischen überhaupt so auch bei Johannes eine leibliche wie eine geistige Wahrnehmung zum Ausdruck bringen kann. Das Glauben dieses Jüngers ist die Folge seines erkennenden Sehens.

Was hatte er aber eigentlich erkannt? Ihm ging das Entscheidende des Geschehens bei der Auferweckung des Lazarus auf, das ihm damals noch nicht klar geworden war[305]. Das von Jesus gewirkte unbegreifliche Wunder verstand er jetzt als Zeichen für das, was Jesus zu Marta gesagt hatte: „Ich bin die Auferstehung und das Leben" (11,25). Für diesen verstehenden Glauben, dem die Vollendung des Werks Jesu in seiner Erhöhung am Kreuz bewusst wurde, bedurfte es keiner Erscheinung des Auferstandenen.

Zweifellos will Johannes mit dem Begriff der Erhöhung Jesu am Kreuz das zum Ausdruck bringen, was die kirchliche Tradition allgemein, soweit sie sich zurückverfolgen lässt, als die Auferstehung Jesu bezeichnet. Aber auch er muss sich der Frage stellen, wodurch dieses nur im Glauben zu verstehende Ereignis menschlicher Erkenntnis als wirklich geschehen wahrnehmbar wurde. Seine Antwort darauf: Dort, wo das Wirken Jesu insgesamt darauf durchsichtig wurde, dass er selbst „die Auferstehung und das Leben" ist. Bei näherem Hinsehen erkannte der Jünger im Grabe Jesu, dass die Wiedererweckung des Lazarus in das irdische Dasein Vorausschau auf das in der Selbsthingabe Jesu bis zum Kreuz vermittelte ewige Leben war.

Inwieweit vermag der Vierte Evangelist seine Sicht der Erhöhung Jesu am Kreuz mit dem Bekenntnis zur Auferweckung Jesu zu vermitteln?

11.3 Der „Wettlauf" zum Grabe als Schlüsselereignis

Nach dem Wort über das Sehen und Glauben des „anderen" Jüngers folgt der Satz: „Denn sie verstanden[306] noch nicht die Schrift, dass er von den Toten auferstehen muss" (20,9). Dabei bleibt offen, ob mit dem „sie" nur Petrus und der andere Jünger oder alle Jünger gemeint sind. Bei der Frage nach einem Schriftbeleg käme allenfalls der Vergleich mit der „erhöhten Schlange" (3,14) in Betracht[307].

Eine Antwort auf beide Fragen scheint sich dann zu ergeben, wenn man diese Stelle als Wiederaufnahme des am Ende des ersten Auftretens Jesu in Jerusalem Vorhergesagten versteht. Dort hatte er von dem Wiederaufrichten[308] des Tempels seines Leibes innerhalb von drei Tagen gesprochen (vgl. 2,19–21). Darauf folgt die Bemerkung: „Als er von den Toten auferstanden war, erinnerten sich seine Jünger, dass er dies gesagt hatte, und sie glaubten der Schrift und dem Wort, das Jesus gesprochen hatte" (2,22)[309]. An beiden Stellen darf man annehmen, dass Johannes dem Bekenntnis der Auferstehung Jesu am dritten Tage gemäß der Schrift gerecht werden wollte. Ein feiner Unterschied darf jedoch nicht übersehen werden. Das Bekenntnis schon der frühen Kirche spricht von der Auferstehung *„am dritten Tage"*. In dem Vergleich mit dem Tempelbau bzw. Wiederaufbau im Dialog mit den Juden geht es hingegen um die Zeit, *innerhalb* derer diese Arbeit verrichtet wird. Das lässt sich mit der „Erhöhung am Kreuz" vereinbaren. „Am dritten Tag" wird die Erhöhung bzw. Auferstehung Jesu von den Jüngern lediglich erkannt.

Umstritten bleibt die Frage, ob auch Petrus das in 20,8 genannte Verstehen zuteilwurde. Aus dem gesamten Kontext ergibt sich eher, dass dies nicht der Fall war. Was wollte der Vierte Evangelist dann mit den beiden Szenen sagen, in denen er Petrus und den Jünger, den Jesus liebte, zueinander in Beziehung setzt[310]? Dem „Lieblingsjünger" wird eine tiefere Einsicht in das Entscheidende der Sendung Jesu zuteil als allen anderen Jüngern, Petrus einbeschlossen. Aber Johannes will durchaus nicht den Vorrang des Petrus in der Kirche bestreiten. Sein Zurückbleiben beim Wettlauf zum Grabe darf nicht negativ verstanden werden. Er ist der ältere von beiden in dem Sinne, dass er in der Kirche weiterhin die Führungsposition behält, die er zumindest in der ersten Zeit der in Jerusalem entstandenen christlichen Gemeinde innehatte. Eigentümlicherweise sucht gegen Ende des ersten Jahrhunderts, weit nach dem Tode dieses Apostels, Johannes diese ursprüngliche Konstellation sorgsam zu achten. Das spricht für die Annahme, dass bereits zu dieser Zeit ein für die um ihre Einheit bemühten Teilkirchen bedeutsamer „Petrusdienst" anerkannt wird.

12. Die Erscheinungen des Auferstandenen

12.1. „Ostern" bei Lukas und bei Johannes

Wir hatten die Erfahrungen der Maria von Magdala am Ostermorgen bis zu dem Punkte verfolgt, wo der Auferstandene – von ihr noch nicht als solcher erkannt – seine ersten Worte an sie richtet[311]. Sie erkennt zwar in dem vor ihr Stehenden Jesus wieder, nachdem er sie mit ihrem Namen angeredet hat. Aber sie verhält sich so, wie sich Maria von Betanien nach der Wiedererweckung des Lazarus vermutlich verhalten hat. Sie wendet sich Jesus zu, um ihn, wenn auch nicht wie einen Bruder zu umarmen, so ihm doch wenigstens zu Füßen zu fallen (vgl. Joh 11,32). Sie freut sich über seine Rückkehr in diese Welt (20,16). Darum das Verbot Jesu, ihn zu berühren. Sie hat noch nicht verstanden, dass er als bereits zum Vater Zurückgekehrter vor ihr steht[312]. Wenn Jesus ihr den Auftrag erteilt, seinen jetzt als „Brüder" bezeichneten Jüngern mitzuteilen, dass er zum Vater geht (20,17), so scheint vorausgesetzt, dass auch diese den mit der Erhöhung am Kreuz verbundenen Aufstieg (ἀναβαίνειν), von dem die Abschiedsreden handeln, noch nicht begriffen haben.

Warum unterbrach der Vierte Evangelist die an sich zusammenhängende Geschichte „Maria von Magdala am Grabe Jesu" durch den Einschub 20,2–10? Diese Einfügung war ihm deswegen wichtig, weil er eine Unterscheidung zwischen zwei Weisen hervorheben wollte, wodurch der Osterglaube bei den Jüngern Jesu durchbrach. Die erste kam durch eine Erinnerung an das gesamte Werk Jesu bis zu seiner Erhöhung am Kreuz zustande. Die zweite erfolgte aufgrund von Erscheinungen des Auferstandenen, wie sie in dem Abschnitt 20,19–29 wiedergegeben werden. Besonders in der Erscheinung vor allen Jüngern am Abend des „Ostertags" gibt es Parallelen zum Lukasevangelium[313]. Bei näherem Hinblick zeigt sich jedoch, dass Johannes zwar verschiedene Motive dem lukanischen Text entlehnt, sie aber einer wesentlich anderen theologischen Intention unterordnet.

Bei Lukas wie bei Johannes trat Jesus in ihre Mitte und entbot ihnen den Friedensgruß[314]. *Lukas* hat diese Szene mit dem Vorhergehenden in Verbindung gebracht. Jesus selbst erschien den Jüngern, als sie am Abend des Ostertags ihre Erfahrungen mit dem bereits als Auferstandener Erkannten austauschten (24,33–36a). Umso merkwürdiger sind der danach berichtete Schrecken und die sie überfallende Angst (ἔμφοβοι), weil sie meinten, einen Geist[315] vor sich zu sehen. Jesus fragt sie, warum sie so be-

12.1 „Ostern" bei Lukas und bei Johannes

stürzt seien und solche abwegigen Gedanken in ihrem Herzen aufkämen (24,37f). Danach liefert er ihnen handfeste Beweise, um sie von seiner leiblichen Identität mit dem Gekreuzigten zu überzeugen. Er fordert sie sogar auf, seine – wie man ergänzen muss: von Nägeln durchbohrten – Hände und Füße anzufassen. Als sie „vor Freude" (χαρά) immer noch nicht zum Glauben kamen, ließ er sich ein Stück gebratenen Fisch geben und verzehrte es vor ihren Augen (24,39–43). Aber erst als er ihnen anschließend die Schrift erklärte, verstanden sie, dass das Leiden und die Auferstehung des Messias in den Schriften bereits vorausgesagt war (24,44–46). Hier wird im Grunde dasselbe umständlich erzählt, was Lukas in der von ihm selbst komponierten Emmausgeschichte bereits vorweggenommen hatte (vgl. Lk 24,25–27.32).

Johannes zufolge hatten die Jünger, als Jesus in ihre Mitte trat, aus Furcht (φόβος) vor den Juden die Türen verschlossen (Joh 20,19). Nach dem Friedensgruß ist von keiner Furcht der Jünger mehr die Rede. Jesus zeigt ihnen sogleich seine Hände und – im Unterschied zur lukanischen Darstellung – seine Seite (vgl. 19,34). „Da freuten sich (ἐχάρησαν) die Jünger, dass sie den Herrn sahen" (20,20). Die bei Lukas erwähnte Furcht erwächst aus der Missdeutung Jesu als Gespenst. Hier weicht die Furcht vor den Juden der Freude darüber, dass der am Kreuz Erhöhte vor ihnen steht. Jesus sagt noch einmal: „Friede (sei mit) euch!" und fährt fort: „Wie mich der Vater gesandt hat, so sende ich euch". Dann haucht er sie an und spricht zu ihnen: „Empfangt (den) Heiligen Geist" (20,21f).

Beeindruckend ist zunächst, wie Johannes mit wenigen Strichen die lukanische Vorlage kritisch redigiert. Die dort zu findenden Ausdrücke für Furcht/sich fürchten, Freude/sich freuen, Geist (πνεῦμα) wie auch das Zeigen der Wundmale nimmt er in einem völlig anderen Sinn auf. Die zu einem weiteren Beweis ergehende Aufforderung Jesu, ihn doch anzufassen, verschiebt er auf die Erscheinung vor Thomas, um den Tadel an seinem Zweifel zu verstärken[316]. Den Verweis auf die von den Jüngern bislang noch nicht erkannten Voraussagen der Schrift hatte Johannes als kurze Notiz bereits an das glaubende Erkennen des Jüngers, den Jesus liebte, angehängt (Joh 20,9).

Die Ausführungen des Vierten Evangelisten steuern ohne Umstände auf die Aussendung der Jünger und die damit verbundene Gabe des Heiligen Geistes zu[317]. Auf die Aussendung und Verleihung des Heiligen Geistes folgt abschließend das Wort: „Wem ihr die Sünden vergebt, denen sind sie vergeben; wem ihr sie behaltet, denen sind sie behalten"[318] (20,23). Dieses Wort wirkt wie ein Fremdkörper im Johannesevangelium. Schon die bei diesem Evangelisten nur hier zu findenden Verben ἀφιέναι und κρατεῖν scheinen darauf hinzudeuten. Man darf bei diesem Hinweis zwar nicht übersehen, dass auch bei Lukas im weiteren Verlauf der Erscheinung vor allen Jüngern Jesus nicht nur von dem Missionsauftrag an die Jünger und der dafür zu erwartenden Gabe des Heiligen Geiste spricht. Die Verkündigung im Namen Jesu wird die „Umkehr zur Vergebung der Sünden" (μετάνοιαν εἰς ἄφεσιν ἁμαρτιῶν) zum Ziel haben (Lk 24,47f). Diese Feststellung nimmt aber nichts von der im Rahmen der johanneischen Soteriologie gegebenen Problematik einer den Jüngern verliehenen Vollmacht zur Sündenvergebung.

12.2. Die Vollmacht zur Vergebung der Sünden

12.2.1. Das Gegenüber von Sünde und Wahrheit

Bei dem Versuch, das sich aus Joh 20,23 ergebende Problem einer Lösung zuzuführen, ist zunächst an das Bemühen des Evangelisten um eine Einordnung seines eigenen theologischen Ansatzes in das Gemeingut der frühkirchlichen Tradition zu denken. Was diese Tradition angeht, gibt es im Neuen Testament aber nur eine Stelle, die man zum Vergleich heranziehen könnte. Matthäus zufolge macht Jesus den Jüngern die Zusage, das, was sie auf Erden „binden" (δεῖν) oder „lösen" (λύειν) werden, seine Geltung auch im Himmel nicht verliert (18,18). Es ist aber nicht sicher, ob es hier überhaupt um die Vergebung von Sünden geht. Das Wort wirkt zudem wie ein Anhängsel an die vorausgehenden Aussagen (18,15–17). Sein genauer Sinn kann daher nicht aus dem Kontext erschlossen werden. Jedenfalls ist diese Parallele zusammen mit Joh 20,23 nur eine schwache Stütze für die Annahme, dass schon zur Zeit der Abfassung des Vierten Evangeliums zumindest in einem Teil der entstehenden Großkirche eine Tradition kirchlicher Sündenvergebung in Geltung war.

Ohnehin bestünde auch bei der Annahme einer solchen Tradition das Problem des Wortes von der Sündenvergebung vor allem darin, ob es mit der generell im Johannesevangelium vertretenen Soteriologie in Einklang zu bringen ist. Denn welche Quelle ein Autor auch immer benutzt: er selbst muss verantworten, dass er mit ihrer Ingebrauchnahme nicht in Widerspruch zu dem gerät, was er sonst vertritt.

Dieser Widerspruch scheint aber bereits dadurch gegeben zu sein, dass der johanneische Jesus das Wort Sünde (ἁμαρτία) sonst, abgesehen von einer einzigen Stelle[319], stets im Singular, nicht im Plural benutzt. Was wird damit in diesem Evangelium bezeichnet? Vor allem ist zu beachten,

12.2 Die Vollmacht zur Vergebung der Sünden

dass dieses Wort in enger Verbindung mit dem johanneischen Begriff von Wahrheit (ἀλήθεια) steht. Schon der Ausdruck, dass jemand „*die* Sünde tut"[320] (8,34) – und nicht etwa „Sünden begeht" – wirkt eigenartig. Erst recht verwundert die Zusammensetzung von *tun* mit „die Wahrheit"[321] (3,21). An den beiden genannten Stellen wird aber auch der Zusammenhang zwischen diesen Begriffen deutlich.

Schon häufiger wurde in dieser Arbeit die unmittelbar an den Dialog mit Nikodemus anknüpfende Passage zitiert (s. bes. Kap. 4.2), die eine kurze Zusammenfassung der johanneischen Soteriologie bietet (3,14–21): Der Menschensohn muss [am Kreuz] erhöht werden, weil Gott die Welt so sehr geliebt hat, dass er seinen einzigen Sohn (hin)gab. Jeder, der an ihn glaubt, geht nicht zugrunde, sondern hat das ewige Leben. Gott hat den Sohn nicht gesandt, damit er die Welt richtet, sondern damit die Welt durch ihn gerettet wird. Obwohl der Sohn nicht richtet, findet ein Gericht statt: Wer nicht an den Namen [d.h. hier: die der Liebe Gottes entspringende Sendung] des einzigen Sohnes glaubt, *ist* schon gerichtet.

Die Art dieses Gerichts wird dann im Folgenden beschrieben. Der Sohn, der als das Licht der Menschen in die Welt kommt, will diese aus der Finsternis, in die sie sich verstrickt haben, befreien. Wer sich nicht befreien lässt, bleibt in dieser Verstrickung und kann nicht zu ewigem Leben gerettet werden. Dieser Wille zum Bleiben in der Finsternis wird als Flucht vor der Wahrheit erläutert: Wer Böses tut, hasst das Licht und kommt nicht zum Licht, damit sein Tun nicht an den Tag kommt. „Wer aber die Wahrheit tut, kommt zum Licht" (3,20–21a).

Johannes spricht nicht von *Sünden*. Es geht ihm nicht um einen Streit mit den Pharisäern darüber, was alles als Sünde zu gelten hat. Diesen Streit hat Jesus nach der Darstellung der Synoptiker bereits ausgefochten. Die „Bergpredigt" ist das herausragende Beispiel für diese Auseinandersetzung[322]. Der Vierte Evangelist verlagert die objektivierende Rede über das, was als gut und böse zu gelten hat, in das Wissen des Menschen von dem, was er tut. Das eigentliche Wesen der Sünde besteht in der Entscheidung des Menschen, sein fragwürdiges Tun vor dem Licht zu verbergen. Hier treffen die Begriffe von Sünde und Wahrheit über die sie trennende Lüge zusammen. Im Abschirmen gegen die Aufdeckung seines Tuns wird die Existenz des Menschen zur Verlogenheit.

Innerhalb eines harten Streitgesprächs mit Juden, die meinen, aufgrund des von Jesus Gesagten ihm Glauben schenken zu dürfen (8,30–47), nennt Jesus ihnen die Vorbedingung dafür, wirklich zu seinen Jüngern zu gehören: Sie müssen bleibenden Halt in seinem Wort finden, dann werden sie die Wahrheit erkennen, und die Wahrheit wird sie frei machen (8,30–32).

Verärgert antworten sie, dass sie noch nie jemandes Sklave gewesen seien, weil sie den von Jesus gebrauchten Ausdruck „die Wahrheit" nicht verstehen. Es ist damit das von ihm verkündete Wort Gottes gemeint, das als Licht in die sich durch Lüge verdeckende Existenz fallen will. Nur so können die Menschen zu ihrem wahren Kern der Gotteskindschaft zurückfinden (vgl. 8,41b–42). Knapp und klar sagt Jesus darum: „Wer die Sünde tut, ist Sklave der Sünde" (8,34). Das befreiende Wort können sie nicht verstehen, weil sie nicht Gott, sondern den Teufel zum Vater haben und das tun wollen, was dieser verlangt. In ihm ist keine Wahrheit. Er ist vielmehr durch und durch Lügner und der Vater der Lüge (8,44). Jesus bezeichnet ihn als „Menschenmörder von Anfang an" (8,44a), weil er den Menschen dazu bringt, nur um sich selbst zu kreisen, und ihn dadurch zum Sklaven der Sünde und unfähig zu wirklichem Leben macht.

12.2.2. Die Sendung der Jünger

Was tragen diese Überlegungen zum Verständnis der den Jüngern gegebenen Vollmacht bei, Sünden zu vergeben? Zunächst ist an den oben beschriebenen fundamentalen Unterschied zwischen der Rolle der Jünger bei den Synoptikern und bei Johannes zu erinnern[323]. Im Hinblick auf die Predigt Jesu und seiner Jünger wird dies verschieden weitergegeben. *Markus* zufolge beginnt Jesus seine Verkündigung der „Freudenbotschaft" Gottes in Galiläa mit den Worten: „Die Zeit ist erfüllt und das Reich Gottes ist nahegekommen. Kehrt um (μετανοεῖτε) und glaubt an das Evangelium!" (1,15). Von der Aufforderung umzukehren spricht Markus sonst nur noch bei der Aussendung der Zwölf (6,12)[324]. Bei *Matthäus* (3,2) verkündet der Täufer statt dessen: „Kehrt um! Denn das Himmelreich ist nahe"[325]. Von einer „Vergebung der Sünden" spricht Matthäus nur (und er allein!) dort, wo er das Wort Jesu vom Vergießen seines Bluts für viele durch diesen Ausdruck ergänzt (vgl. Mk 14,24 mit Mt 26,28). Lukas hingegen kann den Auftrag zur Verkündigung bei der Ostererscheinung der Predigt des Täufers angleichen[326].

Im Vierten Evangelium ist von einer Umkehr oder dem Aufruf umzukehren nirgendwo die Rede. Jesus ist nicht gesandt, den Menschen zur Umkehr aufzufordern. Sein gesamter Auftrag besteht allein darin, durch die Macht seines Lichts dem Menschen den Weg dafür freizumachen, dass er den Mantel der Lüge abwirft, hinter dem er sich versteckt hält. Weil die Menschen nicht dazu bereit sind, wollen sie dieses Licht für immer auslöschen. Darum kann Jesus seinen Auftrag nur durch die Selbsthingabe bis

12.2 Die Vollmacht zur Vergebung der Sünden

in den Tod vollenden. Erst dadurch kommt der Glanz des Lichts, das er ist, für immer an den Tag.

Bevor Jesus seinen Auftrag bis in die letzte Konsequenz durchgeführt hat, kann er keinen Jünger zur Mithilfe an der Verkündigung dieser Frohen Botschaft aussenden. Zur Weitergabe der Sendung Jesu fähig sind nur solche, die ihm von Anfang an gefolgt waren (15,27) und das Entsetzen überwanden, das sie bei der Kreuzigung überfiel. Der Jünger, den Jesus liebte, fand schon am Grabe Jesu durch die Erinnerung an die Auferweckung des Lazarus zu dem nun geforderten Glauben, die übrigen erst durch die ihnen gewährten Erscheinungen des Auferstandenen.

Aus dem soeben Bemerkten ergibt sich das schwierige Verständnis der Abschiedsreden, die Jesus bei seinem letzten Mahl mit den Jüngern unmittelbar vor dem Aufbruch zu seiner Gefangennahme hält. Erst nach der Vollendung seines Werks in der Erhöhung am Kreuz kann Jesus Jünger aussenden. Die von ihm erwählten Jünger haben diese Erhöhung aber noch gar nicht erlebt. Jesus spricht zu ihnen von einem „Zeitpunkt" aus, der sich in der Zeit noch gar nicht zugetragen hat. In dem an den Vater gerichteten „Hohepriesterlichen Gebet" sagt Jesus: „Ich bin nicht mehr in der Welt, aber diese sind in der Welt, und ich gehe zu dir" (17,11).

In den Abschiedsreden kommt Jesus in immer neuen Ansätzen darauf zu sprechen, wie die Sendung der Jünger in die Welt zu verstehen ist. Knapp zusammengefasst heißt es: „Wie du mich in die Welt gesandt hast, so habe auch ich sie in die Welt gesandt" (17,18). Die Sendung der Jünger ist ganz an dem Verhältnis des Vaters zum Sohn orientiert, kann also nur im Verstehen dieses Verhältnisses richtig erfasst werden.

In den ersten Versen des „Hohepriesterlichen Gebets" gewinnt man zunächst den Eindruck, als ob es Jesus nur um die Rückkehr aus seinem „Sein im Fleische" in die Herrlichkeit ginge, die er beim Vater vor aller Zeit genoss (17,1–5). Unmittelbar darauf wird deutlich, dass er dabei die Aufnahme seiner Jünger in diese ursprüngliche Einheit mit dem Vater im Blick hat. Seine Bitte richtet sich allerdings nur auf sie, die ihm der Vater gegeben hat, und ausdrücklich nicht auf die Zukunft der Welt (17,6–9a). Schließlich erfolgt aber der letzte, entscheidende Schritt: „Ich bitte nicht nur für diese hier, sondern auch für [alle], die durch ihr Wort an mich glauben. Alle sollen eins sein: Wie du, Vater, in mir bist und ich in dir bin, sollen auch sie in uns sein, damit die Welt glaubt, dass du mich gesandt hast" (17,20f). Diese Einheit soll der immer schon in der Liebe zwischen Vater und Sohn gründenden Einheit gleichgestaltet werden, „damit die Welt erkennt, dass du mich gesandt hast und [die Meinen] ebenso geliebt hast wie mich" (17,23).

Die erste Voraussetzung für das Gelingen der Sendung der Jünger ist daher die bis zur Selbsthingabe entschiedene Liebe der Jünger untereinander. Wenn diese Liebe ganz der ihnen von Jesus erwiesenen Liebe entspricht, werden alle daran erkennen, dass sie seine Jünger sind (vgl. 13,34f; 15,12f).

Die wichtigste Vorbedingung der Glaubwürdigkeit ihres Zeugnisses für den von Gott Gesandten ist aber das Ertragen desselben Hasses, dem Jesus begegnet ist. Dieser Hass traf Jesus nur darum, weil die Welt nicht bereit war, sein Zeugnis für den Vater aufzunehmen (vgl. 15,18–25; 16,1–4). Wären die Jünger von dieser Welt, so würde die Welt [sie als] ihr Eigenes lieben[327] (vgl. 15,19). Mit diesem Begriff des „Eigenen" nimmt der Evangelist entscheidende Worte aus den Streitgesprächen auf[328]. „Die Welt" ist auf der Jagd nach dem eigenen Ansehen (δόξα) und denkt gar nicht daran, Gott die Ehre (δόξα) zu erweisen.

Da die Welt der nur um sich selbst kreisenden Menschen unverändert fortbesteht, besteht auch der Auftrag an die Jünger in nichts anderem, als die Sendung Jesu fortzusetzen. Nun sollen sie das den Menschen nur durch das Wort Gottes zugängliche Licht (vgl. 1,4) in die der Wahrheit gegenüber verschlossene Welt tragen. Ihr Zeugnis für dieses Licht muss ihre ganze Existenz bis in die Bereitschaft für einen Tod umfassen, mit dem die Welt ihr Eigenes erhalten möchte.

In einem entscheidenden Punkt geht ihre Botschaft aber über das hinaus, was Jesus selbst der Welt zu zeigen vermochte: dass seine vermeintliche Hinrichtung der Beweis für ein Leben ist, das zu erkennen die Welt nicht bereit war. Dieses Neue müssen aber auch sie selbst erst erfassen: in der österlichen Erfahrung, dass das Leben aus der Liebe Gottes durch nichts ausgelöscht werden kann. Wie werden sie aber nach der Rückkehr des Sohnes zum Vater mit diesem Neuen, das im Grunde nur die Konsequenz des ihnen schon durch ihren Umgang mit dem fleischgewordenen Wort Bekannte ist, als seine Boten umzugehen lernen?

12.2.3. Der Heilige Geist als Beistand und Helfer

Schon der Verfasser des lukanischen Doppelwerks hatte das Wirken des beim Propheten Joël für die Endzeit versprochenen Geistes Gottes auf die Zeit der Kirche verlegt[329]. Er inszeniert die Geistaussendung aber als ein großes geschichtliches Ereignis am Tag des jüdischen Erntedankfests fünfzig Tage nach dem Paschafest. Der Vierte Evangelist verlegt die Aussendung des Heiligen Geistes auf den Ostertag (Joh 20,22),

12.2 Die Vollmacht zur Vergebung der Sünden

an dem die Jünger die Kreuzigung Jesu als seine Erhöhung zum Vater erkennen.

Den Sinn der Geistsendung erklärt Jesus seinen Jüngern unter verschiedenen Gesichtspunkten in den Abschiedsreden. Diese Sendung hebt Johannes von dem sonstigen neutestamentlichen und auch seinem eigenen Gebrauch des Begriffs πνεῦμα vor der Rückkehr Jesu zum Vater dadurch ab, dass er das Wort mit dem Begriff des Parakleten[330] verbindet.

Im Anschluss an die Worte über den Hass der Welt, dem auch die Jünger ausgesetzt sein werden (Joh 15,18–25), spricht Jesus vom Parakleten, den er den Jüngern vom Vater aus senden wird, als „dem Geist der Wahrheit, der vom Vater ausgeht". Er wird Zeugnis für Jesus ablegen (15,26), und kraft dieses Zeugnisses – so ist wohl zu ergänzen – können und sollen auch sie selbst Zeugen sein (15,27a).

Nach der dann fortgesetzten Rede über den Hass der Welt (16,1–4a) wird die Tätigkeit des Parakleten näher beschrieben: Er wird der Welt vor Augen führen, was Sünde, was Gerechtigkeit und was Gericht ist. Hier wird das Wesen der Sünde (nicht: der *Sünden!*) an den Anfang gestellt: Sie besteht darin, dass die Welt nicht an Jesus glaubt, da sie das sie befreiende Licht nicht an sich herankommen lässt (16,7–9).

In den Abschiedsreden wird der Paraklet als „anderer" Helfer nach dem Fortgang Jesu eingeführt, den auf sein Bitten hin der Vater ihnen geben wird (14,16). Er ist „der Geist der Wahrheit", den die Welt nicht empfangen kann, weil sie ihn in ihrem Nein gegenüber der Wahrheit nicht sieht und nicht kennt. Die Jünger aber kennen ihn, weil er bei ihnen „bleibt" (μένει) und in ihnen sein wird (14,17); genauer: er wird „in Ewigkeit bei ihnen sein" (14,16b). Schließlich wird der Paraklet mit dem Heiligen Geist gleichgesetzt, der die Jünger alles lehren und sie an alles erinnern wird, was Jesus ihnen gesagt hat (14,26).

Mit den in den Abschiedsreden ausgesprochenen Verheißungen des Heiligen Geistes für die Zeit der Kirche ist das Problem der Bevollmächtigung zum Vergeben oder Behalten der Sünden, die der Auferstandene den Jüngern zusammen mit der Gabe dieses Geistes erteilt (20,22f), aber nicht einmal ansatzweise gelöst. Bei diesen Blicken in die Zukunft der Gemeinde, die durch ihre ganze Existenz Jesus als das in die Selbstverfinsterung der Menschen einfallende Licht gegenwärtig halten soll, fehlt der Hinweis auf einen fundamentalen Unterschied. Jesus wusste aufgrund seiner Identität mit dem ewigen Wort Gottes um alles, was im Menschen ist (vgl. 2,25). Über ein solches Wissen verfügen die Jünger nicht. Sie sind zur Weitergabe des von Jesus verkündeten Wortes gesandt. Nach welchen Kriterien sollen sie aber bei der Frage, wer „aus dieser Welt" in die Gemeinde aufgenommen werden kann oder nicht, eine richtige Entscheidung treffen? Die Lösung dieser Frage ist durch ein weiteres Moment erschwert. In den Worten über den Jesus erteilten Auftrag (3,14-21) werden zwei Handlungen des Menschen und ihre Folgen beschrieben: „Jeder, der Böses tut, hasst das Licht und kommt nicht zum Licht, damit seine Taten nicht aufgedeckt werden" (V. 20). „Wer aber die Wahrheit tut, kommt zum Licht, damit offenbar wird, dass seine Taten in Gott vollbracht sind" (V. 21). Eine dritte Möglichkeit menschlichen Handelns wird nicht erwogen. Menschen, die Böses getan und sich dem Licht, das sie aus der Flucht in die Lüge befreien will, entzogen haben, können doch auch durch die Verkündigung Jesu und der von ihm gesandten Jünger zur Einsicht in ihr selbstzerstörerisches Leben kommen und sich dem vorher gescheuten Licht öffnen. Dies ist doch das eigentliche Ziel der Sendung Jesu zur Rettung der Welt. Wie kommt es, dass in der Schilderung des Wirkens Jesu nirgends von einem solchen Fall die Rede ist?

Es gibt in der Frohbotschaft des Johannes nur, erstens, das Nein zu seinen Worten, die durch rettende Zeichen begleitet sind. Dieses Nein wird bis zur Ermüdung immer wieder thematisiert. Zweitens sind da solche, die ihm zwar glauben und ihm auch von innen her zugewandt sind, aber ihre Position in der durch Verlogenheit bestimmten Clique der Herrschenden nicht verlieren wollen. Drittens erwählt Jesus einige, die ihm vom Vater gegeben wurden und die er vor allem Bösen bewahrt hat[331] - außer einem, der von vornherein von Gott für den Weg ins Verderben bestimmt war (s. Kap. 7.3.2).

Es fehlt an Anweisungen für das Verhalten dieser erwählten Jünger, zu denen aufgrund ihres Zeugnisses Menschen kommen, die ihre Flucht vor der das böse Tun aufdeckenden Wahrheit bereuen. Diese Menschen gehören zu denen, die „auf den blicken, den sie durchbohrt haben" (19,37), zu all denen, die Jesus nach seiner Erhöhung am Kreuz zu sich zieht (vgl. 12,32; dazu Kap. 7.6.2). Wie können die von Jesus Gesandten aber erkennen, wer in die Gemeinde der von Jesus Befreiten gehört und wessen angebliche Reue sich noch nicht von der Verlogenheit dieser Welt gelöst hat?

Vom ganzen Evangelium her gibt es nur eine Antwort auf die Frage nach der wichtigsten Voraussetzung für diese Unterscheidung: Die Jünger Jesu und die in der Geschichte der Kirche Jesus Nachfolgenden müssen sich selbst ganz an das Licht des jede Lüge aufdeckenden Wortes verloren haben, das durch den von Gott gesandten Geist der Wahrheit in den Zeugen Gegenwart bleibt. Nur dann können sie richtig entscheiden, wessen Sünden vergeben werden dürfen oder wer noch immer so um seine eigene Existenz kreist, dass er für eine Befreiung durch das richtende Wort Jesu nicht oder noch nicht in Frage kommt. Die den Zeugen Jesu für das „Vergeben" oder „Behalten" von Sünden gewährte Vollmacht darf nicht von der Frage getrennt werden, inwieweit sie selbst den ihnen zur Aufnahme übergebenen Geist wirklich in sich aufgenommen haben[332]. Das lässt sich jedenfalls der Botschaft des Evangelisten entnehmen. Wie die Kirche diese nicht „ohne Auflagen" erteilte Vollmacht praktisch realisieren kann, ist ein anderes Problem, das – wie die Geschichte zeigt – wohl nie zufriedenstellend zu lösen ist. Denn wer soll darüber entscheiden, ob diejenigen, die Sünden vergeben oder nicht, aufgrund ihrer Lebensführung dazu befähigt sind?

12.3. Nicht sehen und doch glauben

12.3.1. Rückblick auf die Osterberichte

Bei Johannes sind die ersten drei Berichte darüber, wie es zum Glauben an die Auferstehung Jesu kam, inhaltlich nicht miteinander verbunden. Der Jünger, den Jesus liebte, kommt schon beim Blick ins leere Grab zum Glauben, weil er die Auferweckung des Lazarus richtig als Zeichen dafür gedeutet hatte, dass Jesus „die Auferstehung und das Leben ist" (vgl. 11,25). Lazarus musste noch durch andere von den Binden befreit werden, bevor er sich wieder frei auf dieser Erde bewegen konnte. Was der Jünger im leeren Grab sah, zeigte ihm, dass Jesus aus eigener Macht in das Leben seines Vaters zurückgekehrt war.

Als der Auferstandene Maria von Magdala bei ihrem Namen rief, erkannte sie, dass Jesus ins Leben zurückgekehrt, nicht aber, dass er in ein ganz anderes als das irdische Leben gegangen war. Bei dem ihr erteilten Auftrag an die Jünger setzt Jesus voraus, dass selbst diese das von ihm in den Abschiedsreden immer wieder Angekündigte noch nicht verstanden hatten (vgl. 20,16f). Darum kann der Evangelist das Ausrichten dieses Auftrags und seine Aufnahme durch die Jünger bei seinem Bericht über die Erscheinung des Auferstandenen vor allen Jüngern übergehen (vgl. 20,18f). Jesus wählt eine Weise des sich Offenbarens, die sich deutlich von allen sonstigen Osterberichten unterscheidet. Diesen Weg zum Glauben schildern die beiden letzten Erscheinungen, die ihrer theologischen Intention nach ineinander übergehen.

Wir hatten den Vergleich der Erscheinung des Auferstandenen vor allen Jüngern bei Johannes (20,19-23) mit dem in vielen Details verwandten Bericht bei Lukas (24,36-43) unterbrochen, um einer Lösung der innerhalb der johanneischen Soteriologie problematisch erscheinenden Vollmacht zum „Vergeben" und „Behalten" der Sünden näherzukommen. In den folgenden Überlegungen wird es um die Frage gehen, wie Johannes die dem Lukasevangelium entlehnten Motive seinem eigenen Verständnis der Erscheinungen des Auferstandenen unterworfen hat.

In beiden Berichten zeigt sich Jesus als der Auferstandene, indem er auf seine Kreuzeswunden verweist. Bei Lukas geschieht dies, als Jesus (bei unverschlossenen Türen) in die Mitte der Jünger trat und ihnen den Friedensgruß entbot, dann aber ihre Reaktion darauf wahrnahm: Sie erschraken und fürchteten sich vor einem Gespenst, das ihnen da begegnete. Jesus fragt, warum ihr Herz von einem solchen Schrecken und völlig abwegigen Gedanken (διαλογισμοί[333]) erfasst werde. Zur Widerlegung ihres Missverstehens zeigt er ihnen seine Hände und Füße (Lk 24,39a.40) und fordert sie auf, ihn anzufassen: ein Geist habe doch nicht Fleisch und Knochen! (V. 39b). Weil dies (wegen ihrer Freude!) immer noch nicht zum Glauben reicht, isst er dann vor ihren Augen ein Stück gebratenen Fisch (V. 41b-43).

Auch in der johanneischen Interpretation ist von Furcht und Freude[334] der Jünger die Rede. Die Furcht bezieht sich aber nicht auf den für ein Gespenst gehaltenen Auferstandenen, sondern auf die Juden, vor denen sie die Türen verschlossen hatten. Freude erfasst sie, als Jesus ihnen nach (oder „gleichzeitig mit"[335]) seinem Friedensgruß seine Hände und seine Seite zeigte und sie in ihm sogleich den Herrn erkannten. Ist bei dem Wort „Frieden" an die besondere Bedeutung des von Jesus bei seinem Weggang gegebenen Friedens zu denken, so bei der Freude der Jünger an die alle Furcht und Trauer überwindende Freude, die das Gehen Jesu zum Vater bei ihnen auslösen sollte[336]. Wenn Jesus ihnen seine (durchbohrten) Hände und Seite zeigt, dann geschieht dies nicht, um Furcht und Zweifel der Jünger auszuräumen. Indem sich der lebend in ihrer Mitte Stehende mit dem Gekreuzigten identifiziert, können die Jünger erkennen, dass Jesu Auferstehung in seiner Erhöhung am Kreuz geschah.

Dies trifft auch für den Abschluss der Osterberichte zu (20,24-29). Thomas zweifelt nicht, weil der Auferstandene seine Macht über den Tod durch keine handfesten Wunder etwa von der Art demonstriert, wie Matthäus sie berichtet[337]. Ihm genügen dieselben Zeichen, die Jesus den anderen Jüngern geboten hatte. Aber ihr bloßer *Bericht* über das von ihnen Gesehene (20,25) reicht ihm nicht aus, darauf eine Überzeugung zu gründen, die seine ganze Existenz einfordert. Der Tadel, den er von Jesus erfährt: „Weil du mich gesehen hast, glaubst du. Selig (sind), die nicht sehen und doch glauben" (20,29), gilt im Grunde auch den übrigen Jüngern. Sie glaubten, als Jesus sich ihnen als der auferstandene Gekreuzigte zeigte.

12.3.2. Glauben ohne Zeichen?

Wie ist aber die Seligpreisung derer, die glauben, ohne zu sehen, genauer zu verstehen? Was ist mit dem Begriff „sehen" (ἰδεῖν) in diesem Zusammenhang überhaupt gemeint? Zunächst sicherlich die in den beiden Erscheinungen vor den Jüngern (20,19-29) gewährte Erkenntnis, dass der zum Vater Zurückgekehrte am Kreuz den Tod überwunden hat. Dieses Sehen wird den „Nachgeborenen" nicht zuteil und begründet nicht den Glauben, der auch von ihnen gefordert wird.

Dieses Sehen war aber auch nicht notwendige Voraussetzung dafür, dass die Jünger Jesu nach seinem Tod zum Glauben an den Erhöhten kamen. Das zeigt der Bericht darüber, wie der Jünger, den Jesus liebte, ohne eine Erscheinung des Auferstandenen zum Glauben fand (s. Kap. 11.3). Auch er kommt erst durch ein Sehen (ἰδεῖν) zum Glauben. Beim Blick in das leere Grab erkennt er, dass der Leichnam Jesu nicht von anderen entwendet wurde. Der Totgeglaubte hatte vielmehr die Leinentücher, mit denen er geradezu wie mit Fesseln umschnürt war[338], von sich geworfen. Das Schweißtuch ließ er zusammengewickelt (!) an einem anderen Platz liegen. Den auferweckten Lazarus hingegen musste man von den Binden befreien. Als er dem Befehl Jesu, aus dem Grab herauszukommen, gehorchte, war sein Gesicht noch von dem Schweißtuch umhüllt[339].

Alle Jünger kommen durch ein Sehen am Ostertag zum Glauben an den Auferstandenen. Nicht sie werden aber am Ende der letzten Erscheinung Jesu vor Thomas seliggepriesen, sondern die Menschen, die ohne zu sehen zum Glauben gelangen (20,29). Entfällt für diese gänzlich die Notwendigkeit einer durch die Sinne vermittelten Wahrnehmung, um glauben zu können? Hängt dieser zum Heil führende Glaube allein daran, ob Gott ihnen dafür die Gabe des Geistes schenken will oder nicht? In diesem Sinne könnte ja das an Nikodemus gerichtete Wort zu deuten sein: „Der Wind (πνεῦμα) weht, wo er will; du hörst sein Brausen, weißt aber nicht, woher er kommt und wohin er fährt. So ist es mit jedem, der aus dem Geist (πνεῦμα) geboren ist" (Joh 3,8). Jeder, der aus der Finsternis dieser Welt kommt, der vom „Vater der Lüge" abstammt (8,44), muss gewiss „von neuem" (ἄνωθεν), und das heißt aus dem „von oben" (ἄνωθεν) her wehenden Geist Gottes geboren werden (3,3.7f). Aber viele, denen Gott keine Rettung „aus dieser Welt" zugedacht hat, hören dann eben nur das Brausen eines Windes. Der zum ewigen Leben führende Atem Gottes kann nicht zu ihnen kommen.

Wäre diese Deutung zutreffend, dann könnte man nicht verstehen, warum es einige Verse später heißt, dass Gott seinen einzigen Sohn Mensch werden ließ, damit er die Welt rette (Joh 3,16f). Das gesamte Werk Jesu ist darauf gerichtet, Menschen aus der ihr böses Handeln verbergenden Lüge zu befreien. Das gilt zunächst für ihr eigenes, das Böse verdeckende Tun. Aber daraus geht schließlich die Herrschaft der Verlogenheit hervor, in der sie sich durch gegenseitige Ehrerweise einen festen Platz erworben haben (s. Kap. 5.2). Das Wort Gottes ist zum Kampf gegen diese Verlogenheit in die Welt gekommen. Es ruft in Wort und Tat die Menschen dazu auf, sich gegen das von ihm gebrachte Licht nicht weiter abzuschirmen. Nur dann kann es in die Tiefe ihrer um sich selbst kreisenden Existenz dringen und sie zu wahrem Leben führen, das den Tod nicht zu fürchten braucht.

Auf die Frage nach dem Sinn des „Glaubens ohne zu sehen" gibt der Vierte Evangelist eine klare Antwort. Auch diejenigen, die Jesus selbst nicht begegnet sind, bedürfen einer bestimmten sinnlichen Wahrnehmung, durch die ihnen die Möglichkeit zu glauben vermittelt wird. An welche Art von Wahrnehmung ist dabei aber zu denken? Das wird im „hohepriesterlichen Gebet" gesagt. Bei den Bitten Jesu an den Vater gewinnt man zuweilen den Eindruck, es gehe ihm nur um die Zukunft der Jünger. Soeben sagt Jesus noch, dass er sich für die Jünger heilige, *damit auch sie in der Wahrheit geheiligt sind* (17,19). Aber schon in den nächsten Sätzen heißt es unmissverständlich: „Ich bitte nicht nur für diese hier, sondern auch für [alle], die durch ihr Wort an mich glauben (V. 20). Alle sollen eins sein: Wie du, Vater, in mir bist und ich in dir bin, sollen auch sie in uns sein, damit die Welt glaubt, dass du mich gesandt hast" (V. 21).

Was ist mit dem „Wort" der Jünger gemeint? Auch das wird in diesem Zusammenhang gesagt: „Wie du mich in die Welt gesandt hast, so habe auch ich sie in die Welt gesandt" (17,18). Die Jünger sollen so sprechen und handeln, wie es der Sendung Jesu durch den Vater entspricht. Das Wort des vom Vater Gesandten war stets mit Zeichen verbunden.

Wie kann das für das Wirken Jesu selbst zentrale Zusammenspiel von Wort und Zeichen in den von Jesus in die Welt Gesandten so zum Ausdruck kommen, dass durch sie Jesu Werk unverkürzt gegenwärtig bleibt?

12.3 Nicht sehen und doch glauben

Die Synoptiker gaben auf diese Frage zur Antwort, dass Jesus bei der Aussendung der Jünger ihnen Vollmacht über die unreinen Geister gab[340]. Wie bei Jesus selbst war die Predigt der Jünger durch Machttaten begleitet. Johannes überwindet diesen Abstand zwischen seinem Wort und den seine Macht offenbarenden Zeichen. Schon das Zeichen kann (und sollte) einen festen Glauben erwecken. Dies zeigt in aller Deutlichkeit die Heilung des Blindgeborenen. Der Geheilte braucht nicht eigens zur Verkündigung ausgesandt werden. Das völlig neu geschenkte Sehen führt bei ihm zu Worten, durch die das selbst verschuldete Blindsein der Pharisäer voll zutage tritt (s. Kap. 5.5.4 zu Joh 9). Durch das von den Synoptikern grundsätzlich verschiedene Jüngerverständnis (s. Kap. 3.1) kann der Vierte Evangelist die Überwindung einer Kluft zwischen Wort und Zeichen auch bei der Sendung der Jünger beibehalten. Nur solche werden zur Verkündigung der Botschaft Jesu gesandt, die von Anfang an bei ihm waren und in den Abschiedsreden auch über die Vollendung seines Wirkens in der Erhöhung am Kreuz unterrichtet wurden. Am dritten Tag nach der Hinrichtung Jesu erkannten sie, dass das, was die durch eigenes Verschulden blind Gewordenen für die Beseitigung des Lichtes hielten, das endgültige Aufleuchten der Herrlichkeit Gottes war.

Erst von hierher können sie rückblickend alles, was sie in der Nachfolge Jesu erlebt hatten zu einem Ganzen verbinden. Dieses Ganze sollen sie nun verkündigen. Dazu genügt nicht, dass sie davon reden. Glaubwürdig sind sie nur, wenn jenes Ganze ihr eigenes Leben durchdringt. Darin einbeschlossen ist nicht zuletzt ihre Bereitschaft, den Hass der Machthaber dieser Welt, den vor ihnen Jesus erfahren hatte, in seiner vollen Wucht zu ertragen[341]. Wenn die Jünger in ihrer ganzen Existenz zum Zeichen für die im Wort behauptete rückhaltlose Liebe Gottes zur Welt werden, kann ihr Zeugnis zum Glauben führen.

Das letzte, an Thomas gerichtete Wort des Auferstandenen: „Selig (sind), die nicht sehen und doch glauben" (Joh 20,29) darf also nicht, aus seinem Kontext gerissen, verallgemeinert werden. Erscheinungen des Auferstandenen wird es in Zukunft nicht mehr geben. Aber auch bei der Weitergabe der von Jesus in Wort und Zeichen verkündeten Liebe Gottes zur ganzen Welt ist für das Zum-Glauben-Kommen der Angesprochenen eine sinnliche Wahrnehmung, ein „Sehen" erforderlich. Dieses Sehen ist aber sorgfältig von dem Sehen zu unterscheiden, wodurch sich Jesus den Jüngern als Auferstandener zeigte. Für dieses Sehen – so scheint jedenfalls der Text zu suggerieren – bedarf es nur einer genauen Beobachtung. Dieser Anschein wird dadurch noch verstärkt, daß der „ungläubige" Thomas meint, die bloße Beobachtung handfest verifizieren zu müssen (Joh 20,25). Um das Leben der Jünger als Zeichen für das Leben des ans Kreuz Geschlagenen wahrnehmen zu können, ist aber eine andere Weise des Sehens nötig. Wie die Jünger „neugeboren" werden müssen (vgl. Joh 3,3-8), bedarf es für dieses Sehen auch auf Seiten der Angesprochenen einer neuen Geburt. Sie müssen sich losreißen lassen von dem Leben, das ihnen der Teufel, der „Vater der Lüge", in die Wiege gelegt hat (vgl. Joh 8,44).

Analog zu dem, was in Kap. 12.2 über die Vollmacht zur Vergebung der Sünden gesagt wurde, muß jedoch auch hier eine wesentliche, nicht nur akzidentelle Differenz zwischen der Sendung Jesu durch den Vater und der von ihm erteilten Sendung an die Jünger (vgl. Joh 17,8) hervorgehoben werden. Mit der Annahme oder Ablehnung des von Jesus gesprochenen Wortes erging schon hier und jetzt das Gericht über den zum Glauben gerufenen Menschen (vgl. Joh 3,18). Dies kann im Hinblick auf die zur Weitergabe dieses Wortes Gesandten nicht gesagt werden. Bei ihrer Verkündigung bleibt stets offen, worauf das Ausbleiben des Glaubens zurückzuführen ist. Liegt es an einer mangelnden Offenheit der Angesprochenen für das ihnen überbrachte Licht oder daran, daß die Überbringer selbst sich dem das Böse in ihnen aufdeckenden Licht noch nicht genügend geöffnet haben?

Im Sinne der johanneischen Soteriologie ist dieses Problem weder dadurch zu lösen, daß man das Gericht doch wieder auf einen „Letzten Tag" verschiebt, noch dadurch, daß ein Kriterienkatalog aufgestellt wird, der ein gerechtes Urteil über die zum Glauben nicht Bereiten erlaubt. Gott geht es um die Rettung der Welt aus der Finsternis. Ein Weg, der nach der Erhöhung Jesu zur Rettung der Welt aus der selbst verschuldeten Blindheit (Joh 9,41) beitrüge, wäre ein im Wissen über die je eigene Schuld geführter Dialog mit dem Ziel, alle gegen das Licht errichteten Mauern in Kärrnerarbeit abzubauen.

Anmerkungen

1 „Vulgata" in den Anmerkungen „Vulg."; „Septuaginta" in den Anmerkungen „LXX".
2 Der deutschen Übersetzung von πρός m. Akk. durch „bei" in Joh 1,1f entsprechen engl. „with"; italien., span., portugies. „con" bzw. „com"; franz. „avec" oder „auprès".
3 λευκαί εἰσιν πρὸς θερισμόν. Die in πρός m. Akk. enthaltene Relation „auf – hin" wird hier berücksichtigt.
4 Die Übersetzung „untereinander" an diesen Stellen gibt nicht den Richtungssinn wieder.
5 Beispiele für παρά m. Dat.: „[…] was ich beim Vater [παρὰ τῷ πατρὶ] gesehen habe […]" (Joh 8,38); „[…] während ich noch bei euch bin [παρ' ὑμῖν μένων]" (Joh 14,25).
6 Die Präposition μετά m. Gen. zeigt Gemeinschaft, Teilhabe an. Entsprechende Stellen bei Johannes werden im Deutschen zumeist (unscharf) durch „bei" übersetzt, sonst durch Äquivalente für „zusammen mit" (with, con[migo], avec, [vobis] cum [me]cum); vgl. Joh 7,33; 13,33; 14,9; 15,27; 17,12.24.
7 Vgl. etwa πρὸς ὑμᾶς *1 Thess 3,4* (im Sinne von „bei euch") mit *1 Thess 3,11* (im Sinne von „zu euch") innerhalb eines Briefes, der ganz von der Sorge um die Gemeinde getragen ist; ähnlich *Gal 4,18.20; 2 Thess 2,5; 3,1*.
8 Dieselbe Beobachtung gilt für *2 Kor 11,9a*, wo die Einheitsübersetzung in Abweichung von den üblichen Übertragungen καὶ παρὼν πρὸς ὑμᾶς mit „als ich zu euch kam" wiedergibt.
9 Vgl. Vulg.: „ad vos", franz.: „envers"; engl.: „toward".
10 Vgl. Röm 2,11.13; 11,25; 12,16; 1 Kor 3,19; 7,24; Gal 3,11; 2 Thess 1,6.
11 Vgl. Röm 15,33: „Der Gott des Friedens sei mit euch allen!"; 1 Kor 16,23; 2 Kor 13,11.13; Gal 6,18; Phil 4,23; 1 Thess 5,28; 2 Thess 3,16b.18; Phlm 25.
12 Vgl. Gal 2,1; 1 Thess 3,13; 2 Thess 1,7b
13 Vgl. Röm 12,15; Gal 2,12; 2 Thess 1,7a.
14 Mt 13,56 übernimmt wörtlich; Lk übergeht (wegen Lk 4,16–30) in diesem Zusammenhang den gesamten Passus über den Unglauben, dem Jesus in Nazaret begegnet.
15 Mt 26,56 kürzt das πρὸς ὑμᾶς weg: καθ' ἡμέραν ἐν τῷ ἱερῷ ἐκαθεζόμην διδάσκων.
16 Die ursprünglich enge Verbindung zwischen diesen beiden Forschungsrichtungen lässt sich besonders am Werk Hermann Gunkels (1862–1932) aufweisen.
17 Vgl. R. Bultmann, Das Evangelium des Johannes, 16. Aufl. Göttingen 1959, 12.
18 Vgl. ebd. 12f.
19 „[…] er war Gott", ebd. 16.
20 Vgl. ebd. 17.
21 Vgl. ebd. 19.
22 Vgl. ebd. 18.
23 Noch immer wird das vom Logos ausgesagte θεός von vielen im Sinne von θεῖος („göttlich") übersetzt. Vgl. die erste Anmerkung zu Joh 1,1 in der Lutherübersetzung von 2017: „Gemeint ist: Von göttlicher Art war das Wort".
24 Vgl. dazu H. Verweyen, Anselm von Canterbury. Denker, Beter, Erzbischof, Regensburg 2009, bes. 43–46.
25 „Verbum namque hoc ipsum, quod verbum est aut imago, ad alterum est, quia non nisi alicuius verbum est aut imago" (Anselm v. Canterbury, Monologion, Kap. 38;

Opera omnia I, S. 56). Es wäre grundsätzlich auch die Übersetzung „auf *anderes* hin" und „(Wort oder Bild) von *etwas*" möglich. Diese Übersetzung hat Anselm aber an dieser Stelle durch den folgenden Satz ausgeschlossen: „Denn jener [Vater], dessen Wort oder Bild er [der Sohn] ist, ist [selbst] weder Bild noch Wort".

26 „πάντα δι' αὐτοῦ ἐγένετο, καὶ χωρὶς αὐτοῦ ἐγένετο οὐδὲ ἕν. [ὃ γέγονεν[.]"
27 Bei Johannes findet sich das Wort χωρὶς an drei Stellen. Adverbial gebraucht er es 20,7: das Schweißtuch lag *abgesondert* von den Leinentüchern, in die der Leib Jesu gewickelt war. Präpositional (m. Gen.) verwendet er es 15,5: *getrennt* von dem Weinstock bringen die Reben keine Frucht. In 1,3 hat das „ohne" zumindest den Beiklang von „abgesondert".
28 Ich gehe hier von der Lesart aus, die ὃ γέγονεν zu Vers 4 zieht. Diese textkritisch mögliche Option hat zum einen den Vorteil, dass der Aufbau der Aussagen über das Verhältnis Gottes zur Welt (1,3f) stilistisch besser dem über das Verhältnis zwischen Gott und dem Wort (1,1f) entspricht:
(3) *Alles* ist durch (das Wort) *geworden*,
und ohne (das Wort) *wurde* auch nicht eines.
(4) Was *geworden* ist, war in ihm *Leben*.
Und *das Leben* war *das Licht* der Menschen".
Zum anderen braucht man dann in V. 4: „In ihm war [das] Leben […]" nicht gegen den gesicherten Text einen bestimmten Artikel vor „Leben" zu setzen.
29 Dieses in Gen 1,2 gebrauchte Wort „Erde" ist insofern alles andere als die Erde, wie sie dem Menschen vertraut ist. Vgl. den doppelsinnigen Gebrauch von 'ares in Gen 1,2 und 1,10.
30 Das Desinteresse an dem, was die Schöpfung in ihrer wunderbaren Vielfalt zu bieten hat, erinnert an gnostische Vorstellungen von einer materiellen Welt, die als solche nicht interessiert, weil alles Materielle dem Nichts verfallen ist. Aber es gibt Menschen in der Welt, deren Geist mit Materie vermischt ist. Sie können von dieser finsteren Last erlöst werden. Für den Vierten Evangelisten hat der Begriff „Finsternis" nichts mit einer wegen seiner materiellen Konstitution verfallenen Welt zu tun. Die Welt ist Finsternis in dem Maße, wie sie das von Gott ausgehende Licht nicht sehen will und sich ihm gegenüber verschließt.
31 καὶ τὸ φῶς ἐν τῇ σκοτίᾳ φαίνει, καὶ ἡ σκοτία αὐτὸ οὐ κατέλαβεν. „Die Finsternis" und „das Licht" werden in vielen Religionen metaphysisch, als im Gegensatz zueinander stehende Urmächte verstanden. Johannes entkleidet sie dieser mythischen Metaphysik und stellt sie als Mächte dar, zwischen denen sich die Existenz des Menschen abspielt. Dass auch er mit dem Wort Finsternis eine Macht bezeichnet, die von „Dunkelheit" im alltäglichen Sinn zu unterscheiden ist, zeigt der Sprachgebrauch. σκοτία kommt im Neuen Testament außer in den johanneischen Schriften nur noch Mt 4,16 (in einem Zitat von Jes 9,1f) und Mt 10,27/Lk 12,3 vor. Johannes schreibt stets ἡ σκοτία, wenn er von der Finsternis im streng theologischen Sinn spricht. Wenn er Dunkelheit meint, fehlt der Artikel. Vgl. bes. Joh 12,35 („[…] damit euch nicht Dunkelheit überrascht. Wer in der Finsternis geht […]".
32 Im Folgenden als „der Täufer" bezeichnet.
33 Zur Kritik des Täufers an Herodes Antipas und der Hinrichtung durch diesen vgl. auch (inhaltlich von Mk 6,14–29 abweichend) Flavius Josephus, Antiquitates XVIII 5,2 § 116–119.
34 Vgl. etwa die refrainhafte Wendung „(und) ich werde ihn auferwecken am letzten Tage" (Joh 6,39.40.44).

35 In diesem Zusammenhang ist der merkwürdige Blick Jesu in die Zukunft der christlichen Missionare zu beachten. Schon bei Markus ist davon die Rede, dass sie bei den ihnen bevorstehenden Verfolgungen neben den Misshandlungen in Synagogen vor Präfekten und Könige gestellt werden (Mk 13,9). Matthäus und Lukas greifen diese Aussage fast unverändert auf (Mt 10,17f; Lk 21,12f). Johannes hingegen spricht nur von dem Ausstoßen *aus der Synagoge* (16,2), der harten Strafe einer „Exkommunikation", die im Verlauf der Trennung der Kirche von der Gemeinschaft der Juden keine Rolle mehr spielte. Vgl. dazu Kap. 5.3.
36 Auffallend ist in dieser Beziehung auch, dass ein Übergang der Sendung Jesu zu den Heiden im Unterschied zu den drei synoptischen Evangelien (vgl. schon Markus 7,24–30; 5,18–20; 15,34–36.37.39) bei Johannes nicht einmal angedeutet wird. Matthäus und Lukas sprechen von einem römischen Hauptmann (ἑκατόνταρχος), dessen Diener (oder Sohn) von Jesus geheilt wird. Sie heben hervor, dass Jesus hier einem so großen Glauben begegnete, wie er ihn in Israel nicht gefunden habe (vgl. Mt 8,5.10; Lk 7,2.10). Bei Johannes geht es um einen jüdischen Hofbeamten (βασιλικός), dessen Glaube an das Wunder eines Indizienbeweises bedarf (4,46.51–53). S. dazu Kap. 5.4.1.
37 Erst in der Szene bei Cäsarea Philippi tritt Petrus mit seinem Bekenntnis zu Jesus als dem Christus entschieden in den Vordergrund (Mk 8,27–30; Mt 16,13–20; Lk 9,18–21; vgl. Joh 6,67–69). Nur bei Matthäus (16,18) wird „Petrus", der Beiname des Simon, von Jesus feierlich als „Fels" gedeutet.
38 Lk 5,3f.8–10a. Schon hier wird Petrus als Beiname des Simon erwähnt (Lk 5,8). Lk 6,14 zufolge erhält er diesen Beinamen aber erst bei der Auswahl des Zwölferkreises (6,12–16).
39 Lk 5,1; 4,42–44. Bei Markus tritt der Wunsch nach dem Wort Jesu deutlich hinter dem Verlangen der ihn umdrängenden Leute nach ihm als Wundertäter zurück (vgl. Mk 1,35–39; 2,13; 3,7–10).
40 Vgl. Lk 9,51–56; 10,29–37; 17,11–19. In der Apostelgeschichte sind die Bewohner Samariens die ersten, an die sich die Mission wendet. Sie nehmen die Verkündigung freudig auf und lassen sich taufen (vgl. Apg 1,8; 8,5.12.14.25; 9,31).
41 Vgl. Joh 6,70; 13,18; 15,19.16. Das für die Auswählung verwandte Verb ἐκλέγεσθαι gebrauchen nur Johannes und Lukas.
42 Ohne Nennung ihres Namens werden die Zebedäussöhne im Nachtrag zum Evangelium aufgeführt (21,2).
43 Philippus (Joh 1,43–48; 6,5.7; 12,21f; 13,8f), Thomas (11,16; 14,5; 20,24–28), Andreas (Joh 1,40.44; 6,8; 12,22; sonst nur noch Mk 13,3) und Judas („nicht der Iskariote"). Er wird nur Joh 14,22 im Neuen Testament aufgeführt, könnte aber mit dem von Lukas als „Judas, der Sohn des Jakobus" Bezeichneten (Lk 6,16; Apg 1,13) gleichzusetzen sein.
44 Vgl. Joh 17,18; 20,21. Die „Ausnahme" ἐγὼ ἀπέστειλα ὑμᾶς θερίζειν (4,38) ist im Rückblick von der Vollendung dessen zu verstehen, was Jesus aufgetragen ist.
45 Vgl. besonders Joh 15,4–9.
46 ἀκολούθει μοι. Genau dieselbe Formulierung findet sich bei allen Synoptikern, als Jesus den Zöllner Levi beruft und dieser sogleich folgt (Mk 2,14; Mt 9,9; Lk 5,27).
47 Lukas gebraucht die Partizipialwendung στραφείς häufig mit einem kritischen Unterton: 7,9.44; 9,55; 14,25; 22,61. Von Johannes wird sie nur hier auf Jesus bezogen. Sie dürfte (schon wegen des hinzugefügten „aber") den Ernst des Blicks unterstreichen, den Jesus auf die beiden Nachfolgenden wirft.

48 Am ersten Tag wären die 1,35–42 geschilderten Ereignisse anzusetzen, am zweiten Tag – als Jesus im Aufbruch nach Galiläa begriffen ist – die Berufung des Philippus (1,43) und die Ausführungen über Natanaël (1,45–51a).
49 Die geläufige Formel „τί ἐμοὶ καὶ σοί" dürfte hier in dem Sinne zu verstehen sein: „Was hat deine Sorge um das Gelingen des Festes mit meinem vom Vater gegebenen Auftrag zu tun?" Auch vom Kreuz her redet Jesus seine Mutter als „Frau" (γύναι) an (19,26). Das ist hier wie dort nicht als despektierlich zu verstehen. Der Evangelist ist bemüht, eine Fehldeutung seiner streng theologischen Aussagen durch persönliche oder familiäre Rücksichten auszuschließen.
50 δόξαν ὡς μονογενοῦς παρὰ πατρός. Mit δόξα παρὰ πατρός ist zugleich schon der Gegensatz zu der von Jesus abgelehnten δόξα παρὰ ἀνθρώπων angedeutet (s. Kap. 5.2).
51 Vgl. Vulg.: „initium signorum"; engl.: „beginning of miracles"; span.: „principio de señales".
52 Die Annahme einer „Zeichenquelle", in der das Wunder zu Kana als „erstes" und die Heilung des Sohnes eines königlichen Beamten (4,46–53) als „zweites Zeichen" fungiert, wirft vor allem schwerwiegende inhaltliche Fragen auf. Welch theologisch seltsame Zusammenstellung des Wunders eines Thaumaturgen, das einem Dionysosfest entnommen sein könnte, mit einem Text, in dem die Kraft der Machttaten Jesu präsent ist, von der die synoptische Tradition lebt! Soll etwa die auch bei Matthäus (8,5–13) und Lukas (7,1–10) überlieferte Heilungsgeschichte, die Johannes in einem ganz anderen Sinn wiedergibt, ebenfalls auf diese Zeichenquelle zurückzuführen sein?
53 Zu der völligen Umgestaltung dieses „Einzugs" (Joh 12,12–16) s. Kap. 7.4.
54 Vgl. Joh 2,14: ἐν τῷ ἱερῷ τοὺς πωλοῦντας mit Mk 11,15; Joh 2,15: ἐξέβαλεν mit Mk 11,15; Joh 2,15: κολλυβιστῶν; τὰς τραπέζας mit Mk 11,15; Joh 2,14.16: περιστερὰς mit Mk 11,15.
55 Vgl. die Berufung auf Jes 56,(6)7 bei Mk 11,17; Mt 21,13; Lk 19,46. An der zitierten Stelle wird die Formulierung „Haus des Gebets (für alle Völker)" allerdings mit der Versicherung verbunden, dass der Gott Israels Gefallen findet auch an den Brand- und Schlachtopfern von Fremden, die sich zum Jahweglauben bekehrt haben
56 Joh 2,17; vgl. Ps 69,10 (LXX 68,10). Dort heißt es aber: „[...] hat mich verzehrt" (κατέφαγέ). Die hier zitierte präsentische Form καταφάγεταί wird im hellenistischen Griechisch oft futurisch verstanden.
57 Genauer: die Vertreibung der Verkäufer von für die Opferung im Tempel vorgesehenen Tieren aus dem Tempelvorhof.
58 λύσατε τὸν ναὸν τοῦτον, καὶ ἐν τρισὶν ἡμέραις ἐγερῶ αὐτόν.
59 Vgl. Mk 11,15–19 (hier wird die Vernichtung Jesu als Ziel der jüdischen Obrigkeit bereits im Anschluss an die „Tempelreinigung" genannt) und Mk 14,57–59 mit Joh 2,14–16.19.
60 ἄρχων ist wegen Joh 7,26.48 (ἄρχοντες) und des Sprachgebrauchs bei Lukas wohl als Mitglied des Hohen Rats (Synhedrium) zu verstehen, des zur Zeit Jesu höchsten religiösen und politischen Gremiums der Juden.
61 Vgl. Mt 27,51; Mk 15,38, Lk 1,3; Joh 19,11.23; Apg 16,5; Jak 1,17; 3,15.17; bes. Joh 3,31.
62 Vgl. Gal 4,9.
63 Vgl. Joh 19,38; Mk 15,42.45f; Mt 27,57–60; Lk 23,50–53.
64 Lk 23,51 zufolge ist er ein Mitglied des *Hohen* Rates.
65 Das Wort ἀρώματα kommt im Neuen Testament nur an den hier genannten Stellen vor. Zur Beurteilung der Handlung des Nikodemus, vgl. Kap. 7.3.3.

66 Zum Titel „Menschensohn" bei Johannes s. Kap. 7.5.1.
67 So lautet die verbesserte Einheitsübersetzung von 2017. – Ich gehe nicht auf die Frage ein, an welche allegorische Erklärung von Num 21,8f der Vergleich mit der „Erhöhung der Schlange" hier anknüpft.
68 Bei der Übersetzung des ἔδωκεν in V. 16 durch „hingab" ist darauf zu achten, dass (etwa im Anschluss an das παραδιδόναι in Jes 53,12) dieses Wort nicht im Sinne von Hingabe als Lösegeld verstanden wird. Es handelt sich um die Gabe aus einer Liebe, die keine Vergeltung für das Zurückweisen dieser Liebe verlangt. Die Tötung des zur Rettung Gesandten ist lediglich die Folge der anhaltenden Abweisung des Lichts.
69 Vgl. vor allem die entscheidende Rolle, die der Tempelschändung durch Antiochus IV. im Buch Daniel und in den Makkabäerbüchern zugeschrieben wird.
70 Ich gehe hier nicht näher auf die Bedeutungen des Verbs δοκεῖν ein, weil es im Unterschied zu seinem häufigen Gebrauch im Neuen Testament sonst bei Johannes nur an einer Stelle zu finden ist (im Sinne von „meinen": 5,39).
71 Politeia 361b–c. Ich benutze die Übersetzung Friedrich Schleiermachers (in: Platon, Sämtliche Werke 3, Hamburg 1958, 99f). – Als Fazit folgt wenig später die schon in der frühen Kirche als „Prophetie" für Christus, den Gerechten, geltende Stelle: „[Diejenigen, welche die Ungerechtigkeit vor der Gerechtigkeit loben, sagen,] „dass der so gesinnte Gerechte gefesselt, gegeißelt, gefoltert, geblendet an beiden Augen werden wird, und zuletzt, nachdem er alles mögliche Übel erduldet, wird er noch aufgeknüpft werden, und dann einsehen, dass man nicht muss gerecht sein sondern scheinen wollen" (361e–362a).
72 (Die Weisheit spricht:) „Reichtum und Ehre (δόξα) sind bei mir, angesehener Besitz und Glück" (Spr 8,18).
73 Im hebräischen Text ist erst in V. 3 von Gottes *kabôd* die Rede.
74 *thôb*; nur hier in den Schriften Israels als Prädikat Gottes verwendet.
75 Vgl. bes. Lk 2,9; 9,31; Apg 22,(6).11.
76 „Während Mose vom Berg herunterstieg, wusste er nicht, dass die Haut seines Gesichtes strahlte, weil er mit [dem Herrn] geredet hatte" (Ex 34,29).
77 Ex 34,29.30.35; nur hier in den Schriften Israels.
78 In deutschen Bibelübertragungen wird δοξάζειν noch immer mit „verherrlichen" wiedergegeben. Zur Problematik dieser Übersetzung s. Kap. 6.2, S. 74 Anm. 128.
79 Das Wort ὑπερυψοῦν im Philipperbrief (2,9) meint zwar auch die Erhöhung zu Gott, die Jesus dort aber als *Belohnung* für seine gehorsame Hingabe zuteilwird.
80 Joh 1,29; vgl. 1,36. ἀμνός für „Lamm" nur hier, Apg 8,32 (in einem Zitat von Jes 53,7) und 1 Petr 1,19 im Neuen Testament.
81 Vgl. z. B. zu Judas vgl. 6,64.71; 12,4; 13,2.11.21; 18,2.5; 21,20; zu den jüdischen Machthabern 18,30.35; 19,11; zu Pilatus 18,35f; 19,16.
82 Zitiert nach der Septuaginta. Die wörtliche Übereinstimmung von Jes 53,1 LXX mit Joh 12, 38b zeigt, dass den Evangelisten dieser griechische Text vorlag.
83 Der einmalige Gebrauch von δοξάζειν innerhalb der Auseinandersetzung mit seinen Gegnern (8,54) dürfte in demselben Sinne wie kurz zuvor die Verben τιμᾶν (τὸν πατέρα) und ζητεῖν (τὴν δόξαν) zu verstehen sein. – Joh 7,39 wird betont, dass der Geist noch nicht empfangen werden konnte, weil Jesus „noch nicht verherrlicht war".
84 δόξαν παρὰ ἀνθρώπων οὐ λαμβάνω.
85 Im Englischen und in den romanischen Sprachen wechselt die Übersetzung zwischen den Ableitungen von lat. „honor" und „gloria", wobei dieses zweite Terminus überwiegt. Anders als an den Parallelstellen Joh 5,44; 7,18; 8.50.54; 12,43, wo der

Begriff „gloria" gebraucht wird, übersetzt die Vulgata δόξα in Joh 5,41 mit „claritas". Hier liegt der Ton nicht auf Ehrungen gleich welcher Art, sondern auf dem Glanz des verliehenen Ansehens.

86 „ἀδοξήσει ἀπὸ ἀνθρώπων τὸ εἶδός σου καὶ ἡ δόξα σου ἀπὸ τῶν ἀνθρώπων " (Jes 52,14b); „οὐκ ἔστιν εἶδος αὐτῷ οὐδὲ δόξα [...] ἀλλὰ τὸ εἶδος αὐτοῦ ἄτιμον ἐκλεῖπον παρὰ πάντας ἀνθρώπους" (53,2a.3a).

87 Vgl. ὁ ἀφ᾽ ἑαυτοῦ λαλῶν τὴν δόξαν τὴν ἰδίαν ζητεῖ (Joh 7,18a).

88 δόξαν παρὰ ἀλλήλων λαμβάνοντες, καὶ τὴν δόξαν τὴν παρὰ τοῦ μόνου θεοῦ οὐ ζητεῖτε (5,44); vgl. 12,43: ἠγάπησαν γὰρ τὴν δόξαν τῶν ἀνθρώπων μᾶλλον ἤπερ τὴν δόξαν τοῦ θεοῦ, denn es lag ihnen mehr an der von Menschen erwiesenen Ehre als an der Ehre Gottes.

89 Vgl. Joh 1,19.24. Es ist interessant, dass die Priester und Leviten, zunächst als Abgesandte der Juden aus Jerusalem bezeichnet, dann als Abgesandte der Pharisäer (oder: aus den Reihen der Pharisäer) identifiziert werden (Καὶ ἀπεσταλμένοι ἦσαν ἐκ τῶν Φαρισαίων).

90 Vgl. Joh 2,18.20. Die daran anschließenden Verse (2,23–25) lassen aber etwas von der Gefahr erahnen, die von dieser ersten Handlung Jesu vor „den Juden" ausgeht. Vgl. die Verwendung des Begriffs „Zeugnis" in 1,19 und in 5,34.

91 Vgl. 9,22 „zum Ausgestoßenen werden" (ἀποσυνάγωγος γένηται); 16,2: „zu Ausgestoßenen machen" (ἀποσυναγώγους ποιήσουσιν ὑμᾶς).

92 Vgl. Joh 4,9; 8,48. Im Markusevangelium, das weitgehend auf vor dem Jahr 70 von Judenchristen verfassten Quellen fußt, findet sich kein Wort über Samarien und seine Bewohner. Erst mit der Zerstörung des Tempels in Jerusalem und damit des allein für rechtmäßig gehaltenen Kultorts Israels wurde der Weg frei für einen anderen Blick auf Samaria. Das zeigt vor allem das lukanische Doppelwerk mit seiner Wertschätzung der Samariter im Evangelium (vgl. Lk 9,52–55; 10,33–37; 17,11–19) und in der Apostelgeschichte (8,4–25).

93 Joh 4,44; vgl. Mk 6,4; Mt 13,57; Lk 4,24.

94 Mit βασιλικὸς (4,46b) ist wohl ein Beamter am Hof des Königs Herodes Antipas gemeint.

95 Das Verb πυνθάνεσθαι bei Johannes nur hier. Sonst im Neuen Testament hat es wie im Profangriechischen die Grundbedeutung „erforschen". Mt 2,4 bezeichnet es das genaue Nachforschen in der Schrift nach dem Geburtsort des Messias. In der Apostelgeschichte steht es mehrmals für das Verhör vor Gericht oder durch einen Höhergestellten, z. B. Apg 4,7; 21,33; 23,20.34(f).

96 Ich folge der heute in der Exegese fast allgemein vertretenen Annahme, dass Kap. 6 aus inhaltlichen Gründen vor Kap. 5 anzusetzen ist.

97 Auf einen Vergleich mit dem Matthäusevangelium kann für ein besseres Verständnis der johanneischen Theologie generell verzichtet werden, da dem Vierten Evangelisten dieser Text wohl nicht bekannt war.

98 Dies wird geschickt durch den „roten Faden" des Bereithaltens bzw. Benutzens eines *Bootes* angedeutet, ein Motiv, das Markus zur Abgrenzung größerer Texteinheiten voneinander benutzt (vgl. Mk 3,9; 4,1.35f; 5,2.18.21; 6,32.45.51.54; 8.10.14).

99 Vgl. Mk 6,35f / Mt 14,15 / Lk 9,12.

100 Auch im Folgenden geht das Handeln von Jesus aus: Er selbst verteilt die gesegneten Brote (6,11). Er gibt die Anweisung, das Übriggebliebene einzusammeln (6,12). Bei allen Synoptikern heben die Jünger selbsttätig auf (Mk 6,44 / Mt 14,20 / Lk 9,17).

101 Vgl. Mk 6,37 / Mt 6,16 / Lk 9,13.

102 Im Unterschied zu den Synoptikern, die hier das Wort εὐλόγησεν verwenden (Mk 6,41 / Mt 14,10 / Lk 9,16), gebraucht Johannes (6,11) den durch die frühkirchliche Abendmahlsfeier geprägten Begriff εὐχαριστήσας, den – gegen Markus (14,22) und Matthäus (26,26) – nur Lukas (22,19) bei den (vom Vierten Evangelisten nicht erwähnten) letzten Mahlhandlungen Jesu benutzt. Schon gegen Ende des ersten Jahrhunderts könnte in einigen Regionen das „geweihte" Brot als „Heilmittel der Unsterblichkeit" (vgl. Ignatius von Antiochien in seinem Brief an die Epheser, 20,2) verstanden und dementsprechend würdig aufbewahrt worden sein.
103 Dass hier der gekommene Prophet mit dem erwarteten Messiaskönig gleichgesetzt wird, hängt wohl mit den von Elija (1 Kön 17,12–16) und Elischa (2 Kön 4,42–44) berichteten Speisungswundern zusammen, die im Hintergrund der vormarkinischen Texte standen. Bei Johannes (6,9) ist – im Unterschied zu den Synoptikern – wegen der erwähnten *Gersten*brote am ehesten an Elischa zu denken.
104 Johannes sagt nicht, dass sich Jesus *zum Gebet* auf den Berg begeben hat (vgl. Joh 6,15 mit Mk 6,46). Außer 6,3.15 ist im Vierten Evangelium von einem Berg nur noch im Gespräch mit der Samariterin die Rede. Die Frau fragt: „Unsere Väter haben auf diesem Berg [dem Garizim] Gott angebetet; ihr aber sagt, in Jerusalem sei die Stätte, wo man anbeten muss" (4,20). Jesus antwortet, dass mit seiner Ankunft eine bestimmte Kultstätte überhaupt keine Rolle mehr spielt (4,21–24). Johannes wendet sich vermutlich gegen den Mythos eines bestimmten Bergs als bevorzugtem Ort der Anbetung Gottes und damit auch gegen die politische Instrumentalisierung besonders heiliger Stätten.
105 Ob Jesus einstieg oder weiter „zu Fuß ging", bleibt offen.
106 Johannes lässt wohl bewusst die Notiz bei Markus (6,48) aus, dass Jesus an den Jüngern „vorübergehen" wollte. Er kommt vielmehr auf das Boot zu (Joh 6,18).
107 Vgl. die Ortsangaben Joh 2,12; 4,46; 6,17.24.59.
108 1 Kor 11,24: „τοῦτό μού ἐστιν τὸ σῶμα τὸ ὑπὲρ ὑμῶν".
109 Lk 22,19: „τοῦτό ἐστιν τὸ σῶμά μου τὸ ὑπὲρ ὑμῶν διδόμενον".
110 Vgl. 1 Kor 11,27–34 im Zusammenhang mit 1 Kor 10,1–7.16f; 11,20–26.
111 Vgl. die kurze Einführung in das lukanische Eucharistieverständnis bei H. Verweyen, Mensch sein neu buchstabieren, Regensburg 2016, 164–171.
112 Zur Aufeinanderfolge der Kapitel 6 und 5 s. Kap. 5.4.2.
113 Einen solchen Anklang bietet in der Geschichte von der Heilung des Gelähmten die fast wörtliche Übernahme der Anweisung an den Geheilten, aufzustehen, seine Tragbahre zu nehmen und zu gehen, vgl. Mk 2,11 / Joh 5,8. Wichtiger noch ist vielleicht die Beobachtung, dass bei Markus die Heilung eines Gelähmten den Anfang einer sich dramatisch zuspitzenden Folge von fünf Wunderszenen bildet, an deren Ende erstmals der Beschluss der Pharisäer steht, Jesus umzubringen (Mk 2,3–3,6). Schon die erste der beiden Wunderheilungen in Jerusalem führt zu dem Beschluss, Jesus zu töten (vgl. Joh 5,16.18).
114 Mit „den Juden" sind hier höchstwahrscheinlich die Pharisäer gemeint, wie der Verlauf der Verhöre im Anschluss an die Blindenheilung nahelegt.
115 Dies ist die erste Äußerung, die wir von dem früher Blinden erfahren. Seine zuvor anscheinend reine Passivität ist wohl bewusst als Hintergrund für die Spannung gewählt, die in den darauffolgenden Szenen Schritt für Schritt gesteigert wird. Es gibt im ganzen Evangelium sonst keinen Text, in dem eine vom Verfasser gezeichnete Person in gleicher Weise als in voller Eigenständigkeit redende und handelnde Persönlichkeit dargestellt würde.
116 Der Titel „ein Prophet" ist hier nicht so zu verstehen wie in der Antwort der Samariterin, die sich auf das wunderbare Wissen Jesu von ihrer Vergangenheit

bezieht (vgl. 4,16-19). Mit bestimmtem Artikel („der Prophet") und messianischem Unterton auf Jesus (wie vorher schon mit Blick auf den Täufer: 1,21.24) angewandt, hat der Titel bei Johannes stets einen negativen Beigeschmack.
117 ἠγάπησαν γὰρ τὴν δόξαν τῶν ἀνθρώπων μᾶλλον ἤπερ τὴν δόξαν τοῦ θεοῦ.
118 δὸς δόξαν τῷ θεῷ.
119 Vgl. z. B. Jos 7,19 LXX.
120 ἐξέβαλον αὐτὸν ἔξω.
121 καὶ εὑρὼν αὐτὸν ist hier wohl nicht wie sonst häufig mit „als er ihn traf" zu übersetzen (vgl. z. B. das εὑρίσκει αὐτὸν nach der Heilung des Gelähmten: 5,14), sondern im ursprünglichen Wortsinn: „er fand ihn (auf der Suche nach ihm)".
122 Das ἑώρακας αὐτὸν ist wahrscheinlich auf das erste Sehen des Blindgeborenen zu beziehen, als er den noch anwesenden Retter erblickte und darum von dem ihm nicht unbekannten Menschen Jesus reden konnte (vgl. Joh 9,7.11). Zugleich dürfte damit, dem Gebrauch des Verbs ὁρᾶν bei Johannes entsprechend, das Sehen im Vollsinn des gläubigen Sehens angedeutet sein (vgl. 14,9: „Wer mich gesehen hat, hat den Vater gesehen"). Der Blindgeborene hat bei seiner Heilung in dem ihm zuteilgewordenen Zeichen das erkannt, worauf es verweist.
123 Vgl. Joh 8,12; 12,44-48a.
124 Vgl. hierzu die entscheidende Stelle Joh 3,14-21.
125 Vgl. 4,1.3; 7,31f.45-49; 8,59; 10,31.39.
126 Vgl. Joh 5,45; 7,19-23; 9,28f.
127 Marta kommt Jesus entgegen (Joh 11,20a; vgl. Lk 10,38), Maria „aber" bleibt im Hause *sitzen* (Joh 11,20.29; vgl. Lk 10,39). Maria fällt Jesus zu Füßen (Joh 11,32: ἔπεσεν αὐτοῦ πρὸς τοὺς πόδας; vgl. Lk 10,39: παρακαθεσθεῖσα πρὸς τοὺς πόδας). Zu „Maria an den Füßen Jesu" vgl. auch Joh 12,3.
128 αὕτη ἡ ἀσθένεια οὐκ ἔστιν πρὸς θάνατον ἀλλ' ὑπὲρ τῆς δόξης τοῦ θεοῦ, ἵνα δοξασθῇ ὁ υἱὸς τοῦ θεοῦ δι' αὐτῆς. Die Übersetzung des Verbs δοξάζειν bereitet heute große Schwierigkeiten. Immer schon lag es nahe, dem Substantiv „Herrlichkeit" (δόξα) das Verb „verherrlichen" (δοξάζειν) zuzuordnen. Dies trifft nicht nur für die deutsche Übersetzung zu, sondern auch für das Englische, Französische und andere Sprachen, die das Wort von lat. „glorificare" ableiten. Heute wird das Wort „verherrlichen" außerhalb des kirchlichen Sprachgebrauchs aber fast nur noch in einem negativen Sinn verwendet, meist in Verbindung mit Substantiven wie Gewalt und ähnlich abstoßenden Sachverhalten. Bei meinen Versuchen, δοξάζειν zu umschreiben, habe ich den nach dem Gespräch mit Gott am Antlitz des Mose aufleuchtenden machtvollen Glanz vor Augen (Ex 34,29f.35 LXX. Vgl. Kap. 5.1.2.
129 Vgl. Dan 12,2f.
130 οὐκ ἄν ἀπέθανεν ὁ ἀδελφός *μου* (Joh 11,21); οὐκ ἄν *μου* ἀπέθανεν ὁ ἀδελφός (11,32). Dieser feine Unterschied macht deutlich, dass Maria in der Trauer um *ihren* Bruder vor allem um sich selbst kreist.
131 Vgl. Joh 7,40-44; 9,16; 10,9-21.
132 καὶ οὐχ ὑπὲρ τοῦ ἔθνους μόνον, ἀλλ' ἵνα καὶ τὰ τέκνα τοῦ θεοῦ τὰ διεσκορπισμένα συναγάγῃ εἰς ἕν. Vgl. 17,20-23.
133 ἀπ' ἐκείνης οὖν τῆς ἡμέρας ἐβουλεύσαντο ἵνα ἀποκτείνωσιν αὐτόν (Joh 11,53; Übersetzung im Anschluss an die Lutherbibel 2017).
134 Z. B. „waren sie entschlossen" (Einheitsübersetzung). Etliche Übertragungen im Englischen, Französischen, Spanischen, Italienischen folgen mit „beratschlagten sie" wohl der Vulgata („cogitaverunt").
135 Jesus hatte sich wegen des Todesbeschlusses in eine Gegend nahe der Wüste zurückgezogen, so dass die Jerusalempilger noch diskutierten, ob Jesus tatsächlich

zum Paschafest kommen würde (11,54–56). „Die Hohepriester und Pharisäer hatten nämlich den Befehl gegeben: Wenn jemand weiß, wo er sich aufhält, solle er dies melden, damit sie ihn festnehmen könnten" (Joh 11,57).

136 Durch „beschlossen" wird ἐβουλεύσαντο hier in der Einheitsübersetzung und Lutherbibel (beide 2017) übertragen, durch „décidèrent" auch in der Bible de Jérusalem (2017).
137 Zur Gesetzesvorschrift vgl. Dtn 1,16f.
138 Nichts erinnert hier an das spannende Verhör bei Markus (14,53–64), das vor allem in der Rückfrage nach dem historischen Jesus ein Gegenstand heftiger Debatten wurde. Johannes hätte zwar, inhaltlich gesehen, gute Gründe gehabt, die hier verhandelten Details zu übergehen. Das Tempelwort – Abschluss der Zeugenvernehmung bei Markus – hatte er in stark veränderter Form bereits in seine „Vorschau auf das Drama" als Vorwegnahme „der Stunde" Jesu aufgenommen (vgl. Joh 2,4.19–21 mit Mk 14,58). Das Ende des Verhörs mit dem Verweis Jesu auf den im Sinne der Apokalyptik zum Gericht kommenden Menschensohn (vgl. Mk 14,62 mit Dan 7,13f) widersprach völlig seiner Auffassung, dass das Gericht über den Menschen sich hier und jetzt in der Begegnung mit Jesus vollzieht (zum Gebrauch des Titels „Menschensohn" im Vierten Evangelium s. Kap. 7.5. Aber inhaltliche Gründe dürften für den Vierten Evangelisten kaum für seine Darstellung der Behandlung Jesu maßgebend gewesen sein.
139 Zu den Berichten über das „Verhör" des Petrus s. Kap. 11.2.1.
140 Lukas übergeht diese Salbungserzählung aus noch zu nennenden Gründen. Aber auch er folgt nach dem Hinweis auf die Überlegungen, wie man Jesus umbringen könnte, dem markinischen Passionsbericht
141 Lukas übergeht diese Salbungserzählung aus noch zu nennenden Gründen. Aber auch er folgt nach dem Hinweis auf die Überlegungen, wie man Jesus umbringen könnte, dem markinischen Passionsbericht.
142 Vgl. Joh 2,14–16 mit Mk 11,15–17; Mt 21,12f; Lk 19,45f.
143 Vgl. Joh 12,27 mit Mk 14,32–42. Bei Markus und Matthäus (26,36–46) wird als Ort dieser Szene Getsemani genannt.
144 Matthäus zufolge sind es *die* Jünger, die über die Vergeudung unwillig werden. Sie geben diesem Ärger aber nicht gegenüber der Frau Ausdruck (26,8f).
145 Bei Johannes werden „die Zwölf" nur hier (und 20,24) erwähnt. Von einer Erwählung spricht Jesus auch in den Abschiedsreden (15,16.19), im Hinblick auf Judas: 13,18. Wie und wann Jesus die Zwölf erwählt hat, wird nirgends gesagt. – Die Synoptiker sprechen bei der Wahl der Zwölf von dem Verrat des Judas aus der Retrospektive, nicht von einer Voraussage durch Jesus (vgl. Mk 3,19 / Mt 10,4 / Lk 6,16). Eine Voraussage (nicht ein Vorherwissen!) des Verrats durch Jesus wird bei ihnen erst während des letzten Mahls erwähnt (Mk 14,18.20 / Mt 26,21.23 / Lk 22,21).
146 Die Bezeichnung des Judas als „ein Teufel" wird später präzisiert. Bei der Erwähnung des Mahles, das im Vierten Evangelium an die Stelle des letzten Mahles bei den Synoptikern tritt, heißt es: „der Teufel hatte Judas, dem Sohn des Simon Iskariot, schon ins Herz gegeben, ihn auszuliefern" (13,2; unausgeglichen mit 13,27). Johannes unterscheidet zwischen dem Verräter und den Gegnern unter den Juden, die wegen ihrer Verlogenheit als Söhne des Teufels gelten (8,44). Von Judas spricht Jesus als dem „Sohn des Verderbens" (17,12).
147 Wohl freie Wiedergabe der LXX-Übersetzung von Ps (41)40,10b. Markus zitiert (zu Beginn des letzten Mahles) nur die erste Hälfte des Verses: „Der mit mir isst" (14,18)
148 Mk 14,21 / Mt 26,24. Lukas lässt den letzten Satz fort (22,22).
149 Vgl. Joh 12,6; 13,29.

150 Vgl. Joh 13,10b: „Ihr seid rein, aber nicht alle". Diese Reinheit haben sie durch das Wort erlangt, das Jesus zu ihnen geredet hat (und dem sie gefolgt sind), vgl. 15,3.
151 Vgl. Mk 14,32–42 / Mt 26,26–46. Lukas mildert ab: Die Jünger schlafen, weil sie vor Kummer erschöpft waren (22,45).
152 Vgl. Mk 14,50–52 / Mt 27,56. Lukas erwähnt keine Jüngerflucht (22,53f).
153 Das Verb ἀπολύειν wird im Deutschen und Englischen zumeist mit „verlieren" („to lose") übersetzt und damit dessen schwächste Lesart gewählt. Die romanischen Sprachen halten sich gewöhnlich an die Wiedergabe in der Vulgata („perdere", „perire", „perditio"), die der Hauptbedeutung im Griechischen („verderben") nahekommt. An der zitierten Stelle (17,12) war das Wort auf Judas, den „Sohn des Verderbens" gemünzt.
154 Joh 12,7: ἄφες αὐτήν, ἵνα εἰς τὴν ἡμέραν τοῦ ἐνταφιασμοῦ μου τηρήσῃ αὐτό.
155 Vgl. Joh 17,11.12.15.
156 δεῖν steht bei Johannes außer an dieser Stelle noch an drei anderen: Im Sinne von „fesseln" nach der Gefangennahme für die Fesselung Jesu bei der Übergabe an Hannas (18,12). Gefesselt wurde er von diesem dann an Kajaphas weitergereicht (18,24). Markus (15,1) und Matthäus (27,2) sprechen von einer Fesselung nur bei der Übergabe an Pilatus. – In der Bedeutung von „fest binden", „zusammenschnüren" steht das Verb bei der Auferweckung des Lazarus. Er (selbst!) kommt – an Händen und Füßen mit Binden (κειρίαις) fest umschnürt – aus dem Grab, noch bevor Jesus befiehlt, ihn von den Binden zu befreien (11,44).
157 ὀθόνιον bei Johannes nur hier und für die Leinenbinden bei der Auffindung des leeren Grabes Jesu (20,5–7).
158 Einer λίτρα, dem lat. „libra" („Pfund") entlehnt, entsprechen etwa zwei Drittel des deutschen Pfunds.
159 Zu Nikodemus vgl. den Einwand, den er gegen seine Kollegen erhob, die ihn dann aber durch eine ironische Bemerkung zum Schweigen brachten (Joh 7,50–52).
160 νῦν ἐδοξάσθη ὁ υἱὸς τοῦ ἀνθρώπου, καὶ ὁ θεὸς ἐδοξάσθη ἐν αὐτῷ (Joh 13,31).
161 Vgl. Mt 25,31–46.
162 Vielleicht darf man aber eine Nebenbemerkung in den Abschiedsreden als bewussten Rückbezug auf den übernommenen Markustext lesen. Jesus hatte beim Mahl zu Judas gesagt: „Was du tun willst, das tu bald!" Aber niemand am Tisch wusste, was das bedeutete. Weil Judas die Kasse hatte, kamen einige zu der Vermutung, Jesus trage ihm auf, etwas den Armen zu geben (vgl. Joh 13,27–29). Implizit ist damit gesagt, dass Spenden an die Armen zum Alltag der Gemeinschaft Jesu mit seinen Jüngern gehörten.
163 Vgl. Joh 12,7 mit Mk 14,8.
164 Fügt der Evangelist diesen Hinweis auf den Duft (ὀσμή) im bewussten Kontrast zu dem Leichengeruch (ὄζει) des Lazarus hinzu? ὀσμή (vgl. Joh 12,3 mit 2 Kor 2,16) und das Verb ὄζειν (Joh 11,39) können sowohl aromatischen Duft wie den Leichengeruch bezeichnen.
165 Vgl. Mk 11,10; Mt 21,9; Lk 19,38.
166 Vgl. Mk 11,1–7; Mt 21,1–3.6f; Lk 19,28–35.
167 Vgl. Joh 10,39; 41f; 11,45–53.55–57; 12,9–11
168 Vgl. Ps (118)117,26a: εὐλογημένος ὁ ἐρχόμενος ἐν ὀνόματι κυρίου mit Joh 12,13b; Mk 11,9b; Mt 21,9b; Lk 19,38a.
169 Im Unterschied zu Mt 21,5.
170 Hier wird das im Evangelium Aufgezeichnete als Weg zum Glauben daran bezeichnet, dass „Jesus der Christus und Sohn Gottes" ist.

171 Joh 1,20 (vgl. 1,25); 3,28.
172 Vgl. auch 7,26f.
173 – ohne sich sicher zu sein, ob dieser ihr in Jesus wirklich begegnet, vgl. 4,29. Viele Leute aus ihrem Wohnort kamen aber aufgrund der Worte, die Jesus zu ihnen sprach, zu dem Glauben, dass er „wahrhaft der Retter der Welt" ist (4,41f).
174 Vgl. Joh 3,13; ähnlich 6,62, S. 74 Anm. 128.
175 Zu meinem Versuch, die Übersetzung von δοξάζειν durch „verherrlichen" zu vermeiden, s. Kap. 6.2.
176 Nur hier (Joh 12,24); vgl. aber 1 Kor 15,36f.
177 Vgl. Mk 8,35 / Mt 16,25 / Lk 9,24.
178 Matthäus und Lukas lassen „und um des Evangeliums willen" aus. Matthäus hat statt „wird es retten" „wird es finden".
179 ἀπολλύειν hat im Neuen Testament gewöhnlich die Bedeutung „verlieren" / (Med.:) „verloren gehen", bei Johannes zumeist „zugrunde richten"/(Med.:) „zugrunde gehen".
180 S. oben, Kap. 5.2. Vgl. das in der letzten öffentlichen Rede Jesu noch einmal wiederholte Urteil über die Ehrungen vonseiten der Menschen, die nicht auf die Ehre Gottes bedacht sind: „Sogar von den führenden Männern glaubten viele an (Jesus), aber wegen der Pharisäer bekannten sie es nicht, um nicht aus der Synagoge Ausgestoßene zu werden" (Joh 12,42f).
181 Mk 14,32–42; Mt 26,36–46; Lk 22,39–46.
182 νῦν ἡ ψυχή μου τετάρακται. Der Bezug zu Stellen wie Ps 6,4 oder Ps (42)41,6.12 ist deutlicher als in den synoptischen Parallelen Mk 14,34 / Mt 26,38.
183 ἀλλὰ διὰ τοῦτο ἦλθον εἰς τὴν ὥραν ταύτην. πάτερ, δόξασόν σου τὸ ὄνομα.
184 Vgl. die Erregung Jesu am Grabe des Lazarus (11,33–38). Wäre auch in 12,27a die Gefühlsäußerung Jesu nicht als eine tatsächliche Erschütterung anzusehen, dann erhöbe sich gerade hier die Frage nach einem rein doketistischen Verständnis des Leidens Jesu bei Johannes.
185 Zum Begriff „die Stunde" vgl. Joh 2,4; 4,(21)23; 5,25; 7,30; 8,20; 13,1; 16,32; 17,1; auf die Jünger bezogen: 16,2.4.25.
186 Καὶ ἐδόξασα καὶ πάλιν δοξάσω (12,28c).
187 Eine Reaktion der Jünger wird nicht erwähnt.
188 Vgl. Joh 12,31 mit 8,44.
189 ὅταν ὑψώσητε τὸν υἱὸν τοῦ ἀνθρώπου, τότε γνώσεσθε ὅτι ἐγώ εἰμι (8,28).
190 Die Erweiterung „dass ich *es* bin" (in 8,24.28) hat keine Grundlage im griechischen Text und trägt – im Unterschied zu 18,5.6.8 – auch nichts zum Verständnis der Stelle bei. Mit der Einfügung dieses „es" will man zwar oft zum Ausdruck bringen, dass die Erkenntnis des wahren Seins Jesu dann erreicht ist, wenn man ihn als den Menschensohn versteht. Bringt dieser Titel aber das ganze Sein Jesu zum Ausdruck, wie es Johannes versteht? – Die These, dass hier an eine Übersetzung des Gottesnamens Jahwe zu denken sei, würde implizieren, dass Jesus diesen Namen einfach auf sich anwendet. Das ist kaum mit anderen Stellen in Einklang zu bringen, wo Jesus ausdrücklich von „dem Namen" Gottes spricht (s. o. zu 12,28).
191 Hans Förster zufolge erlauben die Handschriften auch die Schreibweise: „... τότε γνώσεσθε ὅ τι ἐγώ εἰμι". Die Lesart „ὅ τι" sei gleichberechtigt mit „ὅτι". Vgl. ders., Selbstoffenbarung und Identität. Zur grammatikalischen Struktur der „absoluten" Ich-Bin-Worte Jesu im Johannesevangelium, in: ZNW 108/1 (2017) 57–89 <https:// doi.org/10.1515/znw-2017-0002>). Die ausführliche Argumentation erscheint mir weitgehend überzeugend. Die entscheidende

Frage nach dem Handschriftenbefund müsste allerdings wohl noch weiter verfolgt werden, als dies in dem genannten Artikel geschieht.

192 Der Sinn dieses Verses ist schon seit früher Zeit nicht zuletzt aufgrund divergierender Textüberlieferungen umstritten. In dem oben kursiv hervorgehobenen Satzteil ὅ τι καὶ λαλῶ ὑμῖν wird aber die Antwort auf die Frage nach dem, wer Jesus ist, mit „das, was ich [...]", also getrenntem ὅ τι eingeleitet. Zu einer Klärung auch dieser Stelle aufgrund der handschriftlichen Befunde hat Hans Förster beigetragen in: ders., ZNW 107/1 (2016) 1–29 <https://doi.org/10.1515/znw-2016-0001>.

193 ὄψονται εἰς ὃν ἐξεκέντησαν. Das Zitat gibt den hebräischen Text korrekt wieder. Die Septuaginta hat aufgrund eines Lesefehlers κατωρχήσαντο statt ἐξεκέντησαν.

194 Vgl. 2,22; 12,16; 14,7.20.

195 ἀλλὰ διὰ τοῦτο ἦλθον εἰς τὴν ὥραν ταύτην. Man wird hier ἦλθον nicht nur (von unten, dem Menschen Jesus her) als Akt des Gehorsams zu verstehen haben, sondern auch als eigene Entscheidung des Sohns, der der Einheit des Wortes mit Gott „vom Anfang her" entspricht.

196 Vgl. zu diesem Unterschied zwischen dem „existentiellen" und dem zeitlichen Jetzt auch 13,31: Als Judas, als Verräter entlarvt, aus dem Abendmahlssaal in die Nacht hinausgegangen war, sagte Jesus: „Jetzt ist der Machtglanz des Menschensohns ans Licht getreten (ἐδοξάσθη) und Gottes Herrlichkeit in ihm zum Leuchten gekommen (ἐδοξάσθη).

197 κἀγὼ ἐὰν ὑψωθῶ ἐκ τῆς γῆς, πάντας ἑλκύσω πρὸς ἐμαυτόν.

198 Das Verb ἑλκύειν hat als Grundbedeutung ein unerbittliches Ziehen, ein „Zerren".

199 Zur Problematik dieser allgemein verbreiteten Übersetzung und meinen Versuchen, den Sinn dieses Verbs zu paraphrasieren, s. Kap. 6.2, S. 74 Anm. 128.

200 αὕτη ἡ ἀσθένεια οὐκ ἔστιν πρὸς θάνατον ἀλλ' ὑπὲρ τῆς δόξης τοῦ θεοῦ, ἵνα δοξασθῇ ὁ υἱὸς τοῦ θεοῦ δι' αὐτῆς.

201 ἵνα δοξασθῇ ...

202 ... ἀλλ' ὅτε ἐδοξάσθη Ἰησοῦς τότε ...

203 Vgl. schon 2,22: erst „als er von den Toten auferstanden war ...".

204 πάτερ, δόξασόν σου τὸ ὄνομα.

205 πρὸ τοῦ τὸν κόσμον εἶναι (17,5).

206 πρὸ καταβολῆς κόσμου (17,24).

207 [...] δόξασόν σου τὸν υἱόν, ἵνα ὁ υἱὸς δοξάσῃ σέ (17,1). Ich übersetze hier δόξα mit „Herrlichkeit" auch im Blick auf den Sohn, da seine δόξα, die der Welt als Machtglanz zu Gesicht kam, jetzt in der Erhöhung Jesu am Kreuz den Glaubenden als volle Einheit mit dem Vater offenbar wird.

208 Vgl. z. B. 17,11.13.

209 Vgl. Mk 13,11 par; besonders aber die tragende Rolle des Geistes in der Apostelgeschichte.

210 Vgl. Joh 14,16.26; 15,26, 16,7.

211 Vgl. Joh 14,26; 16,13–15.

212 ἐγείρεσθε, ἄγωμεν. Eine wörtliche Übereinstimmung mit dieser Aufforderung findet sich in den Abschiedsreden: „Steht auf! Lasst uns (weg)gehen [von hier]!" ἐγείρεσθε, ἄγωμεν [ἐντεῦθεν] (Joh 14,31b). Viele Ausleger nehmen darum an, dass damit ursprünglich die Abschiedsreden abschlossen. Der Imperativ ἐγείρεσθε hat bei Markus gemäß der eigentlichen Bedeutung des Verbs den Unterton: „Wacht auf und erhebt euch!" Dies trifft für Johannes nicht zu, weil bei ihm die Getsemaniszene mit den schlafenden Jüngern entfällt. Jesus bricht unmittelbar nach dem Abendmahl (13,2) zu diesem Ort auf (18,1).

213 Die Worte [ἐὰν ὑψωθῶ] ἐκ τῆς γῆς bedeuten schwerlich: [wenn ich] „über die Erde" [erhöht bin]. Dagegen spricht neben 12,32f schon 3,14, und erst recht 8,28: „Wenn ihr (!) den Menschensohn erhöht haben werdet".
214 Vgl. auch 6,70f.
215 Vgl. Joh 17,12 und die in Kap. 7.3.2 hierzu geäußerte Kritik. Schwierig ist auch, dass alle Jünger ihn verlassen werden (Joh 16,32).
216 Vgl. Mk 14,47 mit Joh 18,10. Hierzu und zu dem ausführlich geschilderten „Verhör" des Petrus, das die wenigen Sätze über Jesus vor dem Hohepriester umrahmt, s. Kap. 11.2.1.
217 Auch an dieser innerjüdischen Angelegenheit waren also offenbar die Soldaten mit ihrem Anführer beteiligt.
218 Im Unterschied zu Mk 15,3 werden die Hohepriester bei Johannes erstmals von Pilatus im Gespräch mit Jesus erwähnt (18,35). Man wird sie aber auch schon als Wortführer bei der Übergabe Jesu an Pilatus annehmen dürfen.
219 Vgl. Joh 18,33 mit Mk 15,2. Dort wird aber keine Frage nach dem Grund der Anklage vorausgeschickt.
220 Vgl. dagegen Mk 15,3.
221 Bei Markus machen die Juden den Präfekten, bei Johannes der Präfekt die Juden auf diesen Brauch aufmerksam (Mk 15,6.8; Joh 18,39).
222 Markus kennzeichnet Barabbas als einen der Rebellen, die bei ihrem Aufstand einen Mord verübt hatten (15,7). Johannes nennt ihn – als einziger von den Evangelisten – einen λῃστής. Die von einigen Auslegern erwogene Möglichkeit, dass Johannes (wie gelegentlich Flavius Josephus) mit diesem Wort einen Zeloten bezeichnen wollte, ist wenig wahrscheinlich. An den beiden anderen Stellen, wo er von λῃστής spricht (10,1.8), meint auch er, dem neutestamentlichen Sprachgebrauch entsprechend, damit einen Räuber.
223 Diese sind wohl im Anschluss an 19,6 als die Sprecher vorauszusetzen.
224 Vgl. Joh 7,32.45–52; 11,47–50.53. Da Johannes den bei Markus überlieferten entscheidenden Prozess übergeht, wird man auch nicht das dort gegebene ausdrückliche Bekenntnis Jesu zur Gottessohnschaft (Mk 14,61f) als Basis für die neue Anklage ansehen dürfen.
225 Ich übergehe Joh 5,25, weil es sich hier möglicherweise um einen späteren Einschub handelt, der den Gedankengang zwischen V. 24 und V. 26f unterbricht.
226 Vgl. ἀκούει μου τῆς φωνῆς (Joh 18,37) mit φωνῆς αὐτοῦ ἀκούει (10,3). In diesem Zusammenhang hat „hören" die gleiche Bedeutung wie „(er)kennen, verstehen" (vgl. 10,4: οἴδασιν τὴν φωνὴν αὐτοῦ).
227 Dieses Motiv des Schweigens ist aus den beiden Verhören Jesu durch den Hohen Rat und durch Pilatus in der Fassung bei Markus wohlbekannt (Mk 14,60.61a; 15,4f).
228 S. oben Kap. 9.1 zu Joh 18,3.12.
229 S. Kap, 9.4.2 zu Joh 19,31–34.38.
230 ἐξῆλθεν οὖν ... ἔξω (18,29).
231 Εἰσῆλθεν οὖν πάλιν εἰς ... (18,33).
232 πάλιν ἐξῆλθεν ... (18,38b).
233 Ἐξῆλθεν πάλιν ... ἔξω (19,4).
234 ἐξῆλθεν οὖν ὁ Ἰησοῦς ἔξω (19,5).
235 εἰσῆλθεν εἰς τὸ πραιτώριον πάλιν (19,9).
236 ἤγαγεν ἔξω τὸν Ἰησοῦν (19,13).
237 Die nur bei Johannes zu findenden Ortsangaben Λιθόστρωτον und Γαββαθα konnten bisher nicht sicher identifiziert werden.

238 Vgl. Mk 3,32 (3,21); 4,11.
239 Vgl. Joh 7,26.45.47f.; 11,47.
240 Vgl. zu dieser Charakterisierung des Nikodemus Kap. 4.1; 7.3.3.
241 Zur Bedeutung des „Ausstoßens aus der Synagoge" (ἀποσυνάγωγος) s. Kap. 5.3.
242 παρέδωκεν. Vgl. 19,16a wie 18,35.36; 19,11.
243 Vgl. Joh 19,17 mit Mk 15,21 / Mt 27,32 / Lk 23,26.
244 Vgl. Joh 19,1–3 mit Mk 15,16–20a / Mt 27,27–31a. Bei Markus und Matthäus ist offensichtlich, dass die *Soldaten* Jesus zur Kreuzigung abführten.
245 Bei Markus und Matthäus sind sie erst an späterer Stelle aufgeführt. Nur Lukas weist auf die beiden Mitgekreuzigten ebenfalls schon zu Beginn des Berichts über die Kreuzigung hin (23,32f). Dies geschieht aber nach der Schilderung einer weiteren Szene (23,27–31) und im Kontext einer breiten Ausgestaltung dieser Notiz (23,39–43).
246 Vgl. Mk 15,27; Mt 27,38 (λῃστής); Lk 23,32f (κακοῦργος).
247 Vgl. Joh 19,19; Mk 15,26; Mt 27,37; Lk 23,38.
248 Vgl. Kap. 8.3 zu Joh 17,18.20–23.
249 Vgl. Joh 19,23f; Mk 15,24b; Mt 27,35; Lk 23,34b.
250 Vgl. Ps (22)21,19: διεμερίσαντο τὰ ἱμάτιά μου ἑαυτοῖς καὶ ἐπὶ τὸν ἱματισμόν μου ἔβαλον κλῆρον.
251 Z. B. ist der ἱματισμός („Kleidung") im Psalm durch χιτών („Untergewand") ersetzt.
252 Mk 15,39; Lk 23,47. Vgl. hierzu H. Verweyen, Philosophie und Theologie. Vom Mythos zum Logos zum Mythos, (WBG) Darmstadt 2005, 125f.
253 Lukas spricht in seinem Evangelium nur an zwei Stellen von einer Erfüllung der Schrift(en): 4,21; 24,44. Hier war dieser Verweis vom Kontext her geboten.
254 Erst nachdem beim Tode Jesu der Tempelvorhang zerriss (Mt 27,51a), lässt Matthäus seiner eigenen Sicht des Geschehenden bis zum Ende des Evangeliums freien Raum.
255 Vgl. Joh 12,38 (Jes 53,1 LXX); 12,39 (frei nach Jes 6,10); 13,18 (frei nach Ps [41]40,10); 15,25 (Ps [35]34,19); 17,12 (vgl. Jes 57,4 LXX). Joh 18,9 wird auf die Erfüllung eines Wortes Jesu selbst verwiesen.
256 Ich übergehe zunächst Joh 19,25–27. S. hierzu unten 11.2.3. Abgesehen von einem gewissen Anklang in V. 25 an Mk 15,40 bietet diese Passage keine Möglichkeit eines Vergleichs mit der Darstellung der Passion bei Markus.
257 Vgl. Mk 15,36a; Mt 27,48; Lk 23,36; Joh 19,28b–30a.
258 Ps. (69)68,22 LXX: καὶ ἔδωκαν εἰς τὸ βρῶμά μου χολὴν / καὶ εἰς τὴν δίψαν μου ἐπότισάν με ὄξος. Bei Markus und Matthäus erinnern an den zweiten Teil des Verses die Worte ὄξους und ἐπότιζεν (Mk 15,36; Mt 27,48); bei Lukas lediglich ὄξος (23,36).
259 Markus, Matthäus und Johannes schreiben, dass ein mit Essig gefüllter *Schwamm* auf ein Rohr (bzw., Johannes zufolge, auf einen Ysopstengel) *gesteckt* wurde.
260 Ich gehe im Folgenden nur auf den Markustext ein, der am ehesten für einen Vergleich infrage kommt.
261 Hier fällt auf, dass im Unterschied zu dem zuvor als Aufschrift der Schuld Jesu zitierten Titel: „Der König der Juden" (Mk 15,26) Jesus als der „König Israels" verlacht wird (15,32).
262 ὁ δὲ Ἰησοῦς ἀφεὶς φωνὴν μεγάλην ἐξέπνευσεν. Ich versuche zwei durch „und" oder „dann" verbundene Sätze zu vermeiden. Der Schrei ist die Art und Weise, wie Jesus verschied. Vgl. das über den Hauptmann Gesagte: Ἰδὼν […] ὅτι οὕτως ἐξέπνευσεν (15,39).

Anmerkungen zu S. 130–137 179

263 Vgl. Num 6,3; Rut 2,14. Schon lange war auch in anderen Kulturen gegorener Wein oder Bier als Getränk wie auch als Heilmittel bekannt.
264 Ps (69)68,22b LXX.
265 Die Übersetzung von Joh 19,28 lautet in der Vulgata: „sciens Iesus quia iam omnia consummata sunt, ut consummaretur scriptura, dixit: sitio". Damit dürfte der von Johannes gemeinte Sinn gut getroffen sein, wenn auch die Übertragung nicht wörtlich dem griechischen Text entspricht.
266 Zu den beiden Schreien vgl. meinen Interpretationsversuch in: H. Verweyen, Ist Gott die Liebe? Spurensuche in Bibel und Tradition, (Pustet) Regensburg 2014, 162–188.
267 Gemeint ist natürlich das Paschafest, vgl. Joh 18,39; 19,14.
268 ἀρθῶσιν (Joh 19,31). αἴρειν „wegschaffen", „wegnehmen", „holen" wie 19,38; 20,2.13.15.
269 ὀστοῦν οὐ συντριβήσεται αὐτοῦ. Das Zitat stimmt fast wörtlich mit Ex 12,46 (LXX) überein (vgl. Ex 12,9; Num 9,12): Beim Paschamahl darf kein Knochen des Lamms zerbrochen werden. Dafür, dass sich das Zitat auf diese Stelle bezieht, spricht auch Ex 12,22. Hier ist, ebenfalls im Zusammenhang der ersten Paschafeier, von einem Ysopbüschel die Rede. Damit ließe sich die Ersetzung des Rohrs (Mk 15,36) durch Ysop (Joh 19,29) erklären.
270 Vgl. Joh 2,13–21; 4,20f.23f.
271 Gemäß Ex 12,46 wird – der Aufbruchsituation bei der Befreiung von den Ägyptern entsprechend – das Paschamahl noch zu Hause verzehrt. Der Befehl zur Zentralisierung der Paschafeier in Jerusalem (vgl. z. B. Dtn 16,5–7) geht auf den vom Deuteronomisten (in den Büchern Josua bis 1/2 Könige) konstruierten Geschichtsverlauf zurück, in dem sich Judäa unter Herabsetzung der Bruderstaaten des Nordreichs anmaßt, ganz Israel darzustellen.
272 ὄψονται εἰς ὃν ἐξεκέντησαν. Das Zitat gibt den hebräischen Text korrekt wieder. Die Septuaginta hat aufgrund eines Lesefehlers κατωρχήσαντο statt ἐξεκέντησαν. – Ausführlicher zu dieser Stelle s. oben 7.6.1; 7.6.2.
273 Der Logik des Berichteten entsprechend müssten nach der Erwähnung des Lanzenstosses (19,34a) sogleich die beiden letzten Schriftzitate (ohne ein verbindendes „Denn") folgen: „das ist geschehen, damit sich das Schriftwort erfüllte [...]" (19,36f). Im Text steht hingegen zunächst eine den Lanzenstoß kommentierende Bemerkung: „und sogleich kam Blut und Wasser heraus" (19,34b). Dann folgen die Sätze: „Und der es gesehen hat, hat es bezeugt, und sein Zeugnis ist wahr. Und er weiß, dass er Wahres sagt, damit auch ihr glaubt" (19,35). Die Sätze über das wahre Zeugnis hätten besser unmittelbar nach dem letzten Wort Jesu am Kreuz gepaßt. An der gegenwärtigen Stelle scheinen sie eher das Herausfließen von Blut und Wasser zu unterstreichen. Wir brauchen im Rahmen unserer Thematik auf die Kontroversen über diesen Texteinschub (bzw. darüber, ob hier wirklich ein Einschub besteht) nicht einzugehen.
274 Vgl. Mk 15,39ff; Mt 27,55f; Lk 23,49; Joh 19,25. Außer bei Lukas werden die Namen der Frauen schon an dieser Stelle aufgeführt.
275 ἐνειλεῖν eigentlich „einzwängen".
276 Zur Charakterisierung der beiden Männer s. Kap. 4.1; 7.3.3.
277 Ist mit dem „Wir" angedeutet, dass auch noch andere Frauen bei Magdalena waren? Hatte sie die Wegnahme „des Herrn" allein aufgrund des fortgewälzten Steins erschlossen? Erst 20,11 wird erwähnt, dass sie in das Grab hineinschaute (vgl. 20,11).
278 Lk 24,5b: „τί ζητεῖτε τὸν ζῶντα μετὰ τῶν νεκρῶν;".
279 Joh 20,13a: „γύναι, τί κλαίεις; 20,15a: „γύναι, τί κλαίεις; τίνα ζητεῖς;".
280 Lukas scheint z. B. durch den Namen des einladenden Pharisäers Simon (V.40)

anzudeuten, dass er hier die übergangene Geschichte von der Salbung zum Begräbnis Jesu ersetzen will. Diese fand „im Haus Simons des Aussätzigen" statt (Mk 14,3).
281 Diese wird auch Markus (14,3) zufolge in Betanien vorgenommen.
282 ὀσμῇ nur hier in den Evangelien.
283 ὄζειν nur hier im Neuen Testament.
284 Vom *Kreuz* her wird Jesus „alle zu sich ziehen", wie Johannes durch die Hinzufügung von 12,33 zu 12,32, wo nur die Erhöhung „von der Erde" erwähnt ist, betont.
285 Vgl. 1 Kor 15,4.
286 Ich übergehe hier wie schon bisher die Frage nach dem Einfluss mündlicher oder uns nicht bekannter schriftlicher Überlieferungen, da auf deren Annahme fußende Rückschlüsse zumeist mit einem hohen Grad hypothetischer Spekulation belastet sind.
287 Vgl. Mk 1,16; Mt 4,18. In der Berufungserzählung des Lukas (5,1–11) tritt Andreas überhaupt nicht in Erscheinung. Erst bei der Auswahl der zwölf Apostel wird, nach Simon Petrus, auch sein Bruder Andreas benannt.
288 Vgl. aber Joh 6,44, wo Petrus ebenfalls nach Andreas erwähnt wird.
289 Den Namen Petrus gebraucht Paulus nur an einer Stelle, wo er diesen als Apostel für die Juden sich selbst als Apostel für die Heiden gegenüberstellt (Gal 2,7f).
290 Vgl. die häufig zu findende Übersetzung von σὺ κληθήσῃ Κηφᾶς durch: „Du sollst Kephas heißen".
291 Anklänge an die Szene vor Cäsarea Philippi bei Markus (8,27–33) sind unverkennbar.
292 πρὸς τίνα ἀπελευσόμεθα;
293 Ich gehe zunächst nicht auf die Stelle ein, wo erstmals das Verhältnis des Petrus zu dem Jünger, den Jesus liebte, zur Sprache kommt (Joh 13,22–25).
294 Vgl. bes. das Fortlassen der Mk 14,72 geschilderten Gefühlsäußerungen des Petrus. Erst im Nachtrag kommt die Äußerung der Reue und Liebe des Petrus zur Geltung (Joh 21,15–17).
295 Das Problem der richtigen Übersetzung von κόλπος liegt wie bei „sinus" im Lateinischen darin, richtig abzuschätzen, ob es sich um eine Biegung nach außen oder innen handelt. In dem Ausdruck „Meeres*bucht*" etwa (vgl. Apg 27,39) wird κόλπος vom Meer her betrachtet. Vom Land aus gesehen, kann dieselbe Biegung auch als „Meer*busen*" bezeichnet werden.
296 Rut übergibt ihren Neugeborenen ihrer Schwiegermutter, die ihn an ihre Brust (εἰς τὸν κόλπον) legt (Rut 4,16). Der Prophet Elija nimmt den schwerkranken Sohn vom Schoß (ἐκ τοῦ κόλπου) seiner Mutter, um ihn dann zu heilen: (1)3 Kön 17,19 LXX.
297 Vgl. den Ausdruck vom Kind „unter dem Herzen" der Mutter.
298 Den Tischsitten zur römischen Zeit entsprechend könnte man sich den Sachverhalt etwa so vorstellen: Der Lieblingsjünger stützte sich mit dem angewinkelten linken Arm statt auf ein Kissen auf Jesu Schoß und beugte von dorther seinen Kopf zur Brust Jesu zurück.
299 Den Ergebnissen der Textkritik zum Trotz kann an der Formulierung „θεὸς" nicht festgehalten werden, weil sie schlechthin keinen Sinn ergibt. Gemeint ist wie in 1,14: „der einzige Sohn vom Vater (μονογενοῦς παρὰ πατρός)".
300 ὁ ὢν εἰς τὸν κόλπον τοῦ Πατρός.
301 ἐξηγήσατο. Ich wähle „offenbart" statt „verkündigt", weil Jesus seine ganze Existenz einsetzte, um uns den Vater vor Augen und Ohren zu führen.
302 Vgl. bes. Joh 17,18.20.24. S. dazu Kap. 8.2.

303 ὀθόνιον (20,5-7) bei Johannes nur hier und bei der Schilderung des Begräbnisses Jesu (19,40), vgl. dazu oben 10.1. – Schon dadurch, dass Lukas bei der Auffindung des leeren Grabes durch Petrus (Lk 24,12) von ὀθόνια und nicht, wie bei der Bestattung Jesu (23,53) im Unterschied zu Johannes von σινδόνι spricht, ist die Annahme fragwürdig, dass sich an dieser Stelle Johannes auf Lukas stützt. Es muss vielmehr umgekehrt ein späterer Zusatz durch einen mit dem Vierten Evangelium bekannten Redaktor des Textes bei Lukas vorliegen.
304 Vielleicht schiebt Johannes damit *en passant* auch die damals schon verbreitete Betrugshypothese beiseite, die Matthäus (27,62-66; 28,11-15) umständlich zu entkräften versucht.
305 Der Jünger, den Jesus liebte, ist wohl zu den zwölf von Jesus Erwählten zu zählen, die von Anfang an bei ihm waren (15,27). Seine Gegenwart jedenfalls ist immer dort vorauszusetzen, wo diese Jünger anwesend sind.
306 Für dieses „Verstehen" wählt Johannes dasselbe Verb ἰδεῖν wie für das „Sehen" des „anderen" Jüngers im Grab.
307 Dort wird für die Erhöhung des Menschensohns (3,14b) wie hier für die Auferstehung (20,9) das Wort δεῖ verwendet, der Ausdruck für eine Anordnung Gottes.
308 Mit dem Verb ἐγείρειν wird sonst im Neuen Testament zumeist die Erweckung vom Tode oder die Auferstehung bezeichnet. Dem entspricht der Gebrauch dieses Wortes in 2,22.
309 Vgl. auch Joh 12,16, wo allerdings der Zeitpunkt des erinnernden Verstehens „innerjohanneisch" als volles Aufstrahlen der Herrlichkeit des Vaters im Sohn (ὅτε ἐδοξάσθη), nicht als Auferstehung (ὅτε οὖν ἠγέρθη) bezeichnet wird.
310 Joh 13,23-26; 20,2-10. Ich sehe hier vom „Nachtragskapitel" 21 ab.
311 Joh 20,15a; vgl. Kap. 10.2.
312 Vgl. Joh 14,28; 16,10.28.
313 Vgl. Joh 20,19-23 mit Lk 24,36-42.
314 Vgl. Lk 24,36b; Joh 20,19b.
315 πνεῦμα im Sinne von Gespenst bei Lukas nur hier (24,37.39).
316 Vgl. Lk 24,39b mit Joh 20,27.
317 Zweifellos erinnert der Evangelist durch seine Umgestaltung des bei Lukas gegebenen Textes an das, was er in den Abschiedsreden ausführlich dargestellt hatte. Die volle Bedeutung, die dem zweimal ausgesprochenen *Frieden*sgruß beizumessen ist, ergibt sich erst im Rückblick vor allem auf Joh 14,27. Dort wurde damit sogleich verbunden, dass kein Grund zur *Furcht* (mehr) besteht wie auch, dass Jesus zum Vater geht, aber zu den Jüngern zurückkehrt und sie sich deshalb *freuen* sollten (14,28; vgl. 16,20-22). Das alles habe er schon jetzt gesagt, damit dann, wenn es geschieht, sie zum Glauben kommen (14,29). Diese Worte bilden als eine Art Zusammenfassung des schon vorher Gesagten das Ende der Abschiedsreden, bevor Jesus mit den Seinen vom Abendmahlsaal zu der Stelle aufbricht, wo er die zu seiner Gefangennahme Bestimmten erwartet (vgl. Joh 14,30f mit 18,1.4; dazu Kap. 9.1.
318 ἄν τινων ἀφῆτε τὰς ἁμαρτίας ἀφέωνται αὐτοῖς· ἄν τινων κρατῆτε, κεκράτηνται.
319 Joh 8,24: „ihr werdet in euren Sünden sterben". Dieser Plural nimmt aber nur auf, was zuvor im Singular gesagt war: „[…] ihr werdet in eurer Sünde sterben" (8,21). Ein ähnlicher Sprachgebrauch liegt auch bei der Verwendung des Wortes ἐντολή (Gebot, Befehl) vor. In den Abschiedsreden wechselt Jesus zwischen dem Halten „seiner Gebote" (14,15.21; 15,10) und „seinem Gebot" (13,34; 15,12). Stets geht es im Grunde nur um das Gebot, das er selbst vom Vater empfangen hat (10,18; 12,49f) – im Unterschied zu den Befehlen, die von den Hohepriestern und Pharisäern ausgegeben werden (11,57).

320 πᾶς ὁ ποιῶν τὴν ἁμαρτίαν.
321 ὁ δὲ ποιῶν τὴν ἀλήθειαν.
322 Vgl. Mt 5,17-7,27; vgl. Lk 6,27-42.
323 Vgl. Kap. 3.1 und die dort gegebenen Stellenverweise.
324 Das Substantiv μετανοία verwendet Markus nur zur Bezeichnung des Inhalts der Taufe des Johannes (1,4).
325 Vgl. das fast gleichlautende Wort Jesu bei Mk 1,15.
326 Vgl. μετανοία[...] εἰς ἄφεσιν ἁμαρτιῶν im Hinblick auf die Täuferpredigt (Lk 3,3) wie auf die österliche Sendung der Jünger (Lk 24,47).
327 εἰ ἐκ τοῦ κόσμου ἦτε, ὁ κόσμος ἂν τὸ ἴδιον ἐφίλει.
328 Vgl. Joh 5,43; 7,18; 8,44; dazu bes. Kap. 5.2.
329 Vgl. Apg 2,17-21 mit Joël 3,1-5a LXX. Lukas verdeutlicht diesen Anbruch der Endzeit, den von Jesus beim Abendmahl verkündeten „Neuen Bund (Lk 22,20), durch eine Änderung gegenüber Joël 3,1. Statt μετὰ ταῦτα liest er ἐν ταῖς ἐσχάταις ἡμέραις (Apg 2,17).
330 παράκλητος im Neuen Testament nur in den Abschiedsreden im Sinne von „Beistand", „Helfer" (Joh 14,16.26; 15,26; 16,7) und 1 Joh 2,1 auf Christus als „Fürsprecher" vor dem Vater bezogen.
331 Vgl. bes. Joh 17,6-8.11-12a.
332 Das „empfanget (λάβετε) den Heiligen Geist" (Joh 20,22) ist keine einfache Übergabe des Geistes in den Besitz der Kirche. Gerade bei Johannes hat das Verb λαμβάνειν fast immer aktiven Sinn („ergreifen", „aufnehmen", „geistig erfassen") und darf nicht als ein rein passives Empfangen verstanden werden. Dem Anhauchen (ἐμφυσᾶν, nur hier im Neuen Testament), durch das Jesus den Geist als Gotteshauch vermittelt, muss ein in die Tiefe dringendes „Einatmen" des Menschen entsprechen.
333 διαλογισμοὶ gebraucht Lukas fast immer in einem negativen Sinn, als ablehnende Gedanken oder als Zweifel (vgl. 5,22; 6,8; 9,46f).
334 Vgl. ἔμφοβοι: Lk 24,37 mit φόβον: Joh 20,19; χαρᾶς: Lk 24,41 mit ἐχάρησαν: Joh 20,20.
335 καὶ τοῦτο εἰπὼν ἔδειξεν: Joh 20,20. Vielleicht ist das Wort „Friede (sei mit) euch!" nicht als der alltäglich gebrauchte Friedensgruß zu verstehen, sondern als die 14,27(ff) gemeinte Gabe des Friedens beim Fortgang Jesu zum Vater.
336 Vgl. Joh 14,28; 16,20-22.
337 Vgl. Mt 27,51-53; 28,2-4. Die Auswirkungen dieser Sicht auf die kirchliche Tradition zeigen sich vom apokryphen „Petrusevangelium" (35-45) bis hin zu der herrlichen Darstellung der Auferstehung Jesu auf dem Isenheimer Altar und den noch bis in die Mitte des 20. Jahrhunderts gesungenen triumphalen Osterlieder.
338 Vgl. Joh 19,40 mit 11,44.
339 Vgl. Joh 11,43f mit 20,5-7.
340 Mk 6,7. Matthäus (10,1) ergänzt, „diese auszutreiben und alle Krankheiten und Gebrechen zu heilen". Lukas (9,2) verdeutlicht darüber hinaus, dass Jesus sie aussandte, um das Reich Gottes zu verkündigen und zu heilen. Diese Differenzierung wird auch in der Apostelgeschichte beibehalten.
341 Vgl. Joh 15,18f; 17,14.)

Hansjürgen Verweyen
IST GOTT DIE LIEBE?
Spurensuche in Bibel und Tradition

208 Seiten, kartoniert
ISBN 978-3-7917-2587-1
auch als eBook

Kann Gott wirklich die Liebe sein, wenn er seine Geschöpfe in der Sintflut gnadenlos untergehen lässt, wenn er von Abraham seinen einzigen Sohn als Opfer fordert, wenn er Hiob den sadistischen Spielen des Satans preisgibt? Und wird mit dem Einbrechen der Apokalyptik in jüdisch-christliches Denken der Gott der Liebe nicht verdrängt von einem Weltenrichter, der unsägliche Horrorszenarien am Ende der Zeit veranstaltet? Kann ein Gott die Liebe sein, der Jesus als Sühnopfer ans Kreuz schickt? Hansjürgen Verweyen nimmt den Leser mit auf eine spannende Spurensuche in Schrift und Tradition nach dem Gott, der die Liebe ist, und führt ihn dabei immer wieder zu überraschenden Einsichten.

»Hansjürgen Verweyen wagt sich an ein heißes Eisen der Theologie.« DIE TAGESPOST

VERLAG FRIEDRICH PUSTET

Verlag Friedrich Pustet
Unser komplettes Programm unter:
www.verlag-pustet.de

Tel. 0941 / 92022-0
Fax 0941 / 92022-330
bestellung@pustet.de

Hansjürgen Verweyen
MENSCH SEIN NEU BUCHSTABIEREN
Vom Nutzen der philosophischen und historischen Kritik für den Glauben

176 Seiten, kartoniert
ISBN 978-3-7917-2772-1
auch als eBook

Wer einen universalen Anspruch göttlicher Offenbarung glaubwürdig vertreten will, muss vor allem zwei Fragen beantworten: Ist wenigstens ein Begriff letztgültigen Sinns denkbar? Wenn ja: Wie ließe sich dieser Begriff so in die Realität umsetzen, dass ich ihn als einen unbedingten Anspruch an meine Existenz kritisch verantworten kann?
Der theologische Ansatz Hansjürgen Verweyens gehört zu den profiliertesten und meistdiskutierten im deutschen Sprachraum. In diesem Buch hat er ihn präzisiert.
Die entscheidenden Punkte seiner Argumentation werden Schritt für Schritt anhand von Beispielen aus der Literatur veranschaulicht.

»Hansjürgen Verweyen gilt nicht umsonst als einer der wichtigsten Fundamentaltheologen der Gegenwart.« EULENFISCH

VERLAG FRIEDRICH PUSTET

Verlag Friedrich Pustet
Unser komplettes Programm unter:
www.verlag-pustet.de

Tel. 0941 / 92022-0
Fax 0941 / 92022-330
bestellung@pustet.de